北京师范大学历史学院中国近现代史
研究中心（北京师范大学重点学科）主持

丛书编委会

主 任：郑师渠

成 员：李 帆　张 皓　杨 群　徐思彦

北京师范大学中国近现代史研究丛书

北京师范大学中国近现代史研究丛书

A Study on Social Assistance in the Early Years of the New China

新中国建立初期的社会救助研究

李小尉 ○ 著

社会科学文献出版社
SOCIAL SCIENCES ACADEMIC PRESS (CHINA)

出版说明

在北京师范大学的百余年发展历程中，历史学科始终占有重要地位。如今，北师大历史学院已成为史学研究的重镇，是国家"211"和"985"工程重点建设单位，首批博士学位一级学科授予权单位。拥有国家重点学科、博士后流动站、教育部人文社会科学重点研究基地等一系列学术平台。科研实力颇为雄厚，在学术界声誉卓著。

在北师大历史学科中，中国近现代史学科举足轻重。作为新中国建立后全国高校最早设立的学科点之一，在几代人的辛勤耕耘、不懈努力下，学术成果不断涌现，学科建设长足进步，成为中国近现代史研究的一方重镇。该学科点是国内最早具有硕士学位授予权和博士学位授予权并招收博士后研究人员的单位之一，也是北京师范大学设立的首批校级重点学科之一。

近年来，北师大中国近现代史学科的教师们潜心学术，以探索精神攻关，陆续完成了一批具有原创性的成果，始终处在学科前沿。为了集中展示这些成果，繁荣中国近现代史学术园地，在社会科学文献出版社的大力支持下，我们组编了这套"北京师范大学中国近现代史研究丛书"，希冀在促进北师大历史学科更好发展的同时，为学术界和全社会贡献一批真正立得住的学术力作。这些作品或为专题著作，或为论文结集，但内在的探索精神始终如一。

当然，学术探索无止境，作为探索旅程中的专业研究成果，不成熟乃至疏漏之处在所难免，还望学界同仁不吝赐教。

北京师范大学中国近现代史研究丛书编辑委员会
2011 年 3 月

序

呈现在读者面前的这部著作，是小尉博士在其毕业论文《新中国建立初期的社会救助研究》基础上修改而成的。

社会救助这一概念，其实是一"舶来品"。其源于西方自由、平等的公民权利观，并随着20世纪三四十年代西方的社会福利思想的普及，逐渐发展成为国家社会保障体系中的重要组成部分。一般认为，现代意义上的社会救助，不等同于传统的社会救济和慈善。但不可否认，传统社会的慈善、救济思想，蕴涵着很多现代社会救助的美好精神内核。近代以来，社会对传统的救济与慈善事业逐渐生发出新的需求，因而，救济与慈善事业也开始走上了现代化之路。社会救助是促进社会发展、人类进步的重要保证，也是推动社会和谐发展的崇高事业。它不仅对需要救助的弱势人群给予救济，还通过多种形式，帮助被救助对象摆脱困境，救助的内容除提供必要的生活援助外，还涉及对被救助者生存能力的扶助，如教育、技能的培养，生产环境的改善，以及劳动条件的提供等。一方面要注重对社会救助发展历史的探讨，另一方面还需要大力弘扬这种扶危济困、热心公益的救助精神，这也是今日我们建设文明、健康和谐社会所要建设的精神财富。由此来看，研究历史上的社会救助，既有史学研究价值，也有一定的现实意义。

本书论及的是新中国建立初期的社会救助问题。新中国建立初期的大体时间范围是1949年至1956年前后。这一时期，可以说是中国社会的一个特殊的过渡时期。从社会制度角度来看，这一阶段中国的社会制度大体经历了两次转折：一是由中华民国时期的半殖民地半封建的社会制度向新民主主义社会制度转换；二是在1953年开始的社会主义改造过程中，社会制度由新民主主义社会制度向社会主义社会制度的转换。与此相应的，社会的各方面均发生了较为显著的变迁。因此，研究这一过渡时期的社会救助事业的建设历史，是极具意义的。

从本书论述的内容来看，该书把新中国建立初期的社会救助事业条分缕析，从社会救助思想、社会救助的制度建设、社会救助的实践工作及成效等几个角度，较为全面、系统地讨论了这一时期中国社会救助事业的总体状况及其转型过程，细致地分析了这一过程的社会环境、具体表现和基本特征，并且，力求从宏观视野对这一时期的社会救助思想、制度与实践进行客观的认识与评价。作者既充分肯定了这一时期社会救助事业建设与实践方面所取得的突出成绩，也不回避由于当时特殊的国际、国内政治背景而给救助事业带来的负面影响与历史局限性。

研究当代社会史，资料的收集与整理是首要的难题。这部书中引用了较为丰富的档案、文献、方志、私人著述、报刊及各种社会调查等资料。从书中印证的文献，可以看出作者在研究过程中所付出的努力与艰辛。作者作为年轻的学者，这种对于学术认真努力的执著精神，让我感到由衷的欣慰。期望她继续努力，不断推出新的成果。

是为序。

朱汉国

2012年2月10日

目 录

绪 论 …………………………………………………………… 1
 一 概念厘清 …………………………………………………… 1
 二 研究旨趣 …………………………………………………… 5
 三 史料及学术史回顾 ………………………………………… 13
 四 研究思路 …………………………………………………… 26

第一章 中国社会救助的历史基础 …………………………… 30
 一 封建时代的社会救助 ……………………………………… 30
 二 民国时期的社会救助 ……………………………………… 44
 三 小结 ………………………………………………………… 67

第二章 社会救助管理体系的建设 …………………………… 88
 一 社会背景 …………………………………………………… 89
 二 社会救助管理体系的构建 ………………………………… 94
 三 基层救助单位的整合 ……………………………………… 116
 四 小结 ………………………………………………………… 133

第三章 社会救助实践考察之一
   ——以救助方式为视角 ………………………………… 136
 一 灾害救助 …………………………………………………… 136

二 失业救助 …………………………………………… 168
三 贫困救助 …………………………………………… 213
四 住房与医疗救助 …………………………………… 238
五 小结 ………………………………………………… 243

第四章 社会救助实践考察之二
　　　——以救助对象为视角 ……………………………… 248
一 儿童救助 …………………………………………… 248
二 老弱人员救助 ……………………………………… 261
三 游民救助 …………………………………………… 270
四 妓女救助 …………………………………………… 287
五 农民工救助 ………………………………………… 295
六 小结 ………………………………………………… 304

结　语 …………………………………………………………… 310
一 基本评价 …………………………………………… 311
二 社会救助与国家、社会的关系 …………………… 315
三 社会救助面临的问题 ……………………………… 320

主要参考文献 …………………………………………………… 326

绪　论

一　概念厘清

在历史学里谈到"社会救助",会觉得这是个颇为陌生的概念,我们更加熟悉的是"社会救济",即主要指国家和社会对贫困者提供最低生活水平需求的物质援助;① 社会救济是中华民族的优良传统,中国传统形式的灾荒赈济、济贫、安老等各种救济事业,乃至民间的多种互助内容,实质上也都是这种优良传统的表现载体与实践尝试。《礼记·礼运》中所构想的"老有所终,壮有所用,幼有所长,鳏寡孤独废疾者皆有所养"的理想社会中也蕴涵着社会救济与社会互助的美好精神内核。那么,现代话语中的"社会救助"与中国传统的"社会救济"究竟有何区别呢?

在社会学领域中,社会救助被认为是现代国家社会保障制度的重要组成部分,它是指当社会成员由于各种原因陷入生活困境或无法伸张其权益时,由国家和社会按照法定的程序和标准向其提供现金、物资或其他方面的援助与支持的一种制度安排和社会活动。这种制度安排和社会活动旨在保障社会成员的基本权利,促进社会的和谐稳定。现代社会中社会救助活动领域广泛,除了基本的最低生活保障外,还有失业救助、住房救助、医疗救助、

---

① 参见中国大百科网络数据库,网址 http://www.ecph.cnki.net/Allword.aspx?objid=52193&ename=ecph&infoclass=item,2011。

教育救助、贫困救助、灾害救助、法律援助等,涉及范围跨越了城市和农村,深入人们生活中的方方面面。① 比较之下,目前国内史学界对"社会救助"与"社会救济"这两个词的理解和使用存在着明显的分歧。概括起来,主要的观点有如下三种。

其一,包含说。有的学者认为,社会救助一词,本身包含了中国传统的社会救济内容,例如陈桦、刘宗志提出:社会救济一般是指以解决生活困难为目的的物质援助活动,它具有目的单一、目标具体的特点,注重解决被救济者眼前的生活困难,而忽视对其长远生存能力的扶助。社会救助则试图通过多种形式,帮助被救助对象摆脱困境,救助的内容除提供必要的生活援助外,还涉及对被救助者生存能力的扶助,如知识、技能的传授,生产环境的改善,以及劳动条件的提供等。② 因此,社会救助包含了社会救济的内容;反之,社会救济则不能替代或等同于社会救助。

其二,源于说。有的学者认为,现代社会救助发源于传统的社会救济,社会救济和社会救助两个概念在内涵上是相通的,但二者存在着明显的区别。社会救济思想源于传统中国封建社会的"仁政观"和"慈善观",是政府对人民、官方对民间、富裕者对贫困者、强者对弱者的恩赐,或善心的发扬,具有临时性、随意性、主观性,缺乏法律的规范与制度的约束;而现代社会救助思想则发源于传统救济思想,只不过近代以来受到西方公民社会权利观的影响,社会救助逐渐成为国家和政府对社会的一种责任和义务,救助范围更广,救助体制也更加完善。例如社会学家洪大用提出,今天我们所讲的社会救助,源于传统的社会救济,但是已与社会救济有了很多方面的区别。救济是消极性的济贫措施,带有恩赐性、慈善性、施舍性、随意性、临时性的色彩,并不认为享有救济是贫民的基本权利;而救助则带有平等性、义务性、积极性、长期性等特征,以受助者为本,并尊重和维护受助者的

---

① 参见时正新主编《中国社会救助体系研究》,中国社会科学出版社,2002。
② 陈桦、刘宗志:《救灾与济贫——中国封建时代的社会救助活动(1750—1911)》,中国人民大学出版社,2005,第3页。

基本权利。①

其三，区别说。有的学者强调，社会救助与社会救济在思想内涵、法律意义与实际应用中具有本质区别。例如汪雁、慈勤英认为，中国传统社会中只有社会救济，不存在社会救助。社会救济思想源于封建时期的"仁政观"，是统治者对下层民众给予道义上的施恩与受惠，而且存在救济面较窄、救济水平较低、救助方式单一等问题。而社会救助则源于现代西方的公民权利观，对弱势群体给予救助是国家和社会的责任和义务，受到法律保护，救助范围较广，救济水平较高。因此，中国传统社会只有社会救济，而没有社会救助。②米勇生也提出，社会救助与社会救济虽有相近之处，但在理念、标准、程序、性质、作用等诸多方面皆有区别。③

比较之下，笔者更倾向于第三种观点，即区别说。社会救助与社会救济这两个概念在形式和方法上有交叉重合之处，在思想与内涵方面又有显著的区别。正如王卫平所说：

> 从社会历史发展的进程上看，社会救济可以追溯到很早，社会救济在性质上更多地具有社会性，这种社会性不仅表现为救济的对象是处于赤贫状态的社会成员，还同时表现为社会救济的主体不是以政府为主，而是以社会为主，尽管社会发展水平还很低。即人类社会早期的社会救济发端于民间并以民间救济为主体。但是，当救济的主体一旦由民间组织转化为政府为主，救济行为一旦由非稳定状态逐步转变为法制化状态，社会救济一旦成为政府的责任，那么社会救济就转化为社会救助，成为一种法制化的社会制度。所以，制度层面的社会救济，才是社会救助。另外，社会救济发展到现在

---

① 洪大用：《转型时期中国社会救助》，辽宁教育出版社，2004，第4页。
② 汪雁、慈勤英：《中国传统社会救济与城市居民社会救助理念建设》，《理论与现代化》2001年第6期。
③ 米勇生主编《社会救助》，中国社会出版社，2009，第2~3页。

的社会救助，其内涵发生了一些质的变化。这种质的变化主要表现为：国家和社会必须对克服贫困负责，提供社会救助不是统治者的恩赐，而是政府的一项法定责任；贫困者获得救助是自己的权利，没有任何附加条件；社会救助更具有稳定性，强调积极主动的援助扶持。①

从社会救济到社会救助，应该说是社会救助理念的现代化发展进程，体现了社会救助观念的变化和社会保护意识的法制化演进。② 概言之，中国传统社会救济活动中存在现代社会救助的基本的形式，例如灾荒赈济、老弱病残的救济施养、宗族邻里的互济互助等广泛内容，但是不存在现代社会救助的基本思想内涵。现代社会救助是近代西方的"舶来品"，是随着西方资本主义经济的发展而产生的概念，它源于西方自由、平等的公民权利观，而繁盛于20世纪三四十年代西方的市民社会观与福利社会观。

在社会学领域中，社会救助是现代国家社会保障体系中的重要组成部分，它是指当社会成员由于各种原因陷入生活困境或无法伸张其权益时，由政府和社会按照法定的程序和标准向其提供现金、物资或其他方面的援助与支持的一种制度安排和社会活动。其包含的范围广泛，除了基本的灾荒救助之外，还有最低生活保障、失业救助、城乡贫困救助、慈善救助、教育救助、法律援助等等。中国传统社会也存在着类似的救助活动，但是，在思想内涵、制度建设与行为实践等方面都与现代社会救助存在着明显的差异。比较之下，中国传统社会中的社会救济，是建立于封建经济体制之上，以宗法制度为基础，以弘扬儒家传统的"仁爱"理念为目的，解决被救济者眼前的困境，具有施舍性、单一性、临时性等特点；而现代意义上的社会救助，则以现代高度发达的物质文明和精神文明为基础，以法律制度为准绳，不但注重对被救

---

① 王卫平等：《社会救助学》，群言出版社，2007，第17页。
② 尚晓援：《"社会福利"与"社会保障"再认识》，《中国社会科学》2001年11期。

助人眼前困难的帮助，还注重对被救助人生存能力的扶助，使其从根本上摆脱困境，具有义务性、规范性、长久性等特点。二者是存在明显区别的。

同样，"社会救助"与"慈善"一词在内涵和实践中也存在着类似的交叉点："慈善"一词，本义是"爱"或"博爱"。在中国的辞典上，"慈"是仁义、和善、慈祥，慈者爱也；"善"是吉祥、美好之义。一般来说，怀有仁爱之心叫慈，济困之举叫"善"，"慈""善"合起来就是有同情心，是仁爱、德行和善举的统一。中国自古以来孔子说仁，孟子讲义，墨子倡兼爱，这都是慈善的思想，中国传统的慈善事业也源远流长，在历史上也早有记载。①比较而言，慈善与救助在实践中有很多重合之处，例如扶贫助困、恤孤安老等内容，都是慈善与救助的相近措施。但是，慈善更侧重于强调一种思想或文化根基，而救助则更侧重于制度层面与实践层面的建设。慈善更多的是一种民间的社会行为，而救助则侧重于政府履行的义务与责任。二者都对缓解社会矛盾、稳定社会秩序起到了重要的作用。

二　研究旨趣

无论社会救济、社会慈善，还是社会救助，都是特定历史时期社会发展的产物。封建时代传统的社会救济制度有效地弘扬了儒家的"仁爱"理念，展现了君主"仁政"的作用。近代以来，中国社会内忧外患日益严重，国内政局不稳，战乱不断，社会经济处于转型时期，特殊的社会历史背景，催生了民间社会对慈善、救助事业的需求和对西方社会救助制度的认同与借鉴。因此，在这一时期的社会发展中，社会救助事业的建设就更显得尤为重要。20 世纪 30 年代，正是西方社会保障思想、社会福利思想、社会救助思想快速发展的时期。1935 年 8 月 14 日美国国会批准并公布了

---

① 参见周秋光、曾桂林著《中国慈善简史》，人民出版社，2006，第 2~3 页。

《社会保障法》，在此法案中规定了10项具体的社会保障制度，其中就包括社会救助制度，有老人救助、孤儿救助和盲人救助等，正式提出了社会救助的理念，此后，社会救助被誉为"最后的安全网"，得到国际社会的广泛认同。① 这一时期，也是中国现代意义上的社会救助体系开始建立并得到迅速发展的时期。从现代社会救助的理论角度来看，社会救助的建设，应该有一套体系健全的专门管理机制，一批具有专业知识和技能、掌握科学救助原则与工作方法的管理人才，根据法律法规，来操作社会救助体系的正常运作。② 从这一角度来衡量，民国时期的社会救助体系已经初步建立并逐步发展。南京国民政府时期，建立了社会救助的领导机构——社会局，并制定了详细而规范的相关法律法规，集大成者就是1943年颁布的《社会救济法》。很多社会精英，甚至海外留学回来的知识分子都从事救助事业，他们带来最先进的救助思想与实践方法；此外，民间慈善组织的快速发展也推动了社会救助事业在官方与民间、国家与社会之间互为补充的良性互动。这些因素直接推动了近代中国的社会救助事业走入了鼎盛发展时期。

综合来看，民国时期的社会救助事业，在思想理念、制度建设、实践发展等方面都有了明显的发展。正如曾任北平市社会局局长的赵正平所言："社会为人类共同生活之集合体，个人为社会之细胞，个人之休戚祸福，恒反映于社会，而影响于人群，欲谋社会之进步发展，完成优美高尚之境域，宜以人群共同生活之条件为前提，既不可以一阶级一部分之少数人利益为依归，尤不可蔑弃其他社会份子之幸福……"③ 可以看出，社会救助事业是社会发展、人类进步的重要保证，这种理念已经逐渐为时人所认同，这是思想理念方面突破中国传统社会救济那种"恩赐观"、"仁政观"的重要表现。随着社会救助思想与理念的更新，民国政府在

---

① 王卫平等：《社会救助学》，第169页。
② 郑功成：《社会保障概论》，复旦大学出版社，2005，第247页。
③ 管欧编《北平特别市社会局救济事业小史》，北平特别市社会局第一习艺工厂印，1929，绪言。

救助的制度建设方面注重对救助事业的法制化建设与管理，在救助实践中注重救助方式的丰富与救助成效的提高，最终基本形成了救助事业方面传统性与现代性的交织、时代性与变革性相融合的特点。由此，社会救助在民国时期基本实现了由思想理论到制度实践的发展与转变，并作为一项重要的国家政策被加以实施并推广。

新中国建立以后，中国社会历史翻开了崭新的一页。中国的政治体制、经济模式、社会结构、思想意识与文化传统都开始进入一个新的历史转折阶段。这一时期中国的社会制度经历了两次转换，一是由中华民国时期的资本主义制度向新中国建立初期的新民主主义制度转换，二是在1953年开始的社会主义改造过程中，社会制度由新民主主义制度向社会主义制度的转换。与此相应，社会的各方面因素均发生了较为显著的变化。因此，社会救助方面的工作也存在着明显的时代印记。

社会救助是依托一定的社会条件而产生并发展的，它随着社会各种因素的变化而改变。因此，社会救助事业的发展史，也是一个社会的动态发展变化的历史映照。纵观新中国社会救助事业的建设发展历程，不难发现社会救助事业的推行情况也随着新中国的国际、国内形势，随着新中国的政治体制、经济结构、思想观念和社会文化等因素而变化，具有明显的时代性、特殊性与局限性。

中国共产党建政初期，面临的首要任务是如何能够巩固新政权，在国内迅速地恢复生产，稳定国民经济。对此，毛泽东也曾再三提出，工作要分清轻重缓急，不搞四面出击。[①] 因此，新政权在社会各个领域所推行的结构调整与秩序改造，体现的是"团结为主，改造为辅"的政策方针，此时的社会救助工作也充分地体现了这一指导思想。无论是对乞丐、妓女、流民这样的特殊群体，还是对灾民、难民、贫民及工人、农民的救助，均采取了类似的救助方式。换个角度讲，新中国建立初期，中国社会尚处于新民

---

① 《毛泽东选集》第5卷，人民出版社，1977，第21~24页。

主主义社会阶段，新政权性质也是新民主主义政权，新政府也具有联合政府的性质，从这个意义上看，中共在社会各个方面的治理保留着适当的宽容性与灵活性。毛泽东讲，革命政权要巩固，就必须争取各方面力量，最大效率地发挥各阶级、各团体的能效，稳定新政权的统治，才是关键。因此，在社会救助领域也出现了短暂的团结一切力量共同办理救助事业的形势。

但是，这种局面维持的时间非常短暂，并随着国际形势的突变而出现了转折。1950年10月中国出兵朝鲜战场，不仅国际形势瞬间发生了变换，而且中国共产党在国内也陆续推动旨在加强社会控制与秩序整合的多种社会运动，例如镇反运动、抗美援朝运动、清除美国文化影响等运动。在这种形势下，民国时期延续下来的部分民间慈善组织、救助机构，纷纷被新政权以"关、停、并、转"等形式加以改造。由此，民国时期建立并发展起来的社会救助制度被废止，救助人员被分流，救助组织被取缔，救助（慈善）的思想也被批判，甚至彻底否定。

1953年过渡时期总路线的正式颁布，标志着中国社会进入另一个阶段，即社会主义改造阶段。这是中国社会开始由新民主主义社会向社会主义社会过渡的时期，在这个过渡时期中，中国的政治制度开始由新民主主义时期的联合政权模式，向社会主义时期的中国共产党领导、多党合作的民主集中制转变；经济方面则由新民主主义时期的生产资料的多种所有制并存，向社会主义公有制转变；思想文化方面则着重整合思想及意识形态。社会救助事业是与整个社会的政治、经济、思想文化各个方面息息相关的，社会政治决定了社会救助工作的发展方向，社会经济决定了救助事业的资金来源与运作模式，思想文化决定了救助事业所获取的社会认同与支持。因此，随着社会制度的转型，社会救助的管理与实践也发生了较多的变化，突出的表现有如下几点。

一是在社会救助领域中，原是以政府救助为主、民间救助为辅的模式，取而代之以政府完全包揽救助事业，民间救助力量完全退出，这种救助模式被部分社会学家称作"大政府，小社会"

的救助模式，而且这种模式逐渐演变为中国社会救助的唯一模式。

二是社会救助主体，也由多样走向单一。原来社会救助针对的是不同的社会群体，包括灾民、难民、游民、妓女、贫民、失业者、孤寡儿童与老人等，随着社会转型的变化，救助的主体也逐渐演变为计划经济下单一、固定的社会群体，城市中基本以孤老残幼等"三无"人员和困难户为主实施救助，农村中以孤寡老人等"三无"人员为主，建立了"五保户"制度。[①]

三是社会救助方式，由原来丰富多样的救助方式，如失业救助、发放救济金等，逐渐演变为较为单一、固定的具体救助方式，如城市中以单位为依托的方式，农村中以"五保"为基础的方式。

可以看出，转变之后的社会救助，不借助任何社会力量而由政府包揽全方位的救助工作，具有效率高、见效快的优点，但是也带来了新的问题，政府完全包办社会救助，在人力、物力、财力等方面都负担过重，造成救助工作水平过低、形式单一等问题，为今天的社会救助事业发展都带来了多种负面影响。另外，新中国建立初期的社会救助，也反映了新政权给社会带来的深刻变化，即所有的社会资源都为政府掌控，任何社会群体都无法游离于政府之外。这不难看出，新中国建立初期新政权所推行的社会救助工作中，高效地整合了社会各方面资源，充分体现了新政权的控制力已扩展社会的各个层面。

综合以上情况，笔者认为，深入思考新中国建立初期的社会救助研究情况还有几个问题值得进一步讨论与辨析。

（一）新中国建立初期的社会救助与社会动员关系辨析

关于新中国建立初期的社会动员，近年来逐渐被学界所关注。美国政治学家 Karl Deutsch 最初用社会动员来解释现代化与政治参与的关系时，将其界定为人们的社会的、经济的、心理的旧的束

---

① 米勇生主编《社会救助》，第105页。

缚逐渐瓦解,并逐渐适应新的社会化模式和行为模式的过程。[①] 但是,在学术研究的发展过程中,学者们陆续将社会动员赋予了不同角度的新理解与新认识。社会学家郑永廷认为,一般意义上的社会动员就是广义的社会影响,也可以称为社会发动,是指"人们在某些经常、持久的社会因素影响下,其态度、价值观与期望值变化发展的过程"。[②] 李里峰、张一平分别从技术角度分析了国家在社会运动中对民众进行社会动员的意义与实施效果。[③] 裴宜理则认为,中国共产党的社会动员模式,更加侧重情感层面的深入,并通过情感动员来在运动中塑造国家权威。[④] 可以看出,研究者的视野不同,对社会动员的理解与诠释也就不同。

新中国建立初期,在全国范围内开展了遍及各个领域的"改造旧社会、建立新社会"的社会改造运动。从广义上来说,这一社会运动与当时已经如火如荼开展起来的土地改革、镇反运动、抗美援朝、勤俭节约等都是交叉联系在一起的。例如,1949年对北京市妓院的处理方式,一夜之间关闭了所有的妓院,并对妓女给予医治疾病、学习技能、安排工作、救助生活等多种救助,这一工作,既可以看做是中国共产党领导下的新政府改造旧社会的举动,让旧社会中受压迫、受剥削、受歧视,生活在最底层的妓女们洗心革面重新做人,正如电影《白毛女》中所说的:"旧社会将人变成鬼,新社会将鬼变成了人。"这体现了鲜明的时代特征,也有特定的政治社会化意义。又可以看做对妓女的救助改造,也是新政府所推行的针对特定群体所给予的特殊救助。那么,到底

[①] 〔以〕S. N. 艾森斯塔德:《现代化:抗拒与变迁》,陈育国、张旅平译,中国人民大学出版社,1988,第2页。

[②] 郑永廷:《论现代社会的社会动员》,《中山大学学报(社会科学版)》2000年第2期。

[③] 李里峰:《土改中的诉苦:一种民众动员技术的微观分析》,《南京大学学报(哲学人文科学社会科学版)》2007年第5期;张一平:《新区土改中的村庄动员与社会分层——以建国初期的苏南为中心》,《清华大学学报(哲学社会科学版)》2010年第2期。

[④] 〔美〕裴宜理:《重访中国革命:以情感的模式》,李寇南、何翔译,载《中国学术》2001年第4期。

选择社会动员角度，还是社会救助角度来理解，才能给这问题一个更合理的解释呢？诸如此类的问题，在新中国建立初期的社会救助工作中涉及较广，例如，对贫民的救助，究竟是通过社会动员来体现新国家新政权的优越性，还是出于救助理念来对社会贫困群体的帮助呢？对失业者的救助，究竟是通过社会动员来稳定社会秩序，还是出于救助理念让每一个人都来分享社会变革之后的平等权利？很难厘清二者的关系与界限。

笔者认为，新中国建立初期是一个特殊的历史时期，新政权所推行的社会动员，涉及社会的方方面面，在最大范围内团结了一切可以团结的力量，为恢复国家建设做出了卓越的贡献。但是，若按照社会救助理论来分析，社会救助可以分为三个层次来理解：思想层面，制度层面和实践层面。从这三个层面来看，新中国建立初期的社会救助工作，在实践层面取得了辉煌的成果，救助方式、救助手段、救助的效果都十分突出；在制度层面来看，新中国建立初期的社会救助虽然也有制度方面的建设，但多数是零散的、临时的、不成体系的；从思想层面来看，新中国建立初期的救助工作，虽然实践成绩较多，但体现的更多是朴素的、传统的救济思维，并没有全局性、整体性、长期性的救助事业规划，也没有真正升华到现代社会救助的思想层面，具有明显的时代局限，没有超出当时特定意识形态的限制，在救助工作中，改造旧社会、发挥社会主义制度的优越性、打倒剥削阶级、无产阶级翻身做主人等特定的时代思维方式，构筑了社会救助工作的指导思想。

（二）新中国建立初期的社会救助体系辨析

从现代社会救助的理论角度来讲，社会救助应该有一套体系健全的专门管理机构，一批具有专业知识和技能、掌握科学救助原则与工作方法的管理人才，根据法律法规来操作社会救助体系的正常运作。[①] 从这个角度来看，国民政府时期的社会救助事业得

---

① 郑功成：《社会保障概论》，第247页。

到了较为正规的发展。在救助组织方面成立了社会救助的专门领导机构——社会局，由国家政府制定了详细而规范的救助法律法规，集大成者就是1943年颁布的《社会救济法》，此外，还有很多社会精英，甚至海外归国的现代知识分子，他们带来最先进的救助思想和管理理念，并逐步形成了公私并立、多渠道并行的救助事业发展模式。民国时期的社会救助事业，基本上形成了传统性与现代性的交织，时代性与变革性相融合的特点，并较为有效地实现了由理论到实践的尝试。

对比之下，新中国建立初期的社会救助体系则差距甚远，很多救助管理、救助政策与救助法规都带有临时性、临事性的特征，救助人员也难有专业人士，制定的法律法规也存在覆盖面小、救助水平过低等问题。而且，随着土改在全国的开展，阶级成分的划分，将全国民众分为不同的阶级等级，"工农商学兵"与"地富反坏右"的出现，造成了新时期新社会事实上的不平等，连社会救助也出现了按等级、身份来实施的现象。这和现代社会救助强调的思想理念是背道而驰的。因此，笔者认为，新中国建立初期，社会救助工作虽然在实际工作中取得非常突出的救助成效，但是，这主要归因于中共强大的社会动员和超强的组织协调与政策运作能力，而非社会救助体系的建设和救助思想的探索。这是一个角度。但从另一角度来看，新中国建立初期正是中国社会向社会主义体制过渡的一个特殊时期，而这一时期所实施及推行的社会救助也处于尝试与发展的阶段，呈现了前后交替的过渡时期特征。对这一时期中国社会救助事业的发展进行研究，可以作为这个历史阶段整个中国社会发展变迁的参照，为人们全面地认识中国社会，认识新中国建立初期发生的历史巨变，提供了一个鲜活的全新视角。

基于以上认识，本文试图通过挖掘新中国建立初期的社会救助制度、救助方法、救助内容，以及救助实践等方面具体史实，来继续思考、探讨这一时期国家政权与社会互动关系在社会救助领域的反映及其影响。这不但能够厘清中华人民共和国建立初期社会救助事业的具体情况,也可以结合现实,对现今中国社会救助的发展方向加深思考。这无疑既有历史意义,又有现实价值。当然,由于时间和材料的局限,要在较短的时间里全面而系统地考察这一时期中国社会救助事业的全貌是不现实的,因此,本课题只能通过理论与实际、整体与个案相结合,侧重对几个区域的考察,力求折射出新中国建立初期社会救助事业的曲折发展之全貌。

三 史料及学术史回顾

史料是史学研究的基础,只有在丰富而充实的史料基础上,才能生发出史学研究的奇葩。关于新中国建立初期的社会救助问题,可以使用的史料浩如烟海,不但有国家各级机构、全国各个地区收集保存的大量档案资料,还有无法计数的文献资料,包括文件汇编、报刊、笔记、资料集等,为本课题的顺利开展打下了坚实的基础。例如,中央文献研究室编撰的《建国以来重要文献选编》(1~9册),中国社会科学院和中央档案馆编撰的《中华人民共和国经济档案资料选编·劳动工资和职工保险福利卷》(1949~1952),以及《中华人民共和国经济档案资料选编·劳动工资和职工保险福利卷(1953~1957)》,国家民政部政策研究室编《民政工作文件汇编》,以及北京市档案馆、中共北京市委党史研究室编纂的《北京市重要文献选编(1948.12~1956)》等,涉及的内容方方面面,非常丰富。另外,关于毛泽东、刘少奇、周恩来、陈云等人的文献汇编、个人传记、年谱、文集等,已较多出版,均可为本课题的研究提供资料。

近年来,随着国家社会保障制度建设的不断探索与完善,史学研究领域中有关救助、救济及慈善内容的相关论题,以及社会学领域中关于社会救助的理论探讨与问题分析及灾荒史的研究等,都令笔者获益匪浅。下面从几个角度来概述社会救助相关问题的学术研究状况。

（一）历史学视阈内的社会救助、社会救济问题研究

有关社会救助、救济及慈善事业的历史是中国历史的重要组成部分，关于这方面的记载也源远流长。近代以来，随着中国的社会转型与变革的日益加剧，社会问题逐渐增多，由此进一步增加了对社会保障与社会救助的制度需求。民国时期出版了关于灾荒救助、失业救助方面的研究著作，如邓云特的《中国救荒史》（商务印书馆，1937）和马君武的《失业人及贫民救济政策》（商务印书馆，1925）等，都是较为系统地考察中国灾荒救助、失业救助的政策、制度及实施情况的著作。

2000年以来，关于社会救助及慈善、救济的主题研究越来越受到研究者的重视，并出版了一批选题新颖、视角独特、影响广泛的力作。尽管社会救助是近代以来才出现的概念，但是在中国古代社会也存在着类似的社会活动。陈桦、刘宗志从救灾与济贫两个角度，考察了清代社会救助的多种活动及其发挥的社会作用。尽管封建时代的社会救助无法与现代救助相比拟，但它在农业社会所能提供的政治、经济条件下，尽力防止和减少自然灾害对社会正常生产生活秩序造成的危害和冲击，还是为部分贫困者提供了一定的救济与扶助。因此，著者指出，封建时代的社会救助也是社会生活的重要组成部分，直接关系了社会的稳定与发展。

赵宝爱的《民国山东社会救助事业研究（1912~1937）》是对民国时期山东地区的社会救助事业发展的个案刻画，该文依据第二历史档案馆、山东各地档案馆的相关资料，从政府和民间两个层面论述了近代救助事业与社会变迁、政治变迁之间的互动关系，系统地论述了民国时期山东地方的社会救助情况。蔡勤禹的《国家、社会与弱势群体——民国时期的社会救济（1927~1949）》，从国家与社会的视角出发，首先从制度层面上厘清了民国时期社会救济思想、行政体制、救济方法和设施等内容。然后，又从实践的层面论述了政府和民间组织救济事业的业绩、效应和救济的

高冬梅的《新中国成立初期中国共产党社会救助思想与实践研究（1949~1956）》则是对新中国建立初期中国共产党社会救助思想与实践的发掘，该论著在内容与主题方面与本书有一定程度上的重合之处，但是，在思路和研究方法上却不尽相同。高书从中国共产党的救助思想与实践工作考察的角度，侧重考察中国共产党在革命时期、新中国建立之后的救助思想，而本书则从社会史的视角，注重通过实证考察、个案分析等方式来探讨新中国建立初期的社会救助事业的建立、发展之历史。而且，高书从弱势群体、救助制度、政府救助、民间社会互助等几个角度来讨论中共的救助思想，并大力肯定了新中国建立初期的社会救助事业及取得的救助成绩，在笔者看来，这是值得进一步商榷的。

关于新中国建立初期的社会救助或者救济的史学论文成果丰硕，如关于灾害救助的文章有赵朝峰的《简评建国初期的救灾度荒工作》，蒋积伟的《建国初期灾荒史研究述评》，承载的《建国初期上海赈灾研究》，许虹的《建国初期党和政府救济灾荒、失业问题简述》等；关于失业救助的研究主要有韩勤英、苏峰的《国民经济恢复时期北京的失业知识分子救济政策及其成效》，谢涛的《建国初期中共治理城市失业问题的对策与实践：以1949~1952年的南京市为例》等；关于对弱势群体的救助研究，主要有李小尉的《新中国建立初期北京乞丐的救济与管理》，江沛的《天津娼业改造问题述论：1949~1957》等；此外，还有关于社会救助的综合性研究和对部分人物的救助思想的挖掘与深描，关于社会救济的思想、理论研究等。

总体来看，学者们在对于社会救助与救济的研究方面仍然存在几个问题。

第一，问题意识还不明确，多数关注的仍然是对救助政策的诠释，对救助实践工作的描述，少有对救助体制的探讨、救助中存在问题的思考等，如许虹的《建国初期党和政府救济灾荒、失业问题简述》,① 较为系统地论述了新中国建立初期党和政府针对灾民和城市失业的救助情况。对各级政府根据不同情况,采取发放救济费、以工代赈、转业培训等方法,救济城市贫困失业人员等工作进行了详细介绍。作者提出政府的救助对医疗战争创伤、安定社会秩序、恢复与发展生产起到了很大作用。但是,对于这一时期党和政府之所以形成这样的救灾、失业救助的政策背景没有深入探讨,对总体救助的评析还略显片面。

第二,评价和认识尚不够客观全面。很多学者侧重于对党和政府在新中国建立初期的救助政策给予充分的肯定和赞颂,缺少客观公正、全面的认识和评价。如承载的《建国初期上海赈灾研究》② 一文,指出新中国建立初期上海赈灾的特点是政府力量为主,社会力量为辅,本来这种赈济模式可以弥补新中国建立初期政府财力的不足,充分利用上海当地比较完善的社会赈济基础。但是,囿于新中国建立初期意识形态的局限,上海政府对社会赈济力量抱着复杂的态度,结果导致原有的社会赈济事业基础不但没有发展,反而趋于萎缩。这种状况在新中国建立初期的社会救助工作中比比皆是,但是在学者的论点中却鲜有涉及。因此,虽然关于救助与救济的研究视角在不断创新,但是对于在社会救助的实践层面上的深入挖掘、对社会救助的反思还有待于继续努力。

(二) 在社会学视阈内的社会救助问题探讨

社会救助是社会学视阈内关注民生,完善社会保障的重要问题,因此,很多社会学领域的学者对社会救助的思考给本书提供了更新颖的思路空间。社会学界对中国社会救助的理论研究和社会调查,源于 20 世纪 90 年代。这一时期,一方面得益于中国政府和社会对社会弱势群体的日益关注,这在一定程度上引领和促发了学人们对当代社会救助问题的关注和研究。同时,20 世纪 90 年

---

① 许虹:《建国初期党和政府救济灾荒、失业问题简述》,《党的文献》2000 年第 4 期。
② 承载:《建国初期上海赈灾研究》,《史林》1999 年第 3 期。

代以来，社会学在中国得到了迅速的发展，一批社会学新作相继问世。在这些著作中大多论及了社会救助问题，如由郑功成等学者分章撰写的《中国社会保障制度变迁与评估》一书，其中对社会救助方面不但阐述了其发展的历史沿革，而且深刻地分析了现行制度的不足，对于社会救助事业，从救助标准、经费来源、管理体制、职业培训和慈善活动等方面提出了宝贵的政策建议。

蒋月的《社会保障法》，是一部较全面分析社会保障法的法理学著作。从本质上来讲，现代社会的社会保障法是以劳动法为基础，以社会救助法为底线，以社会保险法为核心，而以社会福利法为辅助的。社会救助制度，其实就是通过政府提供救济与互助，来保障居民合理的生活，使处于困境中的人能够与社会发展相适应。社会救助在这部著作中突出地表现出它是社会保障中"最后的安全网"的重要地位。

洪大用的《转型时期中国社会救助》，是一部从宏观上论述现时社会救助问题的专著。该书使用了很多民政部内部的统计资料及一些珍贵的调查报告，这是一般研究者所可望而不可即的，对当代中国社会救助工作提出了很多针对性极强的建议。其实，新中国建立以来的社会救助一直在不断发展，并在保障居民生活，维持社会和谐稳定方面发挥了重要作用。洪书系统地回顾我国社会救助事业的发展脉络，也为今天救助事业面临着新情况、新问题的社会救助事业提供了全新的视角。该书对本书着眼宏观社会来分析新中国建立初期北京的社会救助具体工作，有着较好的指导与借鉴意义。

时正新主编的《中国社会救助体系研究》，对当代中国的社会救助发展的方向和体系进行了探讨。该书基本上填补了早期关于社会救助发展历史的空缺，在社会救助史的研究领域占有重要一席。同时，该作既有宏观的救助政策、救助体系的分析，也有微观具体救助份额、救助实施情况的探讨。因此，该作也称得上一部关于社会救助史的力作。但是，由于篇幅有限，该作对社会救助实施情况的考察稍显单薄，如果能够丰富资料，我认为会更加完善。

此外，陶敏的《试论我国农村社会救助制度的健全和完善》，从如何健全和完善我国农村社会救助制度的角度,分析了当前我国农村实施的社会救助制度。① 赵曼的《社会保障制度结构与运行分析》,则从社会救助的资金来源及使用等方面来分析社会保障体系的结构与运行。② 王广彬的博士论文《中国社会保障法制史论》和庄志杰的博士论文《社会保障制度研究》等,都从不同的角度关注了当代社会保障制度的发展,也基本涉及对中国社会救助问题的不同角度讨论。

综合而言,社会学领域的学者在研究中更加注重科学方法的应用,如统计分析、社会调查、田野调查、理论联系实际的思考等。历史学领域的学者则注重"史"的实证梳理,在理论建构与田野调查等方面明显欠缺。

(三) 关于慈善思想、慈善组织的学术研究

近年来,有关慈善事业的研究成果突出。日本学者夫马进的《中国善会善堂史研究》,细致地考察了善会善堂产生发展的社会、历史背景,分析了善会善堂的组织形式、资金来源、经营情况,以及运作流程等内容,深入探讨了近代化过程中善会善堂与国家、地方的关系以及作用。韩德琳(Joanna F. Handlin Smith)的《善会——明末清初慈善的改革》(1987),对善会在中国的出现及发展确切时间,进行了证实。小浜正子的《民国期上海的都市社会与慈善事业》(《民国年间上海的都市社会与慈善事业》),将民国年间上海的善会等慈善事业进行了详尽的梳理,慈善问题已经成为外国学者所关注的中国问题之一。③

---

① 陶敏:《试论我国农村社会救助制度的健全和完善》,西南财经大学硕士论文,2001。
② 赵曼:《社会保障制度结构与运行分析》,中国计划出版社,1997。
③ 参见〔日〕夫马进《中国善会善堂史研究》,商务印书馆,2005;梁其姿:《施善与教化——明清的慈善组织》,河北教育出版社,2001;Joanna F. Handlin Smith, "Benevolent Societies: The Reshaping of Charity During the Late Ming and Early Ch'ing," *The Journal of Asian Studies*, Vol. 46, No. 2, 1987;〔日〕小浜正子:《民国期上海的都市社会与慈善事业》,《史学杂志》第103编第9号,1994。

国内学者也做了大量细致入微的工作，任云兰的《近代天津的慈善与社会救济》，王娟的《近代北京慈善事业研究》，王春霞的《近代浙商与慈善公益事业研究》都是从区域的角度，对某一地区慈善事业的历史、慈善思想的发展等问题进行深入探讨。可以说，地区性慈善事业的挖掘研究已然取得了丰硕的成果。

慈善团体是慈善事业的重要组成部分，部分学者从某一慈善团体切入，从社会变迁的角度出发，结合近代中国现代化开展的过程，系统地探讨了近代中国社会变革中慈善团体与国家政权、民众的互动与回应。如蔡勤禹的《民间组织与灾荒救治——民国华洋义赈会研究》，以民国时期的华洋义赈会为研究对象，系统全面地探讨了华洋义赈会组织的生成与发展的经济、政治、文化等方面的环境，并就近代中国走向现代化过程中的民间组织成长的历史机遇及其面临的困难做了详细的考察。周秋光的《民国北京政府时期中国红十字会的慈善救护与赈济活动》，具体论述了民国北京政府时期中国红十字会的赈灾救济活动。著者深入分析了民国北京政府时期的中国红十字会，将赈灾救济的行动落到实处，发挥了政府所不能替代的作用。

对慈善救济思想的分析也是研究中的重点。周秋光、曾桂林在《中国慈善简史》中对慈善文化进行了深度剖析，从多个角度探讨了中国传统文化中的慈善因素，并系统地分析了中国慈善事业发展的历史。董根明则指出清末民初，在西方社会工作及其价值理念的影响下，我国传统的社会福利观念经历了一场变革。从"重养轻教"到"以教代养"是清末慈善救助观念的重要变化。而民国初期对弱势群体的界定初步摆脱了传统社会的伦理道德标准，强调了社会救助中的国家责任，提倡"救人救彻"的崭新救助思想理念。①

---

① 董根明：《从"重养轻教"到"救人救彻"——清末民国时期社会福利观念的演化》，《中国社会科学院研究生院学报》2005年第5期。

当前的慈善事业研究，多数侧重于南方（以江南为主）地区，而对于北方地区的慈善事业则关注较少。区域慈善史的研究虽然兴盛，但缺乏区域比较，缺乏南北比较，造成区域慈善史研究中"只见树木，不见森林"的事实。[①]

（四）有关灾荒史的学术研究

丰富的灾荒史研究成果，给笔者的研究工作以较大的启发。民国时期关于灾荒史的研究已经初有成效。邓云特的《中国救荒史》，资料丰富，体例严谨，可谓一部全面系统的救荒史专著。著者强调把灾荒史看做社会病态史和社会病源学史，研究灾荒要联系每一时代的社会经济结构形态与性质的演变。该书注重从生产力发展水平以及生产关系对生产力水平的制约来说明灾荒的原因，不单对中国历史上的重大灾荒进行了详细的分析和统计，而且总结了历代统治者的救荒政策及其经验得失。书中的很多观点和关注的视角，对于现代灾荒史的研究仍然有借鉴作用。

20世纪80年代以来，对于灾荒史资料的整理和论著的刊行都进入了一个大发展时期。由李文海组织编写的《近代中国灾荒纪年》、《〈近代中国灾荒纪年〉续编》、《中国近代十大灾荒》等资料性的著作，极大地丰富了国内的灾荒史研究。有关灾荒史的学术论著成果非常丰富，笔者简要归纳，并按照学术界对灾荒史关注的不同角度分别阐述。

关于不同历史阶段的荒政制度研究，是灾荒史上关注的重点之一。李文海、周源的《灾荒与饥馑（1840—1919）》一书，对晚清至民国初年的荒政制度的发展与变迁脉络进行了详细的勾勒，同时通过对封建社会的灾荒历史及救灾情况，以及荒政的实施等问题给予了准确的分析与评价。张水良的《中国灾荒史（1927—

[①] 曾桂林：《比较视阈中的中国区域慈善史研究——兼评王娟著〈近代北京慈善事业研究〉》，《北京社会科学》2011年第1期。

1937年)》一书,考察了民国时期南京国民政府统治10年间,中国的灾害情况及灾荒救治与政治之间的变化关系。孙绍骋的《中国救灾制度研究》总结了中国历史上的救灾制度及其在历史上不同时期的变化情况,对现存的救灾制度的成就与不足也作了相对客观的分析。[①] 康沛竹的《中国共产党执政以来防灾救灾的思想与实践》,系统全面地回顾了1949年以来全国各地发生的灾情,对灾害发生的社会因素及其对社会发展的影响作了较为详细准确的分析,同时,对于中国共产党执政以来在防灾、救灾、减灾方面的思想和实践进行了梳理,并对救灾的成就和不足加以客观的评价。[②] 此外,关于区域性的灾荒以及救灾内容的研究,成果也非常丰富,在此不再赘述。

(五) 相关理论指导

学术研究的开展总是需要理论指导来进行,本文以新中国建立初期的社会救助为研究主题,在研究时段上属于"当代"中国历史,在研究内容上侧重探讨中国社会发展与变迁的历史,因此,社会史与区域社会史的相关理论,以及关于当代中国社会史的理论辨析等内容,对笔者有较大的影响。

有关社会史研究的相关理论探讨,一直是社会史研究领域中较为活跃、被学人广为关注的选题。检索中国期刊全文数据库中有关社会史理论探讨的文章有600余篇,仅刚刚过去的2010年就发表文章54篇。[③] 其内容涵盖了对社会史研究的理论思考、研究方法的革新,对研究状况的反思、未来发展的展望乃至研究内容

[①] 孙绍骋:《中国救灾制度研究》,商务印书馆,2004。
[②] 康沛竹:《中国共产党执政以来防灾救灾的思想与实践》,北京大学出版社,2005。
[③] 参见行龙、胡英泽《三十而立:社会史研究在中国的实践》,《社会科学》2010年第1期;蔡少卿、李良玉:《六十年来的中国近代社会史研究》,《南京晓庄学院学报》2010年第4期;乔新华:《近30年来中国社会史研究的方法论意义》,《安徽史学》2010年第5期;行龙:《中国社会史研究向何处去》,《清华大学学报(哲学社会科学版)》2010年第4期;吴琦:《社会史研究中的区域失衡现象》,《江西师范大学学报(哲学社会科学版)》2010年第5期。

的总结，等等。可以说，社会史的研究正在向纵深发展，并逐渐形成多学科、多角度的学术对话。但是，在蓬勃发展的社会史理论探讨视野中，也存在着"区域失衡"现象。① 目前学术界对社会史理论的思考，多集中于中国古代社会史与中国近代社会史领域，鲜有结合新中国建立以后的中国"当代社会史"的研究而进行的理论探讨。虽然偶有学者关注到了这一问题，但理论探讨仍然仅仅局限于"呼吁与倡导"阶段，很少结合中国当代社会特点，进行问题讨论、学术史反思，甚至全面的总结。②

田居俭的《把当代社会史提上研究日程》一文，是呼吁史学界关注当代中国社会史的代表之作，他全面阐释了中国当代社会史研究的重要性，并提出了从上下两个视角来构建当代社会史研究体系的独到见解。这在当代社会史的理论探讨方面属于开山之作。姚力在《中国当代社会史研究的基本问题》中提出，中国当代社会史的研究应该在以国史重大问题为主线展开，同时要抓住普通民众的日常生活、生存状态和心理情绪三条线索，将"自上而下"与"自下而上"的研究视角相结合，从而达到总结当代历史、揭示当代社会发展原因与动力的目的。应该说，此类构想并没有跳出国史研究的框架，也没有改变国史研究中宏大叙事的线索模式。中国当代社会史的研究，是否应当按照国史的框架主线来展开？如果以国史中的重大问题为线索，是否会导致当代社会史的研究，仍然局限于"新瓶装旧酒"，这也是需要继续深思的

---

① 在吴琦的《社会史研究中的区域失衡现象》（《江西师范大学学报（哲学社会科学版）》2010年第5期）一文中，对于社会史研究中的区域失衡现象，作者是指在区域社会史研究中的地区研究不平衡状态，即学者的目光总是集中在江南等一些研究基础较好的地区，而对其他的研究基础薄弱之处则较少关注。本文的"区域失衡"则指的是在社会史理论探讨中，有关古代、近代的社会史研究较多，而涉及当代中国社会史的则非常少。

② 关于中国当代史的理论探讨成果丰富，而专注于中国当代社会史理论探讨的文章则仅有少数几篇，参见田居俭《把当代社会史提上研究日程》，《当代中国史研究》2007年第3期；姚力：《中国当代社会史研究的基本问题》，《当代中国史研究》2010年第1期；行龙：《"自下而上"：当代中国农村社会研究的社会史视角》，《当代中国史研究》2009年第4期。

问题。

　　值得注意的是，近年来山西大学行龙教授提出"把社会史研究引入中国现当代史"的观点，他在《"自下而上"：当代中国农村社会研究的社会史视角》和《中国社会史研究向何处去》等文章中，都强调了将中国社会史的研究延伸到现当代史的必要性，并提出"从社会史的角度去重新审视中共党史、中共革命史，乃至当代中国史研究"，这"也是社会史研究者应当担负的一份社会责任"。同时，行龙教授在社会史的研究实践方面也重视在当代史领域的开拓，他主持的国家课题"集体化时代的中国农村研究"，就是从社会史视角研究中国当代社会史的尝试。遗憾的是，目前学术界对于中国当代社会史的理论探讨并没有多少回应，尚未形成预期的学术探讨与思维碰撞。

　　20世纪80年代以来，国家与社会关系理论为国内学界提供了全新的视角，并成为中国史学界探讨国家与社会问题的重要分析框架。根据国家与社会关系理论来说，"任何国家都会试图按照自己的利益和意图，经由各种手段和机构对整个社会进行特定指向的政治社会化，目的是通过这一政治社会化过程而使特定的政治意识内化为其公民的自觉的行为规范，从而营建出一种适合于维系和巩固其自身统治的政治文化。这种政治社会化的结果不仅有可能使国家自身的合法性权威得到普遍的承认和接受，而且还有可能降低社会统治成本而达到有利于自己的社会稳定"。[①] 这样的政治社会化过程，在一定意义上可以视为国家"自上而下"的对社会救助领域进行掌控和治理的过程。换个角度来说，社会力量对国家政策的推行也有所回应，不同的社会阶层对此提出不同类型、不同层面的诉求，即社会力量也有"自下而上"的要求国家对社会救助领域给予救助方法、救助方式的政策调整。

　　纵观历史，1949年以前的中国，国家机构对社会救助的推行

[①] 邓正来、〔美〕杰弗里·亚历山大主编《国家与市民社会——一种社会理论的研究路径》，上海人民出版社，2006，第339页。

与管理是难以"实现一体化的建构"的。这当然主要由于在旧中国的资本主义自由市场经济模式下,救助团体、救助资金的多样化使国家无法包办和掌控社会救助的全面管理体系。而1949年以后国家机构所建构的社会救助模式,是基于一种完全不同的政治秩序与经济基础,因而社会救助也表现出完全不同的形态。"首先是政治上的完全统一,因此此时的政府政令所到之处无阻无碍;其次是在思想领域展开了多次重大的政治运动,使得任何反对派,即便是思想意识上自认的反对派也难以存身;而最后且最重要的则是在经济上通过建立'社会主义计划经济'的过程而彻底消解了'私有财产权'",① 由此,国家完全排斥了独立自主的民间力量,迅速建立了严格而高效的救助管理制度。具体而言,国家主要采取了两种方式:一是通过对民间救助团体的"关、停、并、转"的方式,逐渐取缔民间救助团体;二是通过在全国范围内建立自上而下的统一管理模式,将城市与农村、单位与个人均固定在特定位置,逐渐建立起了"计划经济"式的社会救助系统。比较而言,在这种周密而严格的计划经济下的社会救助,社会对国家的互动与影响虽然存在,但效果并不那么明显。

近年来,部分学者开始关注新中国建立以后在特定社会政治环境下,社会"自下而上"地对国家政策的影响,并取得了较为丰硕的成果,如李里峰通过对山东、河北等省的土改运动的材料发掘,从国家与社会互动的角度指出,土改期间基层政治精英并未完全成为国家的忠实代理人,而是在社会人、理性人的角色指引下与国家权力进行博弈,以维护村社利益或追逐个人私利。另外,他通过对土改中广泛发动农民展开"诉苦"这一运动过程中特定形式的剖析,分析了国家在运动中对民众进行动员的实施效果。② 张一平

---

① 邓正来、〔美〕杰弗里·亚历山大主编《国家与市民社会———一种社会理论的研究路径》,第340页。
② 李里峰:《不对等的博弈:土改中的基层政治精英》,《江苏社会科学》2007年第6期;李里峰:《土改中的诉苦:一种民众动员技术的微观分析》,《南京大学学报(哲学人文科学社会科学版)》2007年第5期。

的《新区土改中的村庄动员与社会分层——以建国初期的苏南为中心》，对新中国建立初期以苏南为中心的新区土改进行详细的分析，他指出在新区土改中体现的是村庄动员与社会分层。① 李巧宁则以陕南土改为例，将新中国建立初期山区土改中国家政策、地方实施与群众互动结合起来，分析其中所蕴涵的深层社会原因。②

  此外，研究新中国建立初期的社会救助事业，社会救助的相关理论也是本文借鉴与思考的一个角度。从社会学角度来说，现代意义上的社会救助是指当社会成员由于各种原因陷入社会生活困境或无法伸张其权益时，由国家和社会按照法定的程序和标准向其提供现金、物资或其他方面的援助与支持的一种制度安排和社会活动。这种制度安排和社会活动旨在保障社会成员的基本权利，促进社会的和谐稳定。这种现代意义上的社会救助，既源于传统的社会救助，又区别于传统的社会救助。首先，现代社会救助是国家和社会应尽的法定义务，也是每一位公民的权利。社会救助不再是政府或某一权贵的慈悲施舍怜悯的行为，而是国家和社会对公民应尽的义务。其次，现代社会救助与传统社会救助理念上有根本区别。现代社会救助不仅仅是为了解决被救助者的一时之困，而是更加注重于帮助被救助人；社会救助提供的不仅仅是最基本生活需求的资金和实物，而且它还提供社会力量来帮助被救助人重新获得工作，重新回归社会。这与传统的社会救助只解一时之困是有区别的。再次，社会救助具有法律效力，同时也有严格的制度和程序规范。从理论上讲，现代社会救助应该有一套体系健全的专门管理机构，具有专业知识和技能、掌握科学救助原则与方法的管理人才，并能够根据法律来维持社会救助体系的正常运作。这与传统的社会救助那种临时性、随意性有着严格的区别。

---

① 张一平：《新区土改中的村庄动员与社会分层——以建国初期的苏南为中心》，《清华大学学报（哲学社会科学版）》2010 年第 2 期。
② 李巧宁：《建国初期山区土改中的群众动员——以陕南土改为例》，《当代中国史研究》2007 年第 4 期。

从这个角度来看，中华人民共和国成立以后所实施的社会救助工作，很多救助方法与救助模式与现代社会救助理念所暗合，这也是之所以称之为社会救助的主要原因。例如，对城市贫困户的生活救助与失业救助相结合，将生产自救作为救助工作的主要目标等，这就充分体现了救助工作中的现代性思想，即帮助被救助人自食其力重新回归社会。当然，如果用现代救助的眼光来考察新中国建立初期的救助工作还是会发现，在对传统救助的思想与方式展开革命性的破坏与变革的同时，它并没有完全跳出历史的束缚。毕竟，在中国漫长的历史中社会救助思想源远流长，扶贫济弱的传统救助活动是不绝于书。虽然新中国建立以来实行了一系列崭新的救助政策，但是，社会救助的思想和模式在向现代意义上转型的同时，仍然不可避免地存在这样那样的问题，这也是探讨新中国建立初期的社会救助工作中值得深思与回味之处。

四 研究思路

综合以上内容，本课题试图在学界已有研究成果的基础上，运用历史学、社会学的理论与方法，解决如下几个问题。

首先，概述近代以来中国社会救助的历史发展背景。社会救助这一概念虽然是"舶来品"，但是，类似的社会活动如灾荒赈济、老弱病残的救济施养、宗族邻里的互济互助等，一直作为中国历代的基本国策被继承并不断发展。近代以来，由于战乱、灾荒不断，社会救助更是作为维护社会秩序的"稳定器"而备受关注。民国时期，中国政府建立了较为完备的社会救助法律体系和管理规范，但是，社会救助事实上仍然存在很多法规与实践、理想与现实之间的矛盾。新中国建立以后，正是在这样的基础上构建全新的社会救助系统。新中国政府所推行的社会救助政策，也在一定程度上吸收了近代以来中国社会救助发展的经验和教训，将救助推广到最大范围。

其次，厘清新中国建立初期的社会救助工作是"怎么样"的，即全面阐述清楚这一时期从中央、省市到基层城镇、农村中，社会救助事业的管理脉络是如何构建的，政策的推行路径是怎么样的，以及作为国家救助事业的执行者——民间救助团体的命运是如何变迁的，国家救助事业管理机构的辅助者——群众性救助团体是如何运作的，最终从制度层面厘清新中国建立初期社会救助系统的情况，包括社会救助的政策制定、运转模式、组织变迁，以及对原有公私救助机构的"关、停、并、转"等内容。

再次，从实践层面对新中国建立初期的社会救助政策的推行、组织运作等问题进行论证。从理论上讲，社会救助的内容极其丰富。学者们往往根据不同的角度，确定不同的研究内容。有人依据救助的类型，将其分为生活救助、住房救助、医疗救助、教育救助、法律救助等；有人依据救助手段，将其分为资金救助、实物救助和服务救助等。也有人根据救助对象来确定内容。由于社会救助的对象主要是城乡贫困居民，所以社会救助还可根据致贫原因分为孤寡病残救助、贫困户救助、失业救助和自然灾害救助等。事实上，由于自然的、历史的、社会的种种情况不同，各地所面临的社会问题也不尽相同，社会救助的内容也差别甚巨。那么，结合新中国建立初期的特殊社会与时代背景，本课题将社会救助按照救助方式与救助主体的不同分为两个部分进行不同视角的概述，借此建立对这一时期的社会救助多层次、多角度的综合研究。

最后，本课题试图在以上三方面的基础上，对新中国建立初期的社会救助建立客观而公允的评价及认识，最终探讨这一时期社会救助发展的特点，分析其发展的社会历史背景及未来发展趋向。

通过以上四个问题的解决，本课题得出以下结论。

首先，按照社会救助学的理论来讲，社会救助可以分为三个层次的理解：实践层面、制度层面和思想层面。那么新中国建立初期的社会救助工作，在实践层面取得了辉煌的成果，救助方式、救助手段、救助的效果都十分突出，尤其对比民国时期的社会救助工作来看，新中国建立初期的社会救助工作成绩是有目共睹的。从制度层面来看，新中国建立初期的社会救助并没有较有成效的制度建设，对比民国时期的救助制度，新中国建立初期的社会救助不仅没有进展，反而有很多倒退。究其原因，就不得不谈到社会救助的思想。从思想层面来讲，新中国建立初期的社会救助工作，虽然在实践方面成绩较多，但最终没有真正升华到现代社会救助的思想层面，而是具有明显的时代局限，没有超出当时特定的意识形态的限制，在救助工作中，改造旧社会、体现社会主义社会的优越性、打到剥削阶级、无产阶级翻身做主人等特定时代的思维方式，构筑了社会救助工作的指导思想。

其次，从现代社会救助的理论角度来讲，社会救助应该有一套体系健全的专门管理机构，一批具有专业知识和技能、掌握科学救助原则与工作方法的管理人才，根据法律法规来操作社会救助体系的正常运作。[1] 从这个角度来看，新中国建立初期的社会救助体系尚未真正形成，很多救助管理和救助政策、法规带有临时性，救助人员也并非专业人士，制定的法律、法规也存在覆盖面小、救助水平低等问题。此外，从总体来看，这一时期并没有形成社会救助的体系建设思想。

再次，社会救助与社会动员紧密结合，共同构筑了这一特殊历史时代下，社会救助的阶段性、高效性、严密性与普适性。但是，在这一背景下，社会救助完全成了政府的责任和单纯的政府行为，排斥了一切社会力量和民间参与，而没有社会或民间社会救助事业的配合，既增加了政府的压力，又养成了社会成员对政府的过分依赖，并由此带来一系列社会救助的"非社会化"问题，如筹资渠道的非社会化、实施机构的非社会化，以及受益对象的非普遍化，从而使社会救助事业完全成为一种官办的封闭性事业，既违背了社会救助事业的内在发展规律，又从客观上限制了社会

---

[1] 郑功成：《社会保障概论》，第247页。

救助事业的发展。①

最后，新中国建立初期的社会救助工作，它的发展、完善与否，直接反映了整个社会的进步程度。社会救助事业在救助城乡贫困，缓解社会矛盾等方面发挥的突出作用，但是，不可否认，在这些救助工作中，救助水平低下，依靠政治力量强制执行、工作态度僵化、工作方法粗糙等缺点和不足也很明显。新中国建立初期的社会救助工作，真实而生动地反映了新政权给社会带来的深刻变化，即所有的社会资源都为政府掌控，任何社会群体都无法游离于政府之外。不难看出，新中国建立初期新政权所推行的社会救助工作中，高效地整合了社会各方面资源，充分体现了新政权的控制力已扩展到社会的各个层面。

---

① 郑功成：《论中国特色的社会保障道路》，武汉大学出版社，1997。

第一章　中国社会救助的历史基础

　　中华民族五千年的发展历史传承下来许多宝贵的精神文化遗产，这其中就包括朴素的慈善救济思想的萌芽。先秦时期诸子百家学说中孕育了丰富的慈善救济思想，汉代以来儒家的"仁爱"思想、"民本"思想中，蕴涵着丰富的扶危济贫、仁爱互助的精神内涵。两汉以后，佛教的慈悲观、功德观的普及，推动了中国慈善事业走向大发展、大繁荣时期。这种深厚的精神文化传承，为近现代中国社会救助事业走向转型及进一步发展奠定了历史基础，对中国社会文化传播、民族精神的塑造产生了重要影响。

一　封建时代的社会救助

　　自古以来，中华民族就有尊老爱幼、乐善好施、扶危济困的传统美德，这是中华民族精神的重要内容。这种传统美德不仅蕴涵在中国五千年的灿烂的历史文化之中，还植根于中国人民的精神信仰和道德理念之中，突出地表现在中国源远流长的救助思想与实践的行为之中。这种精神，对加强中华民族的凝聚力与奋斗力起到不可估量的作用。

（一）慈善与救助思想

　　在中国历史发展的长河中，儒家文化可以说是中国传统文化的一条主线。早在春秋战国时期，儒家文化的代表者孔子、孟子就提出了仁爱、民本、大同等思想，儒家思想文化的精神内核也是以"仁"为中心，仁爱是一切思想的基础，由此生发出中国慈善文化的思想体系。

孔子对"仁"的诠释，是儒家学说中体现慈善思想的重要方面。"仁者爱人"，① 这是孔子对"仁"的经典诠释。孔子所讲的"仁"，是一个道德情感与人伦相结合的内容，"爱人"也应该先从"孝悌"、"忠恕"开始，孝悌是为仁之本，忠恕是个人为仁成圣之法，二者本质上还是在强调要与人为善，做到利人利他。孔子曰：夫仁者，己欲立而立人，己欲达而达人。能近取譬，可谓仁之方也已。② 又曰：己所不欲，勿施于人。③ 所以，在孔子的思想中，"仁"既是责任，又是义务，更是一种乐善好施、助人为善的精神。孟子的学说进一步发展了儒家的仁爱思想，孟子提出的"恻隐之心，仁之端也"。④ 孟子提出人性的心固有四端：恻隐、羞恶、辞让、是非。这四种善端，不但是引导每一个人扬善抑恶的力量，也是统治者行"仁政"，立"仁心"之准则。由此，儒家的"仁政"、"爱民"皆可在人性的本源中找到起点。此外，孟子还提出"出入相友，守望相助，疾病相扶持，则百姓亲睦"，⑤ "老吾老以及人之老，幼吾幼以及人之幼"⑥ 等社会慈善互助观，即人不仅要骨肉之间赡养扶持，没有血缘关系的人，也要互帮互助，互相扶持，和睦相处。这也是儒家仁爱思想的重要内容。

"民为邦本，本固邦宁"来源于《尚书·五子之歌》，这是中国古代民本思想的早期记载，民本思想最初是以治国方略出现的。儒家思想以"仁"为核心，进一步发展了民本思想。孔子主张"爱人"，孟子提出用"仁心"，施"仁政"，对人民要轻徭薄赋，

---

① 《论语·颜渊》。
② 《论语·雍也》。
③ 《论语·颜渊》。
④ 《孟子·公孙丑上》。
⑤ 《孟子·滕文公上》。
⑥ 《孟子·梁惠王上》。

推恩保民，并明确提出"民为贵，社稷次之，君为轻"①的思想。民本思想标志着儒家"仁爱观"发展到一个新的高度，也代表着儒家的慈善思想的内涵逐渐丰富和完善。

大同社会是中国人民理想社会的代名词，《礼记·礼运》中孔子所讲的一段名言，经常为后世者所引用，"大道之行也，天下为公。选贤与能，讲信修睦，故人不独亲其亲，不独子其子，使老有所终，壮有所用，幼有所长，鳏寡孤独废疾者，皆有所养。男有分，女有归。货恶其弃于地也，不必藏于己；力恶其不出于身也，不必为己。是故谋闭而不兴，盗窃乱贼而不作，故外户而不闭，是谓大同"。②这是对理想中的大同社会的经典描述，也是对和谐社会发展的终极理想追求，更蕴涵了朴素的社会救助思想。在中国漫长的封建社会中，儒家这种追求平等、互助、仁爱的大同社会思想，构成了儒家慈善互助观的坚实基础。

道家文化也是中华传统文化中的一个重要组成部分。道教创立之初，奉《老子》、《庄子》为道教经典，该经典中蕴涵了十分丰富的人文伦理思想及"赏善罚恶"的道德观念，其在社会救助方面的主要影响在于劝人向善。老子主张"清净无欲，独善其身"的人生道德观，他提出"善者吾善之，不善者吾亦善之，德善"③，即以善意对待善良的人，也要以善意对待不善良的人，最终使人人都变得善良，使社会走向至善。这种劝人为善的观点经过后人的引申与发扬，就进一步演化为行善去恶、行善积德的思想基础。

佛教思想中也存在着丰富的慈善救助思想。佛教原属于外来宗教，在漫长的本土化过程中，佛教逐渐融合了中国传统伦理思想特别是儒家思想，形成了中国佛教特有的善恶观及劝善理论。因此，佛教在中国本土化之后，其社会功能也趋向一种劝善化俗之道，以通俗的教化劝导人们止恶从善，避恶趋善。佛教思想中有着丰富的慈善救助内容。佛教教义中有"十善十恶"之说。所

---

① 《孟子·尽心下》。
② 《礼记·礼运》。
③ 《老子·第四十九章》。

谓"十恶：杀、盗、淫、妄言、绮语、两舌、恶口，乃至贪欲、嗔恚、愚痴，此名十恶。十善者，但不行十恶即是也"。① 这样，佛教徒以十善十恶为准绳，明善辨恶并求改过积德，产生一种崇贤尚善的力量。这种佛教的伦理道德观推动了南北朝以来中国慈善活动的开展。后世人们不杀生而行放生，建放生池、立放生会，不偷盗而行施舍，设善堂、建义局，凡此种种善行就是佛教教义中蕴涵着的慈善思想外在的具体表现。

因缘业报说也是佛教思想中的重要内容，佛教认为，"业有三报：一现报，现做善恶，现受苦乐。二生报，今生作业，来生受果。三后报，或今生受业，过百千生方受业"。② 这种业报轮回之说，给人以这样的伦理启示：今生修善德，来世升入天界；今生造恶行，来世堕入地狱。由此看来，佛门的因缘业报说可谓独具特色，佛教的因缘业报说渗透到社会伦理生活中，唤醒了众多人的道德自觉与自律，使人们意识到"善恶报应也，悉我自业焉"，并且认识到"思前因与后果，必修德行仁"。从某种意义上说，因缘业报说更具威慑力地规范着人们的善恶行为，并进一步充实了中国民间社会的伦理观念。源于对来世受苦受难的恐惧，人们注重对自身的修养，广结善缘，尽量地积善积德，踊跃参加修桥补路等活动，使民间慈善活动和社会公益事业持续不衰。

慈悲观是佛教教义的核心，同时也是佛教慈善渊源中最重要的内容。《大度智论》云："大慈与一切众生乐，大悲拔一切众生苦。大慈以喜乐因缘与众生，大悲以离苦因缘与众生。"佛的这种慈悲是深厚的，清净无染的，视众生如己一体。《法华经》中揭示："大慈大悲，常无懈怠，恒求善事，利益一切。"③ 所以，佛教高僧都深怀大慈大悲之心，把赈济、养老、育婴、医疗等救济事业看成是慈悲之心的外化。同时，又时时以"慈悲喜舍"之心善待众生，以宽宏的胸襟劝谕世人发慈悲之愿而生救世之心，广行

---

① 周秋光、曾桂林：《中国慈善简史》，第46页。
② 慧远：《三报论·弘明集》卷5，商务印书馆，1922，第26页。
③ 周秋光、曾桂林：《中国慈善简史》，第49页。

善举，求得菩提的护佑。

总之，儒家的仁爱观、民本思想与大同思想，成为中国封建时代慈善救助思想的重要文化基础和社会基础，也是将中华民族扶贫济困、助人为善的民族精神，进一步理论化、制度化、社会化的重要精神力量；道家的赏善罚恶观是对封建时代的社会民众进行"行善止恶"、"为善积德"的道德劝诫；而佛教的因缘业报观、慈悲观则促进了民间社会乐善好施风俗的形成，中国慈善救助思想由此绵绵相承，在扶危济困、救死扶伤的关键时候，发挥了不可替代的作用。

（二）救济制度与实践

在中国两千多年的封建社会中，社会的发展始终没有离开社会救济事业。先秦时期中国传统的社会救济制度已经初具雏形。《周礼》一书中就记载了许多关于社会救助的内容，如关于荒政："荒政十有二，聚万民。一曰散利，二曰薄征，三曰缓刑，四曰弛力，五曰舍禁，六曰去几，七曰眚礼，八曰杀哀，九曰蕃乐，十曰多昏，十一曰索鬼神，十二曰除盗贼。"[①] 这可以说是关于救荒制度的早期概括，反映了时人实施救灾、防灾等救助政策和措施的大致情况。自秦汉开始，中国开始步入大一统的封建时代，统治者为了施仁政、巩固统治的需要，历朝历代均建立了多种社会救济制度。其中，以灾害救助、养老恤孤为主要内容。

1. 灾害救助

中国是传统的农业国，农业的丰歉与百姓的生活息息相关。而农业的丰歉往往受制于自然环境。大凡风调雨顺之年，农作物便丰收，百姓生活安逸。大凡旱涝虫雹之年，农作物便歉收，百姓生活受挫。因此，在封建时代的中国，以救灾防灾为主旨的"荒政"便成为国家政务的重要内容。随着社会的发展，有关救灾和荒政的内容不断丰富，涉及救灾的政策和措施也愈加具体。宋

---

① 《周礼》（影印本），中华书局，1980。

人董煟在《救荒活民书》详细地列举了各级官府应行的救荒职责与措施。譬如他认为府州一级的职责是："太守当行十六条。一曰，稽察常平以赈粜；二曰，准备义仓以赈济；三曰，视州县三等之饥而为之计；四曰，视邻郡三等之熟而为之备；五曰，申明遏籴之禁；六曰，宽驰抑籴之令；七曰，计州用之盈虚；八曰，察县吏之能否；九曰，委诸县各条赈济之方；十曰，因民情各施赈济之术；十一曰，察官祷祈；十二曰，存恤流民；十三曰，早检放以安人情；十四曰，预措备以宽州用；十五曰，因所利以济民饥；十六曰，散药饵以救民族。"① 清人贺长龄则是把荒政概括成五大方面："有预备于未荒之前者，有急救于猝荒之际者，有广救于大荒之时者，有力行于偏荒之地者，有补救于已荒之后者。"② 应该说，无论是灾前预防，还是灾后急赈，均已经在时人丰富完备的救灾思想之中有所体现。中国社会在漫长封建统治时期也积累了丰富的灾荒赈济方法与经验，主要包括直接赈济和间接赈济，间接赈济主要以减税蠲缓、平粜与借贷，以及施粥行赈等方式，此外，为了鼓励地方官员努力办赈，政府还制定了多种奖惩或激励的制度，来监督地方官员的赈灾工作。

直接赈济通常是灾害过后最直接、最快捷的救助方式，以发给受灾民众钱粮为主，也是历代统治者赈济灾荒的常用办法。这种方式基本是灾后紧急赈济的首选良策，也是灾民在遭受灾荒、流离失所的情况下最渴望接受的救济方式。以北京为例来看，查阅北京历史上的灾荒赈济资料可知，灾荒的赈济方式多数是给予灾民钱粮救济，帮助灾民维持生存。唐贞元八年（792）七月，"幽州大雨，平地水深二丈；郑、涿、蓟、檀、平五州，平地水深一丈五尺"，很多遭受水灾的农户陷入了饥饿境地。由此，皇帝"颁诏赐予遭受水害的绝粮户粟米三十万石"予以救济。明朝成化六年（1470）六月，"顺天府旱后又发大水，其时旱涝相继发生，

---

① 陈桦、刘宗志：《救灾与济贫——中国封建时代的社会救助活动（1750—1911）》，第37页。
② 贺长龄：《荒政纲目》，见《皇朝经世文编》卷41。

百姓啃食草木殆尽","七月,通县、张家湾等水灾,受灾居民共二千六百六十户,淹没房舍六千四百九十处",据此,皇帝"派官员分别至畿辅受灾地区赈济饥民",并"拨京粮三十万石平粜"。道光三年(1823)三月,直隶等地受灾,皇帝命"加给直隶、文安县灾民一月口粮"。咸丰六年(1856)九月,"京师米贵,开五城饭厂,并拨仓谷制钱赈固安六州县饥民"。[①]从这里可以看出,直接救助对于刚刚遭受灾荒、缺衣少粮的贫困百姓来说,常常是最直接、最紧急、最有效的帮助方式。

中国封建社会中,对受灾地区除了直接赈济之外,还有很多间接赈济方式。减免税赋和蠲缓,是封建时代政府救灾的一种主要方式。减免赋税,也就是统治者将受灾地区的各种税赋给予减少或免除;而所谓蠲缓制度,指遭受灾荒的地区,可以推迟缴纳并减免一部分当地所应交的赋税。在农业社会中,赋税是民众的主要负担。一旦发生灾荒,灾民生命危在旦夕,减免赋税田租,是灾后急赈的辅助政策。灾荒过后,如果统治者继续强收赋税,无疑会激化社会矛盾。因此,某个地区遭受灾荒过后,统治者一般会考虑减免赋税。查阅北京地方志资料可以看出,由于首都地位特殊,统治者对北京所给予的蠲缓要远远多于国内其他城市。有史料记载,明洪武二十四年(1391)十月丁巳年间,北京及河北等地遭受水灾,皇帝昭令"免除北平遭水灾地区的田租"。康熙八年(1669)正月,皇帝也曾昭令:"免除昌平上一年的水灾额赋",同时下令"因遭水灾废弃的田地则永远豁除赋税"。乾隆四十二年(1777)五月,"蠲顺天、直隶、大兴等三十三厅州县被灾额赋"。道光二十九年(1849)十月,"蠲缓直隶、蓟州等三十七州县的被灾新旧额赋"。[①]这种减税、蠲缓形式的救助制度,对缓和阶级矛盾,帮助受灾地区休养生息甚为有利。

平粜,是中国传统救灾思想中逐渐发展演化而来的救灾办法。

[①] 以上均见北京地方志编纂委员会《北京志·政务卷·民政志》,北京出版社,2003,第59页。

平粜，源于战国时期李悝"平籴"政策，即丰年粮价便宜的时候，政府收购粮食，使粮价回升；歉年粮价高涨的时候，政府平价出售粮食，使粮价回落。李悝认为："籴甚贵则伤民，甚贱则伤农。民伤则离散，农伤则国贫。"而平籴、平粜政策能够"籴不贵而民不散，取有余以补不足。"① 这种通过政府调控粮价的方式，限制囤积居奇，保证了荒年物价的平稳与粮食价格的稳定，既能增加政府的财政收入，也能够在救灾时候发挥重要作用。汉武帝时期所实施的"平准均输"的政策，就是根据此原理而平抑物价、救济灾荒的。在北京地区的赈灾历史上，也经常用平粜的办法救济灾民。元朝"至元二十八年（1291）七月，大都饥，出米二十五万四千八百石赈之。十二月，大都饥，下其价粜米二十万石赈之"。清朝乾隆三十一年（1766）在北京设立平粜厂 10 处，由"兵马司副指挥、吏目司其事"，并规定"冬季煮赈及遇京城市粜昂贵时，奉旨拨仓米平粜"，② 又"光绪二十一年（1895）二月，拨库帑十万加赈顺天等处灾民。四月，拨京仓米万石备顺天平粜"。③

借贷也是中国传统救灾方法之一。周代的时候中国就有借贷救灾的记载，《周礼·地官》保息之政载："四曰恤贫。注：贫民无业者禀贷之"，也有"丰时敛之，凶时散之，其民无者，从公贷之"的记载。④ 通过放贷使受灾民众能够暂时缓解生活困难。

设立粥厂、饭厂，是救助灾民暂时免除饿、冻之苦，是灾后急赈工作中的重点。北京作为元、明、清三朝首都，在京师设立粥厂、饭厂的赈济形式逐年增多。这种粥厂，在灾荒时期救济灾民，施以一饭一羹便可以救活无数灾民性命。粥厂每年从十月开始施粥，次年四月结束。遇有严重灾年，粥厂还可以提前开始或推迟结束，充分发挥了其灵活的救灾手段。在救灾救济制度逐渐

---

① 《汉书·食货志》。
② 北京地方志编纂委员会：《北京志·政务卷·民政志》，第 58 页。
③ 北京地方志编纂委员会：《北京志·政务卷·民政志》，第 59 页。
④ 孙绍骋：《中国救灾制度研究》，第 112 页。

发展的过程中，在城市内部各个地段设立粥厂，已逐渐成为政府抚恤救济政策的一个部分。例如，明朝万历十五年（1587）六月，"京师暴雨成灾，房屋倒塌，压死者不可数计。十二月，京师煮粥赈济饥民。"清顺治十年（1653）闰六月，"京师霪雨连绵，逾月不停，河水外溢农田被淹，房屋皆倒塌。太后特发宫中所节省的银钱八万两，赈济满、汉兵民。十月，设立粥厂，赈济京师饥民"。①

随着施粥设厂的制度逐渐发展，粥厂渐渐成为城市中常年定期设置的救济贫民的一种方式。晚清时期，北京固定的粥厂就有10个，于每年冬季十月至次年开春四月定为粥厂放赈时间，给予京郊附近灾民、难民，以及贫困市民施粥，使他们冬季免受冻馁之苦。据记载，咸丰四年（1854），因"永定河漫溢而遭受水灾"，导致京郊"农田晚稼亦有受蝗害之处"，且"京师粮价昂贵"。于是，"顺天府府尹于内城六门外各择地段添设粥厂六处，使城内旗民就近领食。每厂每日给粟米二石，延期至来年四月初五止，以资接济抚恤"。"六年（1856）九月，五城饭厂提前半月煮赈散发，并延长赈济期限至第二年四月。十一年（1861）五城粥厂延期至六月初四截止，除按例给赈米外，每厂每日多加赈米一石进行接济。"②

以上只是以北京为例，介绍封建时代赈灾的几种主要措施。应该说，在封建时代，几乎每年政府都有对全国不同地区进行赈灾的措施。不仅如此，难能可贵的是，为了有效地赈济灾民，消除灾情，封建时代的各级官府，还注意到了防灾问题，防患于未然，以杜绝灾情的发生和蔓延。概括起来，防灾制度可以分为三个方面。

首先，设立官仓储备粮食。这是传统农业社会中防治灾荒的重要措施。周代时期已经设立专人管理仓储，而汉代出现的"常

---

① 北京地方志编纂委员会：《北京志·政务卷·民政志》，第59页。
② 北京地方志编纂委员会：《北京志·政务卷·民政志》，第59页。

平仓"就是官仓制度的代表。这种制度以救灾度荒、平抑粮价为主,所谓"谷贱时,增其值而籴,以利农;谷贵时,减价而粜,以利民。名曰常平仓,民便之"。① 这种粮食仓储制度,到清朝已经发展成为非常完备的防备灾荒的官仓制度。清朝各个地方州县,均设立"常平仓",并规定了详细的出陈入新的管理办法,作为政府粮仓的主要储备形式,也是紧急救灾时期的粮食储备。同时,清代在各地也建立了社仓、义仓等粮食储备形式。北京历史上的灾荒救济,很多救济粮食都来源于平时的"京仓"储备。例如道光三年(1823)六月,北京由于"永定河外溢"而遭受水灾,于是七月份道光皇帝命"拨京仓米五万石,给五城平粜,分设京城外卢沟桥四处饭厂,并命令直隶遭水灾各州县煮粥赈济"。②"京仓米"顾名思义,就是设立在京城的官办粮仓。在灾荒来临需要紧急赈济的时候,政府首先调度当地的官仓储粮进行赈济,如果不够的话,还会调用其他地区的储备粮食来救急。

其次,开拓河道,兴修水利。这是农业时代防灾治灾的重要措施。纵观古今,历代王朝莫不以"治水"为维护统治的关键政策。以北京为例来看,北京历史上水灾频仍,其自然气候属于暖温带半湿润、半干旱季风型大陆性气候,具有冬季寒冷雨雪少、春季风大湿度小、夏季炎热雨集中、秋季凉爽光照足的显著特点。而且,由于地处冷暖空气交汇地带,年降水量变幅大,干旱、暴雨、大风、冰雹、寒潮等灾害频繁发生。③ 同时,北京周围多水,兴修水利,既可以防治水灾发生,又稳定了京师的水源,减少隐患。所以,历朝历代对水利的兴修问题都非常重视。元代曾对北京水利问题进行了工程浩大的整修。"元世祖至元二十九年(1292)六月,大兴等县发大水,损毁农田庄稼七千余顷。"于是,"朝廷命太史令郭守敬兼领都水监事","设计解决大都水源问题"。在此次大规模的修整京师水渠的工程中,一共"疏浚通州至大都

---

① 俞森:《荒政丛书》卷8《常平仓考》。
② 北京地方志编纂委员会:《北京志·政务卷·民政志》,第61页。
③ 北京地方志编纂委员会:《北京志·市政卷·环境保护志》,第1页。

漕河十四条",又"凿渠灌注昌平诸水"。据统计,前后"役使军匠二万余人",可谓是不小的工程。清"嘉庆六年(1801)六月己酉,京师大雨,(皇帝)命令疏浚沟渠河道"。"壬子,永定河外溢。(皇帝)命令众臣四路查灾办赈,又拨局钱二千缗,抚恤永定、右安门外灾民,免去顺天府大兴、宛平两县赋税。"① 兴修水利,是有效的减缓水灾发生频率与灾害程度的重要措施。同时也应看到,在生产力非常落后的农业社会,能够抵抗水灾侵袭的只有动用巨大的人力、物力来修筑堤坝,否则,只会给国家带来更大的损失。

再次,建立查灾、报灾、勘灾制度。及时准确地掌握灾情,是中央政府救灾、赈济等一切救助措施的前提条件。中国在建立救灾制度的同时,很早就设立了专司主管的向中央政府奏报地方天气、气候、农业收成等奏报制度。发展到清朝时期,这种奏报制度已经比较完善,也有一些学者对此进行了详尽的阐述。② 通过奏报制度,达到对全国各个地区自然气候及农业生产的考察,从而达到查灾的目的。一旦有灾荒发生,地方官必须以题报的方式迅速将灾情逐级上报,由地方总督汇报中央,从而使中央政府比较迅捷的掌握各地灾情。并且,地方负责的官员要对灾情进行详细调查,检查受灾的程度、土地受灾的数量、灾民的数量,等等,从而为以后的赈灾做好准备。

从总体来看,中国古代社会有着非常发达的救灾制度,发展到明清时期,从中央到地方都建有一系列非常完整的救灾机构,并设计了完善的救灾体制。每当灾害发生,中央政府会派遣官员直接到灾区协助地方救灾或者主持灾区救助,地方官则按照规定负责勘察灾情,逐级上报并亲自领导救灾。③ 在防灾措施方面,制订了兴修水利、粮食储备、发展生产为主的防灾措施。这些内容

---

① 北京地方志编纂委员会:《北京志·市政卷·民政志》,第58页。
② 陈桦、刘宗志:《救灾与济贫——中国封建时代的社会救助活动(1750—1911)》,第171页。
③ 孙绍骋:《中国救灾制度研究》,第52~61页。

都是中国古代社会重视灾荒救助的明证。

2. 养老恤孤

中国古代很早就有养老恤孤、救助弱者的文化传统，《周礼·大司徒》中曾记载了对老弱病残群体的救助与赡养问题："一曰慈幼，二曰养老，三曰振穷，四曰恤贫，五曰宽疾，六曰安富。"① 儒家、道家思想中，也广为传播"老吾老以及人之老，幼吾幼以及人之幼"的博爱、慈善思想。在这样的思想根基下，中国历朝历代的统治者都较注重设立赡养孤老、残幼的机构。例如，南北朝时期设立的六疾馆和孤独园，帮助那些无依无靠的人解决生存问题。金代北京已有济贫机构，"金明昌四年（1193）始设普济院"，专门收养孤苦无依的老人。② 元、明两朝及清初亦相沿前朝福利设置之制，元朝设养济院、安乐堂、惠民药局、济众院等福利设施，收养和安置孤寡老弱病残、穷困无靠者。"元至元八年（1271）各路设济众院"，将慈善救助机构在各地区建立。③ 元世祖中统元年（1260）开始，建立养济院已经作为国家的一项重要制度加以不断推广。如果地方官员推行不利，则加以责罚惩戒。"诸鳏寡孤独，老弱残疾，穷而无告者，于养济院收养。应收养而不收养，不应收养而收养者，罪其守宰，按治官常纠察之。"④ 同时，国家"对社会上的鳏寡老年人实施赈贷制度，凡生活不能自理又无依无靠者均由政府供粮赡养"。至元十九年（1282）又规定，这些鳏寡老年人，"由政府增发布帛、柴薪和死后给予棺葬"。⑤

明朝洪武元年（1368）也曾由政府下令，"令天下置养济院，以处孤贫残疾无依者"。《明令》规定："凡鳏寡孤独，每月官给粮米三斗，每岁给棉布一匹，务在存恤。监查御史、按察司官，常加体察。"同时规定：凡散居于社会、年龄在七十以上的老年人，

---

① 《周礼》（影印本），中华书局，1980。
② 北京地方志编纂委员会：《北京志·西城区志》，第324页。
③ 北京地方志编纂委员会：《北京志·政务卷·民政志》，第275页。
④ 陈桦、刘宗志：《救灾与济贫——中国封建时代的社会救助活动（1750—1911）》，第183页。
⑤ 北京地方志编纂委员会：《北京志·政务卷·民政志》，第306页。

"免于一切差役劳作"，按"官府侍员级享受养老待遇"；"年逾八十岁以上的孤寡老人，每月由政府给米五斗，肉五斤，酒三升；年达九十高龄时，每增一岁政府增发布帛一匹，棉絮一斤。"到永乐二十年（1422）时，政府特令"民年七十以上及笃废残疾者，许一丁侍养"。[①]明代规定，鳏寡孤独者的收养要遵照原籍归属原则，即需要救助的人要由户籍地负责收容或赡养。但是，由于北京作为首都地位比较特殊，所以，北京地区的养济院虽然也存在"原籍地收养主义"的原则，但是事实上却并没有限制归属地原则，因为在天子脚下，如果存在大量乞食民众，有失体统，因此，采取了广泛收养的原则。天顺元年（1457），明英宗下令收养贫民，在大兴、宛平两县各设养济院一所，日给二餐。据统计，成化十六年（1480），大兴、宛平二县受赡养的孤老有7490余人。[②]这些被收养的人员，很多都不是北京本地之人。

清朝沿袭了明朝的官办养济院制度，基本上继承了原籍地收养、全州县设置及官营主义等原则，给粮扶养社会上不能自理生活的鳏寡孤独废疾人员，将养济院制度更加推广到全国各地。此外，育婴堂、粥厂、留养局或栖留所等官办慈善事业也发展较好，越来越得到统治者的重视。值得一提的是，在封建时代，北京的济贫措施中，官方不仅着力于对贫民的收养，使其能正常地生活，而且注意到如何教育贫民自谋生活的能力，开始注重其个人素质及生产技能的培训。最典型的例子是京师广仁堂和工艺局的设立。广仁堂最早设立于天津。光绪元年（1875），民间义赈绅商捐资在天津设立广仁堂，以收养天津、河间两府属遗弃子女、贫苦节妇。广仁堂按照"养"、"教"并重的原则，不仅对收养人员给予衣食养济，而且设立慈幼所、蒙养所、力田所、工艺所、敬节所、戒烟所等"六所"，对收养人员进行技艺、识文、习俗之教化。从六所的设置看，教养、教化已成为广仁堂的重要内容。广仁堂开办

---

① 北京地方志编纂委员会：《北京志·政务卷·民政志》，第306页。
② 北京地方志编纂委员会：《北京志·大兴县志》，第445页。

后，救助效果很好。在其影响下，光绪七年（1881），北京也仿天津建立了广仁堂。

光绪二十七年（1901），侍读学士黄思永提出在京城设立工艺局，以收养流民的建议，得到光绪帝的允准。1902年，京师工艺局在北京下斜街成立。局内设立了当时农业、工业发展所急需且又能帮助流民学习谋生之路的各科工艺，如凿井、铁工、织工、漆工、木工、藤工、绣工、箱工等。工艺局挑选流民中之强壮者，入局教养劳动，同时聘请外洋、外省专门工师教习之。随后，工艺局还建立了女工纺织厂，挑选流民中的妇女来厂学习。"女工以十余人为一班，令其勤加教导，两三个月即能毕业。毕业后，再招一班，每年约可教四五班。"为教习农业种植技术，工艺局还在京郊南苑，领出荒地，招民开垦，播种了水稻、葡萄、桑麻等农作物。① 除广仁堂、工艺局外，京师还成立了教养局。主要收养无业游民及轻度犯罪者，为他们提供生活、劳动、学习的条件，是集教化、生产、救助于一体的社会救助机构。

中国传统的救济活动，以官方主办的救济事业为主体，而民间救助则处于辅助地位。然而，官办的救助事业，往往面临经费困窘、各级官员腐败与低效等原因，在推行救助措施的时候需要民间力量的帮助，因此，封建统治者往往提倡民间积极参加救助事业的建设，并制订出各种奖赏条例。例如，满清王朝时期，在官办养济院基础上，就积极提倡民间义举捐助，对于民间举办善堂、办理慈善事务的，政府给予官品的赏赐。例如，雍正九年（1731）的定例，捐助谷物200石者，可赐九品顶戴。在这种荣誉的鼓励下，民间捐助办理济贫救灾事业的非常普遍。除了官办慈善机构之外，清朝民间捐办的慈善机构也初具规模。例如普济堂、育婴堂等机构在清朝纷纷发展起来，盛极一时。

梳理中国历史上的社会救助的具体措施及活动可以看出，中

---

① 陈桦、刘宗志：《救灾与济贫——中国封建时代的社会救助活动（1750—1911）》，第365页。

国传统的救灾济贫制度,在当时的社会历史条件下是比较发达,甚至较为完善的。无论是防灾、报灾、勘灾的制度,还是赈灾的多种措施,包括蠲缓、赈济、平粜、以工代赈等,都体现了中国代代相传、延续久远的扶危济困的经验与思想总结,这是中华民族宝贵的精神文化遗产。但是,由于近代以来中国社会积贫积弱、停滞不前,社会各方面建设均远远落后于同时代的西方社会,而社会救助也同样处于封闭落后的尴尬状态。这一时期,无论是官方救助,还是民间救助,在救助理念与救助方式、方法等方面问题重重,效果常常不尽如人意。归根结底,这源于落后停滞的封建社会制度与社会经济,社会救助本质上是社会制度的一个方面,也是社会经济的衍生品,落后的社会制度,衰败的社会经济,带来的只能是同样落后的救助体制。

二 民国时期的社会救助

民国时期是中国社会救助事业发展的一个重要时期。这一时期,社会救助事业在救助理念、救助制度、救助方法、救助实践等方面逐渐走出了中国传统的救济模式,借鉴吸收了很多国际上的先进理念与经验,并在救助思想的发展、救助体系的建设、救助法规的探索,以及救助机构的管理等方面,都取得了突出的成就。现代社会救助事业在民国时期得以建立并进入了一个发展、繁盛的时期。

辛亥革命推翻了清王朝的专制统治,也彻底结束了中国社会两千多年的封建统治,中国开始步入民主共和的新时期。但是,社会制度的变革在初期却并没有给中国带来和平安定的社会环境。1912~1949年,中华民国短短的38年历史进程中,经历了南京临时政府、北京政府(北洋军阀统治时期)、南京国民政府三个阶段。各个阶段不同党派、不同势力争权夺势,战乱不断,尤其北洋军阀统治时期,中国政局处于一片混乱之中,各方势力呈现"你方唱罢我登场",造成兵灾匪祸连绵不断、内外战争从未停歇的局面。据学者王寅生的统计，1912～1930年中国历年发生战争省份数量如下：1912年1个，1913年6个，1916年9个，1917年5个，1918年9个，1919年2个，1920年7个，1921年7个，1922年6个……1928年16个，1930年16个。① 南京国民政府时期，1929年蒋、冯、阎中原大战，波及十几省蒙受兵灾战祸。而国民政府近10年的"剿共"战争，也造成了无数的贫困百姓家破人亡。1937～1945年日本全面侵华，给中国人民带来的困难与损失是无法计量的。抗战胜利之后，国共内战使民众的生活雪上加霜。总之，安定的社会环境是经济发展、国家建设的前提条件，而政权不稳、战乱频仍是民国时期中国社会的常态。

民国时期，中国各地的自然灾害非常频繁，可以说是无年不灾，无地不灾。根据夏明方的统计，民国时期的灾荒少则数省，多则十几省不等。1912～1937年，据史料记载的各种较大的灾害多达86次，其中水灾24次，旱灾14次，地震19次，蝗灾、风灾、疫灾等更多。1938～1949年间，全国发生大小自然灾害更多，受灾县达4319个之多。② 自然灾害的频繁多发，给人民生活带来极大影响，受灾人民生活陷入困境，不得不辗转外乡，流离失所。

这种特殊的社会背景与时代背景，加剧了社会底层对各种慈善、救济，乃至各种救助的渴望与需求，因此，民国时期社会救助事业的发展是与其特定的时代背景紧密相连的。

（一）社会救助组织建设

社会救助组织，是指国家制定救助政策、推行救助法规、维持救助体系正常运行的基本结构单位。民国时期，中国的社会救助组织大体可以分为官方救助和民间救助。

官方救助又称政府救助，是指由政府直接组织的并以财政支出为主要财源的，对生存困难者提供的救助。按照现代社会救助

---

① 王寅生：《中国北部的兵差与农民》，台北，中研院社会科学研究所，1931，第13页。
② 夏明方：《民国时期自然灾害与乡村社会》，中华书局，2000，第75～76页。

的理论来衡量,官方救助的主要特点是:由政府或其有关部门设立救助机构或直接实施救助活动;救助的财源主要是政府的财政专项支出;救助的对象和标准都由法律规定;救助活动纳入政府的社会发展计划;体现政府公共管理能力和水平。[①] 从这一标准来看,在南京国民政府时期,即 1928~1949 年间,救助事业中官方救助得到了较为系统化、正规化的建设与发展。

南京临时政府时期,中央设立内务部,各省设立民政厅,主管全国和地方的赈恤、救灾、慈善等事务。由于临时政府执政时间较短,很多关于社会救助方面的法律、法规均沿用晚清政府时期制定的相关规定,因此,社会救助组织方面的建设也较为有限。北京政府时期,政府颁布的《内务部官制》中清楚规定:由内务总长管理赈恤、救济、慈善等事务,并监督所辖各官署及地方长官。内务部下设民政司,负责执掌救济贫民、赈济灾民,并管辖各个救济机构之责。[②] 1914 年为了加强中央最高行政者对社会救济事业的直接管理,内务部最终直接隶属于大总统,即救助事业由总统直接指挥。1917 年 3 月公布的《内务部民治司变更分科职掌办法》,规定第四科负责社会保障的具体事务,包括地方救灾、地方蠲缓正赋钱粮、地方筹办赈捐之考核、地方捐赈人员奖励、地方年成分类考核、地方粮食出口考核、地方备荒积谷、筹备八旗生计、红十字会之设置救济及奖励、京师平粜、京师冬防收养贫民散发棉衣及开辟临时粥厂、育婴等慈善事业,以及经管游民习艺所、济良所、教养局及贫民工厂、地方善堂。可以看出,虽然民国时期社会行政机关职权多次调整,但是主管社会救助的主要机构仍然是内务部民治司第四科,从其所负责的繁杂事务来看,民国时期的社会救助任务艰巨。

在管理体制方面,北京政府时期,全国各地救助事业基本上仍然沿袭晚清新政时期的制度。例如北京地区的社会救助基本按

---

① 王卫平等:《社会救助学》,第 14 页。
② 《东方杂志》第 9 卷第 3 号,1912 年 9 月 1 日。

照晚清制度延续，由顺天府尹直接管理。顺天府属的民政科户籍股负责管理的旧式救济机构有：广安门外普济堂、广渠门内育婴堂、顺天养济院、京师内城贫民教养院（附设疯人院）等；趋于新式以"教养"为主的代表性慈善救助机构有：如外城初级教养工厂、外城中级教养女工厂、外城公立贫民养济院、外城贫民工厂、内城博济工厂、民政部习艺所、济良所等。1914年，顺天府改称京兆地方，社会救济诸事移交京兆公署掌管。京兆公署所辖救助机构主要有：教养院2处，济良所1处，外城收养贫民所1处，内城教养院、妇女习艺工厂、妇女感化所各1处，内务部游民习艺所1处，京师警察厅疯人收养所1处，京师育婴堂1处。①

民国前期，为应付频繁的自然灾害，北京政府的救灾机构也颇为复杂。在中央政府所设置的救灾机构中，筹议赈灾临时委员会联合内务部附设的赈务处，均发挥了极重要的作用。1920年北京政府公布了《筹议赈灾临时委员会章程》，规定由内务、财政、农商、交通四部联合组成救灾决策机关。1920年华北五省大旱，北京政府在内务部下附设了赈务处，作为中央主管的临时赈济机构，并直接委派官员主持灾区赈济与灾后救助工作。在社会救助法律制度的建设方面，1923年北京政府制定并公布了《赈务处暂行章程》，将赈务处分为总务、赈粜、工赈、赈务、运输五股，并规定赈务处的正、副处长由内务部的部长及下属各司长兼任，以便协调工作，提高办赈效率。随后又制定公布了《督办赈务公署组织条例》和《附设赈务委员会》，规定由督办赈务公署主管全国官赈，负责所有灾区的赈济事宜。一旦发生灾情，赈务各官署必须随时向它报告；督办赈务公署分总务、赈务、稽查三处，督办由大总统特派，会办为简派官员，这就在一定程度上提高了赈务机构的地位，便于救济突发的大灾大难。

南京国民政府时期，社会救助机构经历了多次变革。1928年南京国民政府将内务部改为内政部，各省设立民政司，民政司下

---

① 北京地方志编纂委员会：《北京志·政务卷·民政志》，第275~276页。

设四科，第四科掌管社会救济和其他社会福利事项，包括救济贫民、救济老弱病残，勘报灾情以及蠲缓田赋审核、地方赈济调查、慈善团体的管理以及游民教养等事务。① 北京政府时期设立的赈务处继续保留，该处隶属于行政院，主管各灾区的赈济及慈善事宜，赈务处下设置赈款委员会和总务、调查、赈济三科。1929 年，为了统筹全国的救灾事宜，国民政府成立了行政院全国赈济委员会，将各地分散的地方救灾组织合成一个全国性的救灾机构，专事灾害救济。1930 年又将全国赈济委员会和内政部民政司二者合而为一，改组成立为新的赈务委员会，负责因自然灾害、国内战争所造成的灾民、难民的救济诸事项。随后，各省赈务委员会、市、县赈务分会也相继成立，办理本辖区的赈务。1931 年江淮流域发生特大水灾，国民政府又特设救济水灾委员会，专司临时赈恤和灾后补救等事务，在江淮水灾赈济中发挥了重要的作用。1938 年成立社会部，并于 1940 年社会部正式隶属行政院，成为全国最高社会行政机关。

  1928 年之后，民国政府组建了专门管理社会慈善及救助的职能机构——社会局，中央和地方政府也制定颁布了相关的法律法规，从中央到地方都开始了救助事业的改革、整合、发展的进程。这体现在社会局对城市慈善救助事业的整顿之中。1928 年 5 月，南京国民政府制定并颁布《各地方救济院规则》，要求各省统设救济院，下设养老所、孤儿院、残疾所、育婴所、施医所、贷款所等，对全国的救济福利机构予以规范与监督，旨在统一全国各地的救济事业。例如北京②的社会救助由北平特别市社会局第四科承办，其统一设立的慈善机构主要有第一救济院、第二救济院、妇女救济院，还有第一习艺工厂、第二习艺工厂、妇女习艺工厂、疯人收养所、乞丐收容所等。随着国内形势的发展，1940 年国民政府设立社会部，颁布了《社会部组织法》，详细规定了有关社会

---

① 徐百齐编《中华民国法规大全》(1)，商务印书馆，1936，第 506 页。
② 北京在 1928~1949 年改为"北平"，但一些书籍、文献资料仍用"北京"，为了与原资料一致，行文中仍用"北京"。

救济事务由社会福利司负责主办,其主要工作包括:失业救济、残疾老弱救济、贫民救济、游民收容与教养等,同时负责社会救济业务的规划改进、救济工作人员的培养,以及慈善救济团体的管理等。总体来说,民国时期社会救助机构正式开始了系统化建设,初步建立了中央政府、地方政府和基层救助机构的三级科层行政管理模式。

民间救助组织,又称慈善机构救助,是指建立在慈善伦理基础上的,以社会捐赠为财产来源的,由民间公益团体或机构对生存困难者提供的救助。其主要特点是:慈善机构由宗教团体或非宗教公益团体直接充当或出资创办;救助的财产来源是包括宗教信徒在内的私人或民间团体的自愿捐献;政府不直接参与和组织救助过程;救助的对象和标准不由国家规定,而由慈善机构自主决定。①

综观整个民国历史,由于政治、经济及社会发展等各种原因,各地的救助事业均经历了屡兴屡废的曲折发展过程。在此过程中,民间救助事业始终占有重要的地位。这从民间救助组织的规模和数量变化中就可以看出。以北京为例来看,北京作为全国政治文化中心,社会救助一向得到民间的支持,社会救助团体无论在数量上,还是在影响上,都居全国前列。根据《光绪顺天府志·京师志》记载,光绪年间京城各种民间慈善救助机构有89个,1923年北京基督教青年会总干事刘锡廉,曾负责对北京内外城的慈善组织进行详细调查,并编辑成书,即《北京慈善汇编》,该书中共统计各种慈善救助组织,包括官方与民间承办的,包括团体办理的、家庭办理的甚至个人办理的,包括很多没有正式名称但参与慈善救助的家庭与个人,共约365个。② 至1937年日本入侵,严重破坏了正常的社会秩序,许多民间救助团体被迫停业。抗战胜利后,北平的慈善救助机构经过不断的整合重组,至北平和平解放之前,又得到了一定恢复和发展,详见表1—1。

---

① 王卫平等:《社会救助学》,第14页。
② 刘锡廉:《北京慈善汇编》,京师第一监狱,1923,第41~46页。

表 1-1 民国时期北平慈善机构一览

名 称	地 址	主办者或隶属关系	沿 革	备 注
北平龙泉孤儿院	宣外南下子	百 川	民国 19 年（1930）9 月 6 日备案	收抚孤儿
北平同善普化佛教会	阜内大街 86 号	王春宣	民国 20 年（1931）1 月 17 日备案	救济贫苦
中国红十字会北平分会	干面胡同 22 号	吴祥凤	民国 18 年（1929）9 月 23 日备案	救恤伤兵，赈济灾民
北平五台山普济佛教会	东城老君堂	陈连富	民国 18 年（1929）6 月备案	办理赈济，舍衣施棺
养老院	东城甘雨胡同 20 号	外侨福伟氏	民国 18 年（1929）10 月 12 日	救济年老无依男女
北平白卍字会	南魏儿胡同 8 号	恽宝惠	民国 23 年（1934）2 月 2 日	赈济
北平育婴堂	西安门养蜂夹道	江朝宗、邓宇安	民国 18 年（1929）6 月 4 日	抚养男女婴儿
熊朱义助儿童幸福基金会	石驸马大街	熊希龄	民国 22 年（1933）5 月 6 日	以私产办理儿童幸福事业
北平家庭福利协济会	冰渣胡同贤良寺	章元善	民国 20 年（1931）2 月 6 日	补助贫民家庭改善生活状态
北平公善养济院	宣外南下子 6 号	恽宝惠	民国 18 年（1929）9 月备案	救济无告贫民
北平利仁养济院	宣外南横街 38 号	恽宝惠	民国 18 年（1929）9 月备案	救济无告贫民
中国三教圣道总会	内四西南草厂小乘巷胡同	王殿中	民国 18 年（1929）8 月备案	施粥
北平公益联合会	西安门养蜂夹道	恽宝惠	民国 18 年（1929）6 月 4 日备案	维持市民粮食保护妇女救济失业
世界红卍字会中华总会	西单舍饭寺 16 号	胡观生	民国 18 年（1929）6 月备案	救济灾患

续表

名　称	地　址	主办者或隶属关系	沿　革	备　注
北平恒善总社	西城太仆寺街11号	林步随	民国18年（1929）9月4日备案	救济贫民，办理慈善
北平贫民救济会	东夹道1号	北平市市长，社会局长	—	办理冬赈
南城贫民暖厂	新世界	王香亭	民国23年（1934）11月20日备案	—
慈幼女工厂	清化寺街	李润琴	—	救济失业女子
北平恩济慈善保骨会	北长街兴隆寺	张和成	民国19年（1930）2月备案	保管骸骨
热奉吉江四省慈善联合会	石驸马大街88号	杨名声	民国24年（1935）9月28日	办理救济事业讲演道德卫生
蓝卐字会	西总布胡同14号	宋文祥等	民国25年（1936）1月9日	办理慈善救济事业
香山慈幼院	北平香山	熊希龄	—	慈善教育
无锡唐氏仁庄	前海北河沿21号	唐宗郭	民国25年（1936）3月备案	救灾济贫
正字慈善会	和内铜井大院马神庙	周祥甫等	民国25年（1936）4月备案	救灾济贫
北平华洋义赈会	东单大土地庙5号	恽宝惠	—	于京兆20县内修坝防患
北平民生救济会	西单北甘石桥路东9号	张福阴	—	慈善救济
万国道德总会	东四三条胡同	杜延年	—	—
北平剧场公会	西四大街	胡显卿	—	救济剧界同业
全国佛教龙华义赈总会	广安门内善果寺	朱子桥、江宇澄、刘云程、丁清秦	—	慈善救济

续表

名　称	地　址	主办者或隶属关系	沿　革	备　注
中华圣公会冬赈委员会	宣内南海沿	杜德桓、费景春	—	慈善救济
各慈善团体联合会	社会局内	社会局	民国 24 年（1935）12 月备案	联合办理救济事业

资料来源：北京地方志编纂委员会：《北京志·政务卷·民政志》，北京出版社，2003。

当然，由于统计的标准与使用资料不同，这些统计数字并不能全面、准确地涵盖北平全部的慈善救助组织的数据，以上仅仅是以北平城市为着眼点来统计的，而北平周围郊县的统计数据，并不包括在内。例如顺义县城的慈善救助机构，在其地方志中就有清晰的记载，顺义县有原官办救济机构养济院 1 所，留养局 3 所，白云观粥厂 1 所，务本社 1 所，顺义慈善会还附设了慈善工厂、讲演所、学堂等机构，积极参与救灾与贫困救助等活动。[①] 另外，由于不同时期对救助组织的统计或记录的标准与数据不一，也影响了对民国时期各地慈善组织数量的准确掌握。例如，在刘锡廉编撰的《北京慈善汇编》中，将北京城市中平民学校，平民半日小学，以及各类临时性的、偶有施粥、施药行为的家庭或个人，都作为慈善组织统计在案，这种方法就颇为引人争议。因此，对该书的统计数字只能有选择地使用。这种情况在一定程度上也影响了对民国时期各城市、各地区慈善救助组织的量化统计。但是，换个角度来看，民国时期慈善救助组织的蓬勃发展，不断向规范化、组织化发展的事实，还是不容否认的。

（二）社会救助制度建设

1935 年 8 月 14 日美国国会批准并公布了《社会保障法》，在此法案中，正式提出了社会救助的理念，此后，社会救助作为社

---

① 《顺义县志》卷 2，《建制志·慈善机关》。

会"最后的安全网",得到国际社会的广泛认同。① 这一时期,正是中国现代意义上的社会救助体系开始建立并得到迅速发展的时期。西方的社会保障理念传入中国,促进了中国社会救助事业的法制化建设进程,民国政府制定并颁行了许多冠以"社会救济"或"救济"字样的法规条例,来调整和规范社会救助活动。

1. 关于灾荒赈济的法规

民国成立之后,民国政府对频仍的自然灾害给予了较多的关注。为了有效地赈济灾荒,在清朝救灾政策基础之上,增加了许多现代的元素,并力图将其法制化。从民国政府颁行的赈济灾荒法规来看,重点抓了以下两个方面。

一是明令要及时报告灾情。

1915年民国北京政府制定并颁布了《勘报灾歉条例》。对如何勘灾报灾做了具体规定。这是灾荒来临时及时报告灾情的必要法规。1928年10月,南京国民政府内务部在该条例的基础上进行了修订,颁行了同名条例。1934年、1936年行政院又重新修订公布了《勘报灾歉规程》。这些前后延续的勘报灾歉条例,都强调了要及时勘灾报灾。如关于勘灾,条例规定:各地遇有由渐而成的旱灾、虫灾,地方政府须随时履勘,至迟不得超过10日;遇有风、雹、水灾及其他急灾,须立即履勘,最迟不得超过3日。履勘后,须先将被灾大概情形分报该管省政府及民政厅、财政厅备案。为了使赈灾切实有效,国民政府行政院还制定公布了《灾赈查放办法》,严格规定赈灾的程序与细节,杜绝赈灾过程中的流弊和漏洞。②

二是设法保障救灾资金的筹备。

传统灾荒救助中,资金问题一直没有保障。尤其是晚清以来,随着国力的衰败,国家的救灾措施更是随着资金的缺乏而名存实亡。民国政府较为重视救灾资金的筹备,并颁行了相关的条例章

---

① 王卫平等:《社会救助学》,第169页。
② 蔡鸿源主编《民国法规集成》(39),黄山书社,1999,第506~507页。

程，以吸纳更多的资金用于救灾。

1914年北京政府颁布了《义赈奖劝章程》，这是鼓励社会各界捐款赈灾的条例。1934年南京国民政府颁行《公务员捐俸助赈办法》，明文规定公务员有捐助政府赈灾的义务。[①] 民国政府还通过发行赈灾公债，以筹措资金。最初发行赈灾公债是源于1920年的华北大旱，北京政府为了筹集赈灾资金，颁布了《赈灾公债条例》，发行公债400万元，年利7厘，每上半年5月31日和下半年11月30日各付息一次。南京国民政府沿袭了这一方法，1929年制定了《公债法原则》，明确规定了政府募集公债用以赈灾的合法性。从此，民国政府每次大灾基本都要发行公债筹集资金进行赈济灾民，发行公债成为比较有效的募集赈灾资金的保证。[②]

设置救灾准备金也是筹措救灾资金的渠道之一。1930年10月国民政府立法院颁布《救灾准备金法》，随后又相继补充颁行《实施救灾准备金暂行办法》，对救灾准备金实施做了具体规定。这一救灾准备金主要由中央和省区两级机构共同筹备建立，"国民政府每年应由经常预算收入总额内支出百分之一为中央救灾准备金，但积存满五千万元后得停止之"，地方省政府"每年应由经常预算收入总额内支出百分之二为省救灾准备金"。[③] 这种救灾资金的应用也有着严格的规定，为了严格管理救灾资金的使用，国民政府还颁行了《救灾准备金保管委员会组织条例》，对从中央到地方的救灾资金的使用列入法律范畴。

社会救助本身就是一种消耗性措施，社会救助的顺利实施必须要有充分的资金储备作为保证。民国时期在社会救助资金方面的若干法律法规，真正弥补了传统救助中资金匮乏的缺陷，转而掌握救助的主动权实行积极的社会救助措施。这也是民国时期社会救助工作的一个突出的进步之处。

[①] 蔡鸿源主编《民国法规集成》（39），第516页。
[②] 千家驹：《旧中国公债史资料（1894—1949）》，中华书局，1984，第181~182页。
[③] 蔡鸿源主编《民国法规集成》（39），第510页。

2. 关于济贫的法规

救助贫困是社会救助活动中最重要、最基本的内容。相对于灾害救助而言，贫困救助的面更广，难度更大，它必须较好地动员社会力量才能顺利解决。为更好地动员社会力量实施社会救助，民国政府也颁行了一系列法规法律。

民国北京政府时期，关于社会救助的相关立法并没有系统制定，仅仅为了整饬社会秩序而制定了一部与社会救助相关的法规，即 1915 年 12 月制定的《游民习艺所章程》。这部法规一方面是沿袭了晚清工艺局的制度，通过教给游民手艺，为他们寻找一条谋生之路。另一方面也是政府突破传统"施养"救助模式，而转向"教养"模式的一种探索。虽然在实施推广上收效有限，但是对于规范社会救助的活动与转变政府救助的思想理念，具有一定的意义。

南京国民政府时期，社会救助事业逐渐扩展，相继制定了多种救济机构的管理规则，并加强了对社会救助团体的监管与规范。1928 年 5 月国民政府内务部颁布了《各地方救济院规则》，规定在各省区、特别市政府及县市政府所在地，依照该规则设立救济院。由于这个规则强调的是院内救济，涉及的救济范围较为狭窄，故 1933 年国民政府对其进行了修订。该规则规定各地救济设施统一称为"救济院"，救济院内部按照收容对象及救助职能的不同分为以下各所：

（1）养老所，用以收养无力自救之男女年在 60 岁以上无人抚养者；

（2）孤儿所，用以收养 6 岁至 15 岁贫苦无依之幼年男女，并按照年龄送就近相当学校免费肄业，成年出所时应介绍以相当职业；

（3）残废所，用以收养凡无人抚养的残废人，并应分肢体残废及盲、哑三种情况，根据个人能力分别选授相应的实用课程；

(4) 育婴所，用以收养贫苦及被遗弃之6岁以下男女婴孩，并雇佣乳母或用代乳品喂养之，满6岁以上时应送入孤儿所；

(5) 施医所，用以治疗贫民疾病并辅助卫生防疫各行政；

(6) 贷款所，用以救济贫苦无资营业或经营农事之男女，确无不良嗜好并志愿做小本营业或经营农事而确无资力，且具有殷实铺保或妥当保人的，可以申请小额贷款（5~20元）。①

另外，该法规还对社会救济开展的经费、资金等问题进行了详细的规定。在此法规指导下，上海、天津、北平、广州等重要城市也制定了一系列具有现代意义的社会救助条款，至20世纪40年代末，基本形成了一套相对完整的社会救助法律体系。例如，北平城市社会救助方面规章条款有《北平市社会局救济院章程》、《北平市私立慈善机关补助规则》、《北平市公益慈善团体筹款限制办法》、《北平市市民小本借贷章程》，等等。天津市则制定了《天津市救济院组织规则》、《天津市扩大救济事业组织大纲》、《天津市救济事业监理委员会组织规则》等多种细致的社会救助的组织与管理条款。这些法律法规的出台，对于民国慈善事业的发展无疑是有积极意义的。

针对社会救助事业在民间的开展与推广，南京国民政府对民间的社会救助团体采取了扶助与监管相结合的政策。1928年5月颁布了《管理私立慈善机关规则》，第二年又重新修订颁布了《监督慈善团体法》及《施行细则》，规定慈善团体为"济贫、救灾、养老、恤孤及其他以社会救助事业为目的之团体"，并规定慈善团体要有"五个以上发起人，发起人须为名望素著操守可信者、曾办慈善事业卓有成效者、热心公益慷慨捐输者"。② 同时，对慈善

---

① 蔡鸿源主编《民国法规集成》（42），第216页。
② 立法院编译处：《中华民国法规汇编》第3册，中华书局，1934，第528~529页。

团体及其主管部门的职责做了详细的规定。此外，国民政府依照不同类型的救助活动还制定了相应的法规，例如 1935 年拟定了《佛教寺庙兴办慈善公益事业规则》，1942 年公布了《冬令救济实施办法》等相关的社会救助法规内容。

比较系统的体现民国时期社会救助政策与理念的是 1943 年 9 月颁行的《社会救济法》，从救济的范围、救济设施、救济方法、救济经费等方面，对民国时期社会救济制度做了详尽的规定。随着这部法律的颁布，国民政府相继制定并颁行了多部相应的法规进行补充，例如《救济院规程》、《私立救济设施管理规则》、《各地方推行义诊办法》等，将国内的社会救助事业推向了一个大发展时期。

这些关于赈灾、济贫法规的颁行，表明了民国政府在救灾济贫问题上，已经摆脱了传统的临时性与临事性，而是以较为积极的姿态向现代社会救助转变，标志着近代中国社会救助开始走向规范化、法制化发展的历程。

(三) 社会救助管理模式

民国时期社会救助的管理模式，生动地体现了国家政权与民间救助组织在社会救助事业方面的互动关系，这也一直是学术界颇为关注的课题。[1] 如何既能够充分发挥国家政权对民间组织的监督与管理作用，又维护民间慈善组织在慈善事业方面的积极性与自主性，即如何恰当地划分国家政权与民间慈善组织在慈善救助事业中的职能边界，使二者都能最大效率地发挥其正面作用，保持二者之间的良性互动，这是对今天慈善救助事业仍然具有启发

---

[1] 相关的研究成果有：朱浒：《地方社会与国家的跨地方互补——光绪十三年黄河郑州决口与晚清义赈的新发展》，《史学月刊》2007 年第 2 期；汪华：《国家权力的扩张对民间公益社团参与社会保障能量的影响——基于 20 世纪上半叶上海社会保障的一项实证研究》，《华东理工大学学报（哲学与社会科学版）》，2006 年第 4 期；杨志军、尹红群：《"国家政权建设"范式与民国时期地方政权研究》，《求索》2006 年第 10 期；徐松如：《关于国家、地方、民众相互关系的理论与研究概述》，《上海师范大学学报（哲学社会科学版）》2002 年第 6 期。

意义的一个问题。

1927年南京国民政府建立之后,在社会救助领域开始了新的尝试与改革,加快了民国时期慈善救助事业规范化、制度化的进程。以京津地区为例,1928年之后,民国政府在北平、天津组建了专门管理社会慈善及救助的职能机构——社会局,中央和地方政府也制定颁布了相关的法律法规,从中央到地方都开始了慈善救助事业的改革、整合、发展的进程。

在这一时期对社会慈善救助事业的改革工作中,体现了政府对这一领域监督和管理的绝对权威。按照西方社会学中的社会分层(social stratification)理论提出,当人类社会和生产力发展到一定阶段,由于社会发展过程中的社会利益关系及不平等的利益分配格局,就导致社会成员按照一定标准被划分成高低不同的等级序列,而这也就意味着社会弱者阶层的客观存在。所以,在社会制度的设计中,在社会运行中,如何对待处于社会底层的群体就成为判断社会是否和谐的重要依据。从这一角度来看,如何建设社会慈善及救助事业,是体现政权正当性与合法性的标准之一。民国政府此时改革和整合社会慈善救助事业的种种举措,则鲜明地印证了这一主旨思想。

首先,这体现在社会局对城市慈善救助事业的整顿之中。1928年5月,南京国民政府制定并颁布《各地方救济院规则》,要求各省统设救济院,下设养老所、孤儿院、残疾所、育婴所、施医所、贷款所等,对全国的救济福利机构予以规范与监督,旨在统一全国各地的救济事业。经过调查与整顿,北平市的慈善救助机构得到了统一调整,政府领导的公立慈善救助机构,经过整合,规模和救助能力都有所增强。例如,北平的粥厂数目,1924年统计内外城一共有7个粥厂,而且不但规模小,还时常困于经费问题而受阻。经过整合,政府引导各个慈善机构结合城区各地居民的实际情况,增设了多个粥厂,1932~1933年再次统计,北平市的粥厂有30个。除了"国府赈务委员会"主办的4所粥厂之外,贫民救济会、五台山普济佛教会、上海济生会,以及救世军等慈善团体都筹办了多个粥厂。①

其次，法律的规范与监督作用也在慈善救助事业领域中得到充分扩张。恰如上文所述，关于社会救助方面的法律法规，国民政府都极为重视，并借助法律法规的制定来整合与监管民间救助力量。需要注意的是，无论是中央政府还是地方当局，在整合与监管社会慈善救助事业的同时，并不排斥民间力量的参与。相反，城市中的慈善救助工作，常常囿于窘迫的财政状况，使得市政官员热切希望民间组织的积极参与。例如，在1930年北平市政府的全年经费预算中，社会局的预算仅仅20万元，对比之下，公安局预算220万元，教育局预算95万元，财政局预算30万元，而社会局的经费预算仅占全市经费的4.49%，②办起慈善事业来常常在经费方面感到捉襟见肘。由此导致在社会局统一管理下的公立慈善救助机构的经费也颇为紧张，这令主管机构社会局常常感到无计可施。北平市社会局长也说，"经费为事业兴替之先决问题。公营机关多建筑于劝募与捐助基础之上，且次第缩减，预算仅具形式，公帑支绌，相视束手，岌岌不可终日"。③据统计，1931年北平市社会局附属慈善机关每月经费为：第一习艺工厂每月经费1050元，第二习艺工厂每月经费1722元，妇女习艺工厂每月经费699元，第一救济院每月经费1135元，第二救济院每月经费505元，妇女救济院每月经费1093元，疯人收养所每月经费759元，乞丐收容所每月经费686元。④这些经费包括每月救助人员所需的衣食住行各种费用，基本上能用于为救助人员的疾病治疗或者改善生活水准的费用所剩无几。

对比之下，民间慈善救助机构则"往往拥资颇富"，⑤其突出

---

① 张金陔：《北平粥厂之研究》，李文海、夏明方、黄兴涛主编《民国时期社会调查丛编（社会保障卷）》，福建教育出版社，2004，第410~416页。
② 林颂河：《北平社会概况统计图》，社会调查所，1931。
③ 管欧编《北平特别市社会局救济事业小史》，第17页。
④ 北平特别市社会局：《社会调查汇刊》，1931（9）。
⑤ 汪滔：《中国育婴所现状之一斑》，李文海、夏明方、黄兴涛主编《民国时期社会调查丛编（社会保障卷）》，第331页。

的社会服务业绩和相对充足的资产，使得这些民间团体可以有力地弥补政府在社会救助方面的不足，从而发挥更为重要的社会慈善与救助的能量。根据刘锡廉的统计，1924年北平的各类慈善团体与个人，总数达到365个之多。①其服务内容包括收留孤苦儿童教养兼施，对贫困人员发放粮款、衣物、被褥及药物等，也有施材赊材、掩埋、收容老弱、设立贫民救济工厂或者失业介绍所等。除了正式登记在案的公益慈善团体之外，还有很多"施放钱文、施舍棉衣药物"②却并无正式名称的小团体或者慈善人士。天津民间慈善救助机构的资金也较为充足，1933年据天津市慈善事业委员会统计，当年冬赈结束后尚有结余款3363.36元；1934年冬赈总共募集款为91897.32元，其中包括市政府拨交的春秋两季慈善赛马款43102.55元，天津地方协会捐助的1.5万元整，天津各界捐款29691.72元，以及以往捐助款项的定期存款利息等，而通过一年的赈济贫困，包括冬季施粥、发放棉衣、开办7处粥厂，以及日常支出各类款项85900.97元，还结余5996.35元。③1933年天津市慈善事业委员会领导的冬赈中，发放棉衣数量即有7935件，而1934年由天津市慈善事业委员会发放的赈济衣物数量甚至多于1933年度的发放数额。④可以看出，相对充裕的资金不仅使城市中的慈善救助团体数量较多，而且这些团体在城市的慈善救助事业方面确实能够发挥巨大的能量。

　　1928年各个城市中的社会局相继成立之后，作为社会慈善救助事业的主管机关，社会局采取了多种措施，在对公立的救助机构开展调查改革的同时，也加强了对私立慈善救助机构的监管。从资金监管、人事任免到慈善救助机构的日常事务管理等各个方面全程监督，并随时掌握着慈善救助团体的工作进展情况，努力

---

① 刘锡廉：《北京慈善汇编》，第5~46页。
② 刘锡廉：《北京慈善汇编》，第67~70页。
③ 天津市慈善事业联合会编《天津市慈善事业联合会征信录》，天津市慈善事业联合会，1936。
④ 天津市慈善事业联合会编《天津市慈善事业联合会征信录》。

将所有社会力量整合到国家体制管理及控制之下。

社会局作为主管慈善救助事业的国家政权职能机构，一方面通过多种手段加强对民间慈善组织的监督与管理，另一方面又呼吁民间力量积极参与慈善事业，试图令慈善救助事业在政府与民间得到双向良性发展。对民间慈善组织参与的慈善救助工作，社会局加强了各方面的监管，举凡民间慈善组织内部的人事方面的安排与变动、日常管理、规章制度的修订、资产的变更、经费的预算、公益款项的募捐等内容，都要随时呈报社会局核准后方能生效，否则不予认可。从这一角度来看，国家政权对慈善救助组织的严格管理，不仅全面整合了慈善救助领域的力量，完成了慈善事业内部的秩序重建，而且建立了对民间慈善组织的领导与驾驭，并加速了民间慈善组织的自我更新之步伐。这突出地表现在以下几个方面。

首先，在慈善救助机构中的人事任免权方面，国家政权以多种形式严格掌控。1928年10月国民政府颁布《管理各地方私立慈善机关规则》，其中规定，各私立慈善机关不但要将机关名称、所在地址、所办事业、财产状况报存备案，同时要将现任职员的姓名、履历等详细内容具体造册，呈报主管部门并转报内政部备案；1929年6月国民政府颁布《监督慈善团体法》，该法规定慈善团体的发起人应具有一定的资格，如或为名望素著操守可信者，或曾办慈善事业成效卓著者，或为热心公益慷慨捐助者，[①]才具有慈善团体发起人的资格。这些规定，从立法角度对慈善救助组织的人员使用情况进行监控。

对于公立的慈善救助机构的人员任用情况，作为上级主管机关的社会局具有直接决定权。从民国社会局的现存档案中可以查阅到很多有关慈善机构人事任免呈社会局批准的文件，例如，社会局对救济院、妇女救济院院长、各部主任的任免令，[②]

[①] 立法院编译处：《中华民国法规汇编》第3册，第528~529页。
[②] 《社会局对救济院、妇女救济院院长、各部主任的委任令》，北京市档案馆：J2-1-12。

社会局对第一、第二救济院院长、事务主任等的任免令等。参见图1-1。

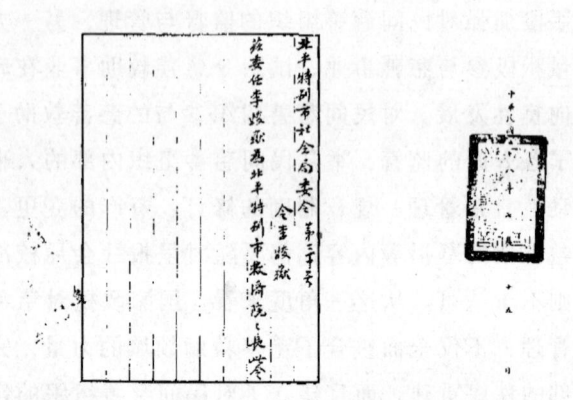

图1-1 （北平市）社会局对救济院院长的委任令

对于私立的民间慈善组织中人员任免，社会局同样具有强大的影响力。例如民国时期北平比较著名的民间慈善组织——北平恒善总社，其在北平设置多个分社，并先后开办了平民学校、贫民借本处、诊疗所、织袜工厂、毛织绣花工厂、工读学校、挑花工厂、施粥厂、草帽传习所、妇女职业工厂等多种慈善救助事业，在北平的慈善救助领域影响深远。1935年北平恒善总社董事会重新选举，就董事长人选和若干董事人选先后几次给社会局主管官员呈文，并多方解释各个人选之任用理由，但是，最终还是在社会局的指令下确定了董事会各个人选。① 可以看出，无论是公立的还是私立的慈善救助组织，社会局对其内部的人事任免权掌控极为严格。

其次，在慈善救助机构的日常管理方面，国家政权也从管理、立法等渠道直接介入。1929年3月，北平特别市社会局宣布设立附属慈善机关经理委员会，该委员会是社会局的内部经营机构，旨在"为本市公益慈善事业之发展及其基金之充实"，主要任务是统筹各附属慈善机关业务之发展，即管理公立慈善机构。随后，

---

① 《社会局的行政机关概况调查表》，北京市档案馆：J2-1-93。

1930年2月社会局又指令成立了北平市公益慈善基金委员会,该委员会的主要任务是负责对社会上的"公益慈善事业之筹划考查指导及其改善"和"公益慈善基金之筹集、保管、支配及其公布"等事务,① 即管理民间慈善机构。这两个"委员会"日益发展成为社会局统筹管理全市慈善组织的权力载体。

在立法方面,国家也明确了地方政府对慈善组织的日常活动有监督之责。《监督慈善团体法》和《监督慈善团体法施行规则》中都明确规定,"主管部门应随时督查慈善团体办理情形","各私立慈善机构必须随时接受主管机关的监督检查,按月提交会计报告和活动情况报告",并且"慈善团体不得利用其事业为宗教之宣传或兼营为私人谋利之事业"。② 这些法规不但明确了主管部门对慈善团体监督的权力,而且设定了对慈善团体的监管范围。

以管理不善为借口直接介入民间慈善组织的日常管理工作,是政府行政干预的常用方式。从经费的预算到人事更新,乃至规章制度的设立于修订等,均由主管部门重新操办。例如,1930年天津市社会局就接管了最早成立的民间慈善救助机构——长芦育婴堂,并根据育婴堂的实际状况,提出了改进计划。在育婴堂组织方面设立董事会,培训具有现代育婴知识的看护妇;在设备方面改善老式设备,保持干净整洁,并添置游艺室、体育场等。③ 这些措施,明显改善了育婴堂的经营状况。

再次,在慈善救助机构的财务管理和资产支配方面,国家政权的管理更加严格。据《监督慈善团体法施行规则》规定,慈善团体每月底须将一月内收支款目及办事实况公布于众;主管官署有权随时检查慈善团体办理情形及其财务状况;每半年慈善团体应将职员的任免、职员成绩的考核、财产总额及收支状况、会员的情况一并报送主管官署查核。④ 无论是社会局直属的公立慈善救

---

① 北京地方志编纂委员会:《北京志·政务卷·民政志》,第282页。
② 立法院编译处:《中华民国法规汇编》第3册,第528~529页。
③ 《天津市育婴堂概况暨改善计划大纲》,《社会月刊》第1卷(5/6),1929。
④ 立法院编译处:《中华民国法规汇编》第3册,第529~531页。

助机构，还是私立的民间慈善机构，均须每月将财务收支情况、职员薪金发放情况、慈善机构内部业务办理及经费使用情况等内容，据实向社会局主管部门详细汇报。

在资产支配方面，社会局不仅肩负着对民间慈善组织内部一般的资产管理、定期收取财务收支汇报，对民间慈善救助组织内部资产变更等情况还具有决定是否批准之权。例如，北京恩济慈善保骨会，原是清朝覆灭之后，张成和、姚梦山等几人发起的为了救济流落京城的太监"养生救死"而成立的慈善机构，1930年在北平社会局登记备案。北京（平）恩济慈善保骨会名下有很多财产，如原清朝时期皇家划拨的阜成门外八里庄附近两千余亩的太监公墓，专为太监死后安身立碑之处，当时统计已经安葬了2667名太监。此外，还有颇多太监捐赠的房产、田地，以及诸多苍松、翠柏等古木等。1935年，由于恩济会内部成员田家俊不满于董事会会长言翰臣屡次将恩济会公产占为私有，故向北平市社会局呈报，要求社会局调查并依法惩处。[①] 接到来函，北平市社会局会同北平警察局共同调查了田家俊反映的情况，并将恩济会内部资产进行了整合，将原出租的房产收回，部分被言翰臣亲信侵吞的财产被追缴，一些苍松、翠柏等古木则不许乱砍滥伐，予以保护，并将恩济会所属的地产重新清理。[②] 可以看出，民间慈善救助组织原来自由使用的内部资产，俨然由社会局接替了资产管理权和支配权。

另外，由于慈善救助组织常常需要通过募捐活动来筹集救济款项，为了保证专款专用，防止救济款项为私人占用侵吞，社会局对慈善机构所组织的募款活动监督严格而规范。社会局要求慈善机构募款要先征得主管官署的许可，然后将捐款的收据捐册编号，送主管官署批准并加盖社会局印章，这样，主管部门就能够完全掌握捐款的具体数目、捐助人及以后的捐款用途。并且，如

[①] 《保骨会助理员田家俊关于北京恩济慈善保骨会办理不善请求调查依法惩处的呈函》，北京市档案馆：J2-1-456。
[②] 《北平市社会局关于北京恩济慈善保骨会调查依法惩处的指令》，北京市档案馆：J2-1-456。

果慈善团体拒绝主管官署的检查或利用慈善事业作为宗教宣传或谋利的手段,则主管官署有权撤销其许可并解散。① 民国时期慈善事业盛极一时,其中也不乏挪用救济款项的事件,社会局加强对这一问题的监控,基本上有效地防止了慈善领域中的腐败问题。

以今天的眼光来看,民国时期国民政府从多个角度加强了对救助组织的监管。如果从现代国家法体构建的视角来思考的话,不可否认,国家政权对社会慈善救助领域的介入,对建立和完善社会保障体系是益处良多的。但是,从民间慈善组织的发展趋势来看,国家权力的强力介入,带来的影响可谓复杂而深远。

总体来看,国民政府通过一系列政策措施加强对慈善救助事业的监督与管理,其本意是为了寻求对社会力量的整合和控制,从而更好地发挥社会慈善救助的力量。以京津地区的情况来看,政府通过对慈善机构的调整,慈善救助机构一改往昔纷繁杂乱、良莠不齐的状况,基本能够规范管理,开启了清末以来慈善事业的新局面,也加速了具有现代性的社会保障事业在中国建设的进程。当然,民国政府一系列监管政策的颁布和实施,虽然加强了对民间慈善社团的管制,但对来自民间慈善组织的社会救助力量却有导致其"量能萎缩"的嫌疑。② 当然,笔者认为这种说法是否具有普遍性还有待于进一步考证。

其一,此期间社会整体环境有所变化。晚清至民初以来一直蓬勃的民间慈善组织,是在国家权力走向式微,而地方格局则向多元化纵深发展的前提下,担当起慈善救助事业中的部分重任的,这为民间慈善组织的独立性和自主性奠定了基础。但是,1927年南京国民政权建立之后,社会环境相对稳定,社会经济快速发展,国家政权有能力对社会慈善事业投入更多的财力、人力与物力,从多种渠道逐步整合原有的慈善救助力量。而且,

---

① 立法院编译处:《中华民国法规汇编》第3册,第528页。
② 汪华:《国家权力的扩张对民间公益社团参与社会保障能量的影响——基于20世纪上半叶上海社会保障的一项实证研究》,《华东理工大学学报(哲学与社会科学版)》2006年第4期。

1927～1937年被称为民国时期经济发展的"黄金十年",无论从统计数据上看,还是从经济建设发展的规模上看,社会经济环境确有较大改观;另外,从普通居民的生活来看,收入和物价都有所提升,整体生活水平向好。① 这一方面说明随着社会经济的发展,原本尖锐的社会矛盾有所缓和;另一方面也说明,政府在与民间慈善力量的博弈中,随着政府力量的强势发展,毫无悬念地占了上风。

其二,从清末到民初,原来的民间慈善组织虽然发展较快,但从宏观上看,各个城市中的慈善事业还是存在着很多共同的弊端。例如,救助机构数量多、规模小、设备陈旧,救助水平不一,救助理念落后,并囿于经费所限等原因常常难以维系。国民政府建立之后,开始由政府强力介入慈善救助领域,经过一系列措施的整合后,形成了一整套相对稳定的社会救助机构,能够在各个方面发挥慈善救助的能量。此外,政府在此过程中,还制定了各种慈善救助方面的法律法规,并对公立与私立的慈善机构确定了考核与监督机制,使慈善救助事业真正法有所依,行为有据,社会慈善救助领域变化极大。

综合来看,民国时期社会救助的管理模式,生动地展现了国家政权和民间慈善组织的互动关系,基本呈现着交叉渗透、互为消长的特征。在此时期,政府全面整合了慈善救助领域的力量,既完成了对公立慈善机构的秩序重建,也加速了民间慈善组织的自我更新之步伐。在这场博弈中,最终国家权力日益扩张并成为主导,从而结束了近代以来中国公益事业中"小共同体和公民社会公益形式并行乃至交融式成长"② 的模式,出现了"国进民退"之局面,政府重新担当起社会慈善救助事业的领导作用。这种互为消长的局面,虽然不可避免地导致民间慈善团体的积极性受到

---

① 李小尉:《1912～1937年北京居民的工资收入与生活状况》,《史学月刊》2007年第4期。

② 王娟:《晚清北京慈善事业的主要变化及相关分析》,《江汉论坛》2007年第6期。

了某种程度的挫伤,他们的社会活动能量受到某些削弱,但这并不意味着民间慈善组织走向了"量能萎缩",而是在共同的法体框架内,社会慈善救助事业开始向正规化、制度化发展,这恰恰是一心想要发展、整合并壮大社会慈善救助事业的国民政府所期待的。

三 小结

考察民国时期蓬勃发展的民间慈善团体可以看出,它们或多或少都与某一宗教信仰有着联系,有的是宗教组织直接创办,如佛教系统的北平龙泉孤儿院,天主教系统的仁慈堂,基督教系统的青年会,道院系统的世界红卍字会,九宫道系统的五台山普济佛教会、正字慈善会等组织;有的是某一教派的信徒所创办,如北平恒善总社的社长陈梁,就是九宫道普济教派的忠诚信徒,积极参加慈善救助活动的佛教居士林,也是虔诚的佛教俗家弟子所创办。这些不禁让人深思:民国时期的宗教与慈善二者的关系是怎样的?慈善事业中的宗教身影究竟是救助事业发展的偶然现象还是必然路径?

宗教是人类社会发展到一定历史阶段出现的一种文化现象,属于社会意识形态。在中华民族漫长的历史长河中,有着纷繁复杂的文化体系,而宗教正是这一文化体系的有机组成部分。无论是中国本土宗教,还是外来宗教,无论这种宗教是官方推崇的,还是被历代封建统治者定为"邪教"、"淫祠"的各种民间宗教,都是人们在长期的社会生活中逐渐积累而形成的,带有明显的实用性,追求现实的利益。因此,它们的"存在是合理的,而且是值得同情的"。[①]

辛亥革命以后,中国开始走上了民主共和之路,民国政府在法律上承认集会结社和宗教信仰自由乃是公民的基本人权,这在

---

① 马西沙、韩秉方:《中国民间宗教史》,中国社会科学出版社,2004,第10页。

1912年3月10日颁布的《中华民国临时约法》中有着明确的规定。1914年袁世凯颁布《中华民国约法》中,第二章第四条规定:"中华民国人民,于法律上无种族、阶级、宗教之别,均为平等";第五条第七款规定:"人民于法律范围内有信教之自由。"[①] 后来民国宪法几经修订,但是对公民的基本权利的规定基本相同,对公民的集会结社自由和宗教信仰自由也都提供了法律上的保障,这为各种民间宗教公开活动、取得合法地位提供了方便。从另一个角度来说,民国时期军阀混战,日寇入侵,社会的动荡,民生的凋敝,加深了民众的痛苦,民众依靠宗教的力量,进行自救或精神慰藉的需要更加强烈,从而扩大了各种宗教的社会影响。在这样的社会条件下,以宗教为背景组成的各种社会团体均积极参加慈善与救助事业,借以扩大自身的声誉与影响。

本小节分别从佛教、基督教和民间宗教三个角度举例分析,探讨宗教与慈善事业的关系。

(一) 佛教与社会救助事业

民国时期,很多佛教寺庙积极参与慈善救助活动,并且取得了良好的业绩。以北京近代历史最悠久的恤孤机关——北平龙泉孤儿院为例,该院原是清末(1907年)龙泉寺心学与道兴和尚鉴于北京当时"无业蚩氓,或以觅食之艰而寝成流落,或以谋生之拙而坐致困穷。揆厥原因未始,非化导无人,幼年失教,有以使之然也",[②] 于是,龙泉寺以寺庙房地产作基金,创办北平龙泉孤儿院,收养16岁以下孤儿,予以抚养、教育、就业,这是国内宗教界在北京创办的第一所儿童慈善救助机构。

根据北平龙泉孤儿院的简章规定:该院以收养无父无母孤儿,施以相当工艺教育,使长大后得有自立能力为宗旨。在院务管理方面,该院实行院长负责制,有董事会及赞助会辅助。董事会内

---

① 蔡鸿源主编《民国法规集成》(6),第9页。
② 北平龙泉孤儿院编《北平龙泉孤儿院报告书》,1934,宣言。

附设经费临时委员会、常年基金委员会、决算审查委员会；赞助会负责赞助经费，内设总务股、教务股、职业股，负责院内收支及孤儿的生活、学习一切开支。该院组织结构图参见图1-2。

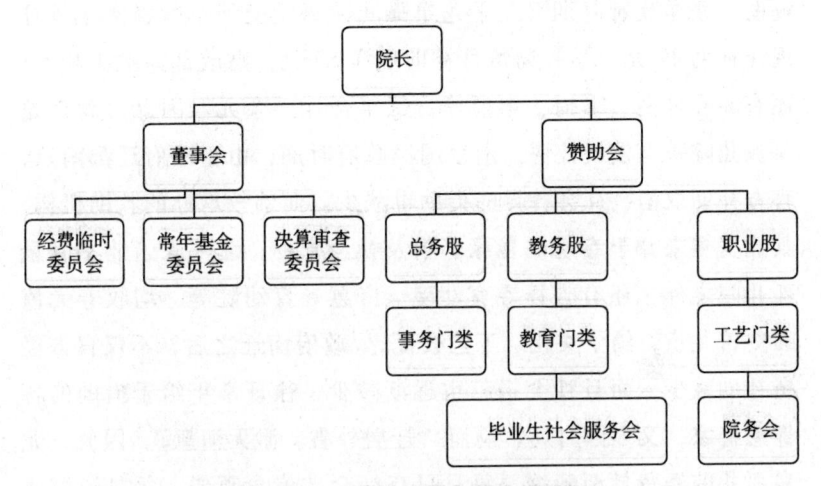

图1-2　北平龙泉孤儿院组织结构

资料来源：参见北平龙泉孤儿院编《北平龙泉孤儿院简章》，1934。

北平龙泉孤儿院对收养的孤儿采取因材施教、教养兼施的方针。因材施教主要有两方面：其一，根据收养儿童的年龄、身体情况给予合适的抚养和教育。对于"幼孤"，即年龄小的儿童，主要由专人负责抚养看护，至学龄入学为止。对于10岁以上的儿童，则开始注重对其教育，每天清晨开始入教室读书，午饭后去操场做体操，下午学习各种工艺，等等。其二，根据收养儿童的兴趣和天资，来培养孤儿的专长，"因材而笃择其颖慧迈众，由院资助送入中学大学肄业，藉以深造"。[①] 教养兼施主要是指该院的孤儿，除了养育成人之外，还进行多种教育，学习各种文化知识，并教会其基本的生存技能，使出院的儿童能够有一技之长，步入社会能够独立生存。由此，该院开设了多种工艺课程，有织布、报业、藤竹、木工、纺纱、缝纫等。

---

① 北平龙泉孤儿院编《北平龙泉孤儿院报告书》，宣言。

北平龙泉孤儿院是龙泉寺创设的民间救助机构，其运作及发展始终受到多种因素的制约。民国前期，北京作为国家首都，一方面社会经济状况相对稳定，另一方面政府官员及富商大贾多有资助。北洋政府时期，北平龙泉孤儿院每年受到京师警察厅每月现洋补助80元，学务局每月补助现洋50元，财政部津贴120元，还有商界月捐、季捐、年捐等，每年合计千余元。因此，北京龙泉孤儿院一度发展较快。南京国民政府时期，由于政府迁都南京，官方补助取消，社会各界的捐助也减少。而佛教承办的救助机构，其经费多来源于寺院的善缘募捐及社会捐助，北平除了北平龙泉孤儿院之外，还有吉祥寺育幼院、广惠寺育幼院等，均收养无依靠贫苦儿童，给予文化、工艺教育。[①] 政府南迁之后，不仅官方经费补助减少，而且社会捐献也逐渐减少，往日常年给予捐助的各界慈善家，又多因时局影响而"迁居外省，渺无消息"，因此，龙泉孤儿院经费日渐萎缩，每月只有社会"眷念孤弱，每月津贴八十元"，逐年陷入经费短缺、举债度日、逐年衰落之境地。

除了由宗教机构直接组办的慈善救助机构之外，由宗教信徒创办的慈善组织也有广泛的社会影响。如佛教寺院的外围组织——佛教居士林，唐忠毛先生将近代佛教居士林参与的慈善活动概括为四种类型：其一，针对社区的传统慈善服务，包括施医、施材、施米、施衣、施茶等经常性社区慈善救助。其二，临时性的灾民赈济。20世纪上半叶中国境内灾害频发，很多佛教居士林组织都积极配合其他慈善组织筹款捐物，实行慈善救护。其三，战时救助。民国时期战乱不断，尤其抗日战争期间，为了救助因战乱逃难的民众，中国佛教会组织成立难民收容所，积极参与战时救助。其四，兴办慈善教育，即兴办以"养教结合"为主的"义务学校"和"教养院"，设计生产劳动教育、集体组织教育、思想教育、纪律教育、知识教育、文娱教育等系统的教学科目，并取得了良好的救助效果。由此可知，无论是佛教组织直接办理，

---

① 北京市地方志编纂委员会：《北京志·政务卷·民政志》，第294页。

还是由佛教信徒办理的慈善救助事业,均在近代中国特定的历史时代背景下"承担了一种重要的社会慈善功能"。①

(二)基督教与社会救助事业

近代以来,基督教在中国社会传播的过程中,也积极兴办了大量的慈善救助机构,促进了中国社会慈善救助事业的发展。清末民初,教会组织在中国各地广设育婴堂、慈幼院等救助组织,一方面推动了中国本土传统救助事业的转型,另一方面也刺激了中国的仁人志士以更多的热情来关注、投入慈善救助事业。尤其是20世纪20年代以后,基督教在中国掀起本土化运动,很多教会人士为了进一步扩大社会影响,纷纷在中国各地兴办起大量的公益慈善事业,尤其在中国沿海地区和上海、北京、天津、广州等大都市,都有基督教、天主教兴办的孤儿院、育婴堂、教会学校,以及教会医院等,而且部分慈善机构或教育机构,办得成绩卓著,在中国社会产生了广泛影响。

任云兰以中国天津基督教青年会为例,深入分析了基督教青年会在慈善救助领域中的社会影响。天津基督教青年会于1895年成立,是中国第一个城市青年会市会,该会成立之后在慈善救助事业方面发挥了独具特色的贡献。他将基督教青年会的慈善救助活动概括为两种类型。

其一,在社会常态下,天津基督教青年会社会救助活动除了每年的冬赈以外,还包括医疗和助学,服务对象以平民和少年儿童为主。"每逢冬季,青年会都举办冬赈,向贫民发放救济食品和衣物",为贫民开办免费的诊疗所,举办卫生防疫活动,设立平民学校,设立慈善晚宴等,用丰富多彩的方式来参与慈善救助活动,寓救助于轻松愉快的青年活动之中。这样的救助活动,在为贫者提供帮助的同时,维护了他们的自尊心和自信心,培养了他们的

---

① 唐忠毛:《作为民间慈善组织的近代居士佛教——以民国上海佛教居士林为例》,《上海师范大学学报》2008年第6期。

爱心，这种救助之法是非常值得称道的。

其二，在战乱或灾荒期间进行赈灾救助。天津基督教青年会参与赈灾的形式主要有两种：一是参与灾后急赈，如"1917年天津大水灾期间，天津基督教青年会积极救济灾民……在河北新车站附近建造了2920间房屋，收容流离失所的灾民"。二是灾后的间接救助，主要形式为组织各种规模的以工代赈，或者组织各种体育竞技会为灾区人民捐款，等等。

作为宗教性组织，基督教青年会在慈善救助事业方面，不仅注重对灾民的物质帮助，还注重对灾民的精神慰藉和心理援助，例如对伤兵救助中，除了为之捐赠衣物、药品之外，还帮助写家信，教难民唱诗，教育贫儿，组织贫儿自食其力，劳动谋生等。这种方式，虽然部分带有基督教传播教义、扩大社会影响的作用，但以轻松愉悦的方式，给了被救助人莫大的精神鼓励和尊重，这也是基督教青年会在中国社会影响不断扩大的重要因素。①

（三）民间教派与社会救助事业

正如上文所述，佛教、基督教等宗教团体在近代中国的社会救助领域发挥了特殊的影响，同样，中国社会底层中丰富的民间宗教，也在民国时期特定社会历史背景下，迎来了一个大发展时期。

民间宗教是人们在长期的社会和生活中逐渐积累而成的信仰，因此带有明显的实用性，追求现实的利益。正如马西沙所说：

> 就宗教意义而言，民间宗教与正统宗教之间没有隔着不可逾越的壕沟。世界上著名的宗教在初起时无一不在底层社会流传，属于民间教派。由于逐渐适应社会的普遍需求，并在不断的抗争中，以自己的实力走向正统地位甚至统治地位；而后起的一些民间教派又往往是正统宗教的流衍或异端，由

---

① 参见任云兰《近代天津基督教青年会的社会救济活动述论》，《南方论丛》2007年第3期。

于宗教或世俗的原因被排斥在外,遂自成体系,发展成独立教团,并被迫走向下层社会。显而易见,这两者在历史的长流中不停地演进、转化中……①

民间信仰是类似于宗教的一种综合性的信仰传统与民俗,例如对神灵的崇拜、祭祀、祈祷,目的是为了趋吉避凶、化苦为乐、消灾祈福的现世利益。……这种信仰有宗教的色彩,而且普遍流行于大众之间,但是,它往往带有实时性,也就是说,这种信仰不同于基督教或佛教,不一定是信仰人的终极关怀,是人们为了解决当下社会和人生所面临的问题而产生的一种神明依赖或由此而引发的活动。它虽然有一般宗教的神异性和虔敬性,但更有人文宗教的现实性和入世情怀。当这种民间信仰在一段时间内广泛流行或经创造性组合后,就会构造出一套独立的经典、仪式、习惯和组织制度,进而演变成一种教派性质的民间宗教。②

民间宗教还通常被称为"会道门"组织,是会门和道门的合称,原是指中国封建社会中产生的带有宗教和封建迷信色彩的民间秘密结社。民国时期全国约有会道门300多种,人数最多时达到3000多万人。③民国时期由于社会不稳,政府着力加强对宗教结社的控制与管理,一方面注重打击秘密教门和秘密结社,另一方面公开保护合法的宗教结社活动,因此,民国时期很多民间宗教纷纷变换形式,改头换面,向政府呈报立案,取得合法身份。而对于申请成立的各个会道门,民国政府大多给予登记备案,并根据其主要活动及经营特点,分别定为宗教团体、慈善团体和公益团体。据统计,从民国初年至民国17年(1928),由政府核准立案,并定为宗教团体的有52个,包括普济佛教会、佛化青年会、道院

---

① 马西沙、韩秉方:《中国民间宗教史》,第6页。
② 陈巧云:《略论民间宗教信仰的内涵、功能及现实意义》,《中共郑州市委党校学报》2010年第3期。
③ 赵嘉珠:《中国会道门史料集成》上册,中国社会科学出版社,2004。

等，定为慈善团体的有 4 个，包括五台山普济佛教总会和世界红卍字会中华总会等，定为公益团体的有 2 个，即中华理教会和万国道德会。① 为了进一步揭示民国时期民间宗教与慈善救助事业的复杂关系，下面谨以两个系统的民间教派为例，来勾勒民间宗教与慈善救助事业的关系。

1. 普济佛教会

普济，是九宫道创始人李向善的法名。清光绪年间，李向善在五台山南山寺落发为僧。他交游四方，广罗门徒，建立九宫道，供奉无生老母，自称弥勒转世，鼓吹"万教归一"、"三阳掌教"，宣扬白阳佛将要掌教，现在是红、白佛交替之际，天下要大乱，只有入道，才能躲过灾难。

九宫道是依附于佛教而创建，其对教徒的要求与佛教僧侣的戒律既相似，又不同。例如，普济要求弟子吃斋、受戒、剃头等形式，均与佛教徒相似，但是，普济的信仰内容，宣扬供奉无生老母，自称弥勒转世，鼓吹"万教归一"、"三阳掌教"等内容，却与佛教的思想内涵截然不同，差距甚远。九宫道建立后发展很快，教徒遍布华北各省及东北三省。

在管理方面，普济将其信徒分为十八"天"、五大"会"。十八"天"有：内九天、外九天、东九天、南九天、西九天、北九天、上九天、地九天、余九天、中皇天、保中天、护中天、左中天、右中天、东南天、西南天、东北天、西北天。五大"会"是：东会、南会、中会、西会、北会。他以中皇天、天督的名义，统一号令各地道徒。1912 年普济死，全国教徒集资在龙泉寺修建弥勒塔和石雕牌楼，以兹纪念。九宫道各"天"、"会"纷纷独立，各自发展本派势力。其中十八"天"多在华北，五"会"多在东北。

谈到九宫道与慈善救助事业的关系，就需要先了解一下该教

---

① 刘平、唐燕超：《清末民初秘密教门向会道门的转变——以政府法令为视角的探讨》，《甘肃社会科学》2009 年第 2 期。

派的社会关系。20世纪20年代，九宫道与北洋军阀关系密切，九宫道先后在全国各地建立机构，公开活动。1926年，外九天道首李书田在北京成立"京师普济佛教会"，以曹锟、吴佩孚为正、副会长，李书田为会师，并在河北、河南、山东等地建立分会。1928年，中会道首杨万春依靠军阀政客，在北平成立"五台山普济佛教会"，办医院、育幼院、粥厂等慈善机构，进行传道活动。1930年，南会道首王鸿起在北平成立"五台山向善普化佛教会"，自任会监，其子王春暄为会长，又在长春、沈阳、唐山、青岛等地设立分会及佛堂20余处。1936年，余九天道首李荣成立"正字慈善会"自任会长，在北平、天津、河南、河北均设有分会。这些都是经过政府注册的公开慈善机构，从其人员的构成来看，九宫道拉拢了大量社会上层统治阶层，并借助官僚、军阀的权势，为自身组织争得合法地位的同时，积极通过慈善事业来传教，扩大九宫道的社会影响。

值得注意的是，普济教派的各种组织，虽是九宫道的背景，但是他们从事的慈善活动，却种类很多，并且救助的成效博得了时人的赞誉。以1928年4月，朱庆澜、杨万春等人发起成立北平五台山普济佛教会为例，该会宣告以"弘扬佛法，实行慈善"为宗旨，地址位于东城齐内老君堂22号，民国18年（1929）在社会局登记。初以朱庆澜为监督，杨万春为会长，朱绍阳为副会长。民国25年（1936）改为董事制，民国35年（1946）改为理事制，理事会下设总务、文牍、交际、救济组。该会还"在五台山设公会一处。又以山东灾情奇重，关外富庶劝捐较易，乃呈内务部转咨奉天、吉林、黑龙江各省政府及哈尔滨特别区行政长官公署、京兆尹公署，转令所属县政府协助办理"。[①] 北京五台山普济佛教会成立后，积极参与各种慈善活动的概况如下：

（民国）17年，城郊春赈，发玉米面9130斤，现金2448

---

① 北京市地方志编纂委员会：《北京志·政务卷·民政志》，第281页。

元。临时赈济玉米面140000斤,善材250具,内一、外三两区棉衣2000套。施助文贫10人,旅葬费228元。在老君堂设粥厂一处,散小米350石……协助平市各粥厂小米1000石,经费1500元。又助警察厅产科讲习所1000元……北平育婴堂月捐共800元,送婴费400元……北平疯人收容所200元。

(民国)18年,在老君堂、右安门、西便门、安定门、西直门设粥厂5处,开办费700元,小米1000石……临时赈济善材75具,棉衣3500套,款800元,玉米面洋4170元。又助平西四王府粥厂300元。又助育婴堂月捐及基金1900元,佛教学校5449.54元,华北赈灾会4000元,道德会平民女子学校1000元……北平特别市乞丐收容所鞋袜300元,文贫60名2203元,实善中医院400元,平民医院700元,慈工商店300元。是年,在西城永泰寺成立女子挑花工厂,开办费及基金2400元。

(民国)19年,在老君堂、右安门、安定门设粥厂三处,开办费1338元,小米600石。临时施助善材200具,玉米面1000石。又助育婴堂月捐共1250元……佛教学校月捐共8188元。平市各学校临时助款1230元,各医院830元,各寺院1038元……第三十自治坊所407元。临时救济文贫121人8251元。是年,设平民女工厂,费3500元。接办平民医院2396元。又与三十自治坊合办民众学校337元。

(民国)20年……设粥厂3处,费款2946元,小米1330石……关外难民1000元……接济文贫、学校、寺宇434968元。又助平东郊三十村赈款300元,临时灾黎2000元,育婴堂2440元,第三十自治坊公所330元,佛教学校4205元……铎民小学校600元,其附设之平民医院等照常。

(民国)21年……粥厂3处,费款2922元,小米1000石……临时赈济善材150具,棉衣347套。又助育婴堂3053元,第三十自治坊公所300元,育人艺术传习所200元,乞丐收容所修澡堂费600元,赈务处600元。临时捐助寺宇、团体、学校、文贫等8381元……设育幼院于西郊万寿寺西行宫旧址,以朱绍阳为院长。三月筹备,七月开办,先后接收育婴堂等处儿童90余名,并收陕西灾童百余人来院就学。教养兼施,工读并重……其女工厂等照旧。

（民国）22年,在老君堂、右安门设粥厂两处,费款2100元,小米550石……又助贫民救济会200元,广化寺临时医院500元,国医馆施药红灵丹1000瓶,育婴堂1200元,自治坊公所322元,育人艺术传习所880元,十方僧伽疗养院600元,乞丐收容所棉衣300套……女子青年会200元,临时补助各团体、学校、文贫2300元,其育幼院等皆照旧。

（民国）23年……设粥厂2处,费款1505元,小米175石。又助育婴堂200元,坊公所120元,平市戒毒所1000元……临时补助各团体、学校、文贫2304元,育幼院等仍旧。

（民国）24年……设粥厂2处,费款1716元,小米225石。又助育婴堂335元,实善民众学校240元,僧伽疗养院300元……平民女工厂及民众学校皆暂停办。

（民国）25年……设粥厂2处,开办费847元,散小米847石,玉米面2万斤……助育婴堂600元……平民医院、育幼院依旧……

（民国）26年……办粥厂2处,费款1055元,小米664石……又自8月12日至10月12日,设难民收容所1处,费款524元。又助育婴堂700元……育幼院等依旧。

（民国）27年……设粥厂2处,费款2261元,小米1015石。又助社会局济贫袋230元,旅京满洲难民回籍旅费1485元……育幼院等依旧。[①]

从以上列举的种种数据可以看出,普济教派对办理慈善事业

[①] 吴廷燮等:《北京市志稿·民政志》,第186页,转引自王见川《清末民初五台山的普济及其教团》,网址http://www.fjdh.com/wumin/2009/04/16011158572.html, 2011年11月。

是积极、认真的。北平五台山普济佛教会不但积极参加各种灾荒的赈济，还从资金上支持育婴堂、粥厂等救助机构，并独自设立粥厂、开办贫民学校、资助文贫、资助难民等，参与了多种慈善救助事业。那么，如何理解普济教派与慈善救助事业的关系呢？笔者觉得，至少可以从以下两个角度去思考。

第一，普济教派积极组织慈善救助事业，是获得教徒支持、民众认同的重要方式，并且，普济教派以慈善事业为媒介，充分扩大自身的社会影响。北平五台山普济佛教会自1928年4月成立始，至1938年12月，共发出善款1103700余元，救济范围遍及山东、河南、陕西、北平等地，是当时影响范围很大的慈善团体。① 除了普济教派本身的影响之外，它还对其他社团很有影响力。例如对北京恒善总社的影响：北京恒善总社是清宣统三年（1911）五月由陈梁在天津创办，名为福建恒善社。附设电报预备所、贫民织布工厂，并兼办运柩事宜。同年在北京西城太仆寺街11号设福建恒善总社，并于上海、福州、汉口等地设分社。民国10年（1921）改名北京恒善总社，并在东城本司胡同设东分社。民国12年（1923）于西城南下洼设南分社，民国15年（1926）在西城高井胡同设西分社，民国16年（1927）在北城永唐胡同设北分社。到民国18年（1929），北平恒善总社在其各分社下先后开办了平民学校、贫民借本处、诊疗所、织袜工厂、毛织绣花工厂、工读学校、挑花工厂、陕西灾童收容所、施粥厂、草帽传习所、妇女职业工厂、女子佛学研究社、公墓筹备处等。至民国22年（1933），又于北平四乡开办了10处家庭工厂、三处粥厂、三处临时难民收容所……主办的福利事业有施医、施粥、施棺、施米、施面、施棉、施衣等事宜。② 北平恒善总社的社长陈梁，是普济法师的忠诚信徒。根据北平社会局档案记载，民国23年（1934），陈梁、李长春等呈请在北平恒善总社附设征集五台山普济禅师生

---

① 吴廷燮等：《北京市志稿·民政志》，第185页。
② 北京市地方志编纂委员会：《北京志·政务卷·民政志》，第278~279页。

平事迹办事处，社会局曾派员进行调查。其呈请文件抄录如下：

呈　为拟在北平恒善总社附设征集五台山普济禅师生平事迹办事处　伏乞

鉴核，准予立案事，窃维潜德幽光经阐发而始显，嘉言懿行藉表扬而弥彰。查五台山普济禅师，俗姓李氏，法号普济，河北宁晋县人，弱冠出家，苦志修行，本大慈大悲之心行利人利物之道，传法四十余年，云游十有余省，远近欢迎，妇孺共仰大道，普遍东北，弟子不计其数。前请慈禧太后赏给真如自在匾额，民国元年六月十五日在五台山圆寂，谥号化公。民国十年，国民政府复赏紫府功圆匾额，并准入五台山志及宣付史馆立传。有案洵系化及群生有功于世。梁等曾受衣钵，难忘师德，兹经全体公议，将其生平事迹，多方搜罗，编辑成书，以资流传，而作纪念。并拟在北平恒善总社设立征集五台山普济禅师生平事迹办事处，以资办公。理合附具事？备文　呈请

北平恒善总社　社长　陈梁
五台山普济佛教总会　总务　李长春
谨呈
民国二十三年十一月二十二日①

从文中可见，北平恒善总社之社长陈梁，是普济禅师的弟子，并在普济的慈善思想影响下，建立北平恒善总社这一慈善团体。因此，普济教派不仅其下属组织积极从事慈善救助活动，且弟子众多，社会辐射影响力强，他们从事的慈善救助活动，对社会也有明显的积极意义。

第二，普济教派的宗教思想本质上是一种杂糅的思想，但是

---

① 《拟在北平恒善总社附设征集五台山普济禅师生平事迹办事处》，北京市档案馆：J2-6-20。

在民国特定的历史时期，其迎合了不同阶层民众的心理与精神需求。社会上层、中层、下层对普济教派有不同的心理理解与期待。因此，马西沙教授提出，它们"存在是合理的，而且是值得同情的"。① 王见川所讲："我们知道普济在出家后非常重视戒法，除受戒外，亦多次传戒，对于兴修佛寺亦非常尽力，是位活动力极强的宗教家"，但是，"不过，我们也不必讳言普济的教法，离正统佛教尚有一段距离"。民国时期刊印、传抄的经书，如《立世宝卷》、《根本经》等则记载普济教法中含有大量三期末劫的民间教门的思想，② 而且，从《对单护照》一则资料来看，更能透露普济教派三教杂糅的情形：

> 五台山极乐寺佛坛先天大道，星宿天盘，圣帝收元，部爷来脉，赵家开度，魏李榜样，木子得道……明先天圣祖存心养性，治立白阳星宿，未来世界。无为先天教主，传道天尊，未来弥勒君皇教主，无极佛母命圣帝诸佛菩萨二十八宿同下天堂，按治未来乾坤大道，万佛归一，普渡九十二亿群星，天榜挂号。望圣准恩，大赴蟠桃灵山聚会，对验合同，齐扶中京，共证云城，归家认祖，南无天元太保阿弥陀佛，谨遵：
>
> 玉清圣境元始天尊
>
> 上清真境灵宝天尊　　　　　三清教主
>
> 太清仙境道德天尊
>
> 圣人教主佛　　无生老母　　文殊老母　　地藏老母
>
> 释迦教主佛　　九圣老母　　天仙老母　　南海老母
>
> 老君教主佛　　大悲老母　　普贤老母　　九龙圣母
>
> 东极圣祖天尊
>
> 北极圣祖天尊
>
> 皇极圣祖天尊

---

① 马西沙、韩秉方：《中国民间宗教史》，第10页。
② 转引王见川《清末民初五台山的普济及其教团》。

南极圣祖天尊

西极圣祖天尊

诸佛菩萨公议佛榜德贤

催功都　　枝会明　　盘真人　　对单护照①

因此，从宗教思想上看，普济教派的这种杂糅性迎合了多种层次社会群体的心理需要，而在行动上借助慈善救助事业，博得民众的信任与支持，则是其重要的扩大影响的手段。通过慈善救助事业，普济教派赢得了社会上多种赞誉，也得到了军阀政客的支持，甚至得到了普通民众的忠诚信仰。

抗日时期，九宫道许多支派投身日寇，宣传"大东亚共荣圈"、"中日亲善"等卖国口号，鼓励道徒为日寇服务。例如，1942年九宫道外九天道首李书田在济南成立"未来和平宗教会"，又在天津建立分会，公开为日本特务机关服务。在日本帝国主义支持下，外九天支派获得很大发展，势力遍及河南、河北、山东、山西、江苏及东北。而抗日胜利以后，九宫道又投靠国民党，与中国共产党领导的人民革命事业为敌。因此，新中国建立之后，九宫道于1950年初被政府取缔。

2. 世界红卍字会

世界红卍字会，是民国时期具有全国规模的大型宗教性慈善救助组织。从1922年红卍字会成立，到1940年前后，红卍字会组织覆盖了全国近20个省份，相继在全国各省、市、县设立分支机构317处，并在朝鲜、中国香港、南洋等地设立分会。中华总会以办理赈务救济及各项慈善事业为宗旨，实行董事制，熊希龄、王正廷曾任董事长。关于这一点，高鹏程指出："有关资料显示，红卍字会将全国院会分为了五大主区域：一、中央区，包括河北、山东、河南。二、远东区，包括东北各省。三、东南区，包括江苏、浙江、安徽、福建、香港。四、西北区，包括山西、陕西、

---

① 转引王见川《清末民初五台山的普济及其教团》。

甘肃、宁夏、绥远、察哈尔。五、西南区，包括湖南、湖北、四川、江西。从区域名称看，华北地区是院会的核心区域，地位突显，因此以'中央区'命名。五大主区域北到黑龙江，南达香港，西至甘肃，东抵上海，几乎囊括了中国所有重要地区。"[1]

红卍字会发源于20世纪20年代兴起的民间宗教组织——道院，其名称中，"红"有光华灿烂之义，也代表该组织的赤子之心，而"卍"字则为古代的一种符咒，多在佛教中使用，意为吉祥、瑞祥之义。正如红卍字会自身所宣告的："卍会命名以卍字，表示慈济所及，应上下四方周围，无所不包，无所不至。以普及世界，更期无人无我无界无一切歧视之意。"[2] 世界红卍字会自成立伊始，就宣告其宗旨在于"促进世界和平，救济灾患"，这从当时在《申报》上刊登的红卍字会大纲中看出来。

1922年9月5日《申报》刊文《红卍字会之成立》，具体如下：

> 一、定名世界红卍字会。二、宗旨以促进世界和平、救济灾患为宗旨。三、会址凡国都设总会、分会设于各省县、及繁盛区域。四、组织本会设名誉会长若干人、设会长一人、副会长一人。本会会长、副会长，由大会共举；名誉会长由本会聘请之。本会事务计分六部，总务部、储计部、防灾部、救济部、慈善部、交际部。每部设主任干事一人、副主任干事二人。每部视事务繁简，酌设若干股。主任干事以下职员，由会长、副会长于会员中聘请之。五、经费。本会经费计分四种，（一）会员入会费；（二）会员特别捐；（三）补助费；（四）捐募。六、会员。本会会员分两种，（一）团体入会；（二）个人入会。七、慈善。凡各种慈善事业，本会均尽力推

---

[1] 《五主区域范围表》，中国第二历史档案馆：257-303，转引高鹏程《红卍字会及其社会救助事业研究（1922—1949）》，合肥工业大学出版社，2011，第34页。

[2] 《道院、世界红卍字会说明》，上海档案馆：Q120-3-98。

行之。八、会期。本会会期计分三种,(一)常会;(二)特别会;(三)大会。九、本会各部及各股办事细则另定之。

从世界红卍字会的纲领中可以看出,红卍字会虽然发源于民间宗教组织——道院,但是,对比道院的纲领,其中关于道院的宗旨有明确说明:"道院崇奉至圣先天老祖,基、回、儒、释、道五教的教主以及世界历代神圣贤佛,以参悟太乙真经,贯彻五教真谛,阐明大道为宗旨。"① 可以看出,红卍字会刻意淡化了道院自身显著的宗教特征,强化了该组织的慈善性、救助性,以及非地域性。道院成立之后,就始终在倡导发展社会慈善救助事业。道院认为"自古修人,皆首重以道自度,故内功为体,慈行者道之施为也,法施、财施,皆属于外,故外功为用。无内不足以筑基,无外不足以圆成"。② 即道院的修持分为内功、外功,内功主要是静坐修行,外功则行慈为先,也就是救苦救难,从事慈善救助事业,也叫"化劫"。所以,道院在成立第二年即建立了"以慈为用"的行慈机构——世界红卍字会。毫无疑问,举办慈善救助事业,一方面是道院信徒进行修行的重要方式;另一方面,积极参与举办社会慈善与救助事业,也是民间教派争取民众支持、获得合法地位的主要途径。因此,道院另成立了世界红卍字会,作为其从事慈善救助事业的专门组织。

1921年,钱能训、徐世光、江慧济、杜默静、李佳白、王慧惠、乔素苞、王人文等人发起,在北京成立世界红卍字会筹备处。1922年10月,经北洋政府内政部批准正式成立。世界红卍字会所举办的慈善事业范围很广,有学校、报社、恤养院、医院、育婴堂、孤儿院、残废院、贫民工厂、平粜局、恤养局、恤嫠局、恤老局、因利局、贷济所、栖流所、施粥厂、施诊所、施药所、施

---

① 〔日〕酒井忠夫:《道院的沿革》附录,参见王见川等主编《民间宗教》第3辑,南天书局,1997,第151~171页。
② 濮文起:《民国时期的世界红卍字会》,《贵州大学学报》2007年第3期。

棺所、惜字处等，还有临时性的救济队、赈济队、收容所，等等。① 世界红卍字会天津分会于 1922 年在天津日租界桃山街 5 号成立，创办人包括徐世光、王人文、刘炳炎等，承办了多种类型的慈善救助机构，如卍慈大学校、残废院、育幼所等，还主持办理施医、施药、粥厂、冬赈，并积极参与天津地区的救荒救灾与兵灾救助等工作。②

一部分学者将世界红卍字会办理的慈善救助事业主要分为长期性、临时性两种（或称为永久慈业与临时慈业），长期性的慈善救助事业主要是在全国各地办理的恤养院、诊疗所、育婴堂、孤儿院、残废院、贫民工厂、平粜局、恤养局、恤嫠局、恤老局、栖流所、施粥厂、施诊所、施药所、施棺所、惜字处等。例如，卍字医院，红卍字会所设医院多数属于施诊、施药为主的医院，较早成立的卍字医院有北平、济南、上海、邹县四处，其后各分会在全国各地设立的卍字医院及施诊、施药所计有百余处。例如贫民学校，红卍字会颇为关注贫民子弟的教育，在全国各地设立卍字小学、中学，专门招收贫民子弟入学，学校的管理及课程都遵照政府法令办理。所有书籍用具，概不收费。直到新中国建立初期，世界红卍字会北京分会、上海分会还积极参加地方政权领导下的救济与慈善事业，其各地组织办理的小学校、中医诊疗所、义地公墓及夏施茶、冬施衣粮等活动一直持续进行着。③ 民国时期，世界红卍字会上海分会在慈善救助方面也成绩卓越。新中国建立后，该会主动将组织情形工作概况汇报给民政局备案，同时"配合民政局及防空处服务救护空袭被炸死伤民众工作，及办理临时救济工作，配合卫生局服务防疫性注射工作，响应政府折实公债，参加生产救灾会，协助工作并代收救济物资，捐助同仁辅元堂施材费，参加 1949 年冬令救济会……"此外，该会还持续办理

---

① 北京市地方志编纂委员会：《北京志·政务卷·民政志》，第 278～279 页。
② 《世界红卍字会中华总会一览》，北平，1937。
③ 伍云甫：《关于旧有社会救济福利团体的团结改造问题》，北京市档案馆：196 - 2 - 13。

的"上海医院，卍慈中学，卍慈第一、第二、第三、第四小学，以及救护队、图书馆"等慈善业务。①

临时慈业主要包括赈灾、战地救助等工作。例如，1931年全国发生特大水灾，长江、淮河同时涨水。江淮流域出现百年不遇的严重水灾，湖北、湖南、安徽、江苏、江西、浙江、河南、山东8省沿江滨河都市大批陆沉，642个县有380余县被淹，受灾农田16662万亩，灾民达5311万口，死亡42万余人。红卍字会共筹赈款157049元，赈济灾民813128人，收容难民396015人。②世界红卍字会除了筹款赈灾外，在国内各地有兵灾战祸爆发时，也做了大量的战地救护和收容、掩埋等工作。例如，1932年上海"一·二八"事变发生，日军在上海闸北、吴淞等地大肆进攻。世界红卍字会东南各会联合总办事处，立即组织9支救济队，分赴战地实施救护，并在上海、苏州、无锡、常州、镇江、杭州等地设收容所28处，临时医院8处，共救治伤兵难民17.7万余人，掩埋尸体3059具。③具体内容可参见表1-2。

民国时期，除了普济教派和世界红卍字会等组织之外，还有许多与民间宗教相关的慈善救助组织，例如万国道德会，是1921年山东历城人江寿峰在济南创办，后1929年移到北平。该会自称要以"改建社会、缔造大同、提倡世界进化、谋人群幸福，实行利民生、启民智、敦民德"为宗旨，并积极从事多种慈善救助事业。到1948年统计，万国道德会所办的福利事业主要有：义务小学、普设识字班讲学班、兴办妇女职业补习学校及施粥厂2处、收容所2处、毛织工厂1处、印刷部1处、义务女子学校3处、家庭研究班4处、职业传习所1处、磨面厂1处、安老院怀少堂1处、民众小学1处等。另外，中国三教圣道总会也是值得一提的民间教

---

① 北京市地方志编纂委员会：《北京志·政府卷·民政志》，第279页。
② 《世界红卍字会中华总分各会理念办理临时赈济工作一览表》，上海档案馆：Q120-04-0043。
③ 《世界红卍字会中华东南各会联合总办事处关于成立及一二八战争救济工作报告表》，上海档案馆：Q120-04-00006。

表1-2 世界红卍字会中华总会各地分会慈业统计表（1934年）

单位：所

序号	项目地域	医院	施诊所	施药所	防疫局	贷济所	因利局	小学	贫儿习艺所	贫民工厂	育婴堂	孤儿院	恤嫠局	恤产局	残废院	施材局	平粜局	粥厂	蓄养院	火灾救济会	合计
1	河北	1	12	1	2		1	12	1	1	2		1		2	3		4			43
2	山东	8	25	5		3	24	21		2	2		1	2	5	2	5	7	2	2	115
3	河南	2	5	1	2	5	2	2										2		1	22
4	江苏		11	1			7	2			2					7					31
5	安徽		10	9		1	13	7	1	2	3					5	1				51
6	浙江		1					1													2
7	福建		1				1														2
8	山西		1					1													2
9	陕西		2	1					1	1			1								5
10	湖北																				2
11	辽东	2	16	2	3		1	12			3	1	1	1	2					1	43
12	察哈尔		1							1											2
13	绥远		1							1											2
14	四川		1	1																	3
15	贵州		1																		1
16	香港																		2		1
合计		13	89	21	7	9	49	58	4	8	10	2	3	3	9	17	6	13	2	4	327

资料来源：世界红卍字会中华总会会编《世界红卍字会中华总会各地分会慈幼及其他慈业概要：民国二十三年》，转引高鹏程《红卍字会及其社会救助事业研究（1922—1949）》，第78～79页。

派，1923年由黄欲仁、牛逢春、王殿中等人发起成立，宣扬"意在尊崇儒释道之精神，办理一切慈善事业"。该会主要办理的慈善事务有：民众小学1所，营业部1处（设有织袜机、织布机）及施药、施茶、放粥等。以会员捐助、营业收入、地亩租粮为主要经费来源。[①] 其设立的粥厂每日领粥贫民平均2000余人；另外还附设新民学校，救济失学男女，并常年进行助葬贫民及其他临时救济活动。[②]

在传统的封建社会中，民间教派常常被统治者视为"邪教"、"淫祠"而加以毁禁。进入民国后，在宗教自由的时代氛围下，民间教派正式走入了社会公共空间。据统计，从民国初年至民国17年，由政府核准立案，并定为宗教团体的有52个，包括普济佛教会、佛化青年会、道院等，定为慈善团体的有4个，包括五台山普济佛教总会和世界红卍字会中华总会等，定为公益团体的有2个，即中华理教会和万国道德会。[③] 可以看到，无论是宗教团体还是慈善团体的队伍中，都有民间教派的身影；而且，无论被定性为哪种团体，都不影响他们积极地参加慈善救助事业。在中华民国这一特殊的历史时期中，民间教派不再仅仅局限于宣扬教义、网罗信徒等传统内容，而往往借助慈善救助事业，来扩大其自身的社会影响，博得不同阶层、不同地位的民众认同，从而进一步扩大规模，扩建组织。也就是说，民间教派找到了自身建设发展与服务社会的良性互动途径，即慈善救助事业。换个角度来说，民国社会政权不稳，战乱频繁，动荡的社会环境也激发了民众寻求精神慰藉与心理安慰的需求，由此，宣扬"五教合一"、"弥勒转世"、"大同之道"的民间教派，得到了更加广阔的生存土壤，而投身于慈善救助事业，也进一步赢得了发展空间。

[①] 北京市地方志编纂委员会：《北京志·政府卷·民政志》，第279页。
[②] 吴廷燮等：《北京市志稿·民政志》卷5，赈济四，第187页。
[③] 刘平、唐燕超：《清末民初秘密教门向会道门的转变——以政府法令为视角的探讨》，《甘肃社会科学》2009年第2期。

第二章　社会救助管理体系的建设

社会救助是指国家及社会依照法定程序和标准，运用掌握的资金、服务等手段，向因各种原因而陷入生存危机的社会成员提供最低生活保障，以帮助被救助者能够继续生存的一种社会保障制度。[①]从其概念中可以从以下几个方面加深理解：第一，社会救助是国家和社会应尽的法定义务与职责。《中华人民共和国宪法》第四十五条规定：中华人民共和国公民在年老、疾病或者丧失劳动能力的情况下，有从国家和社会获得物质帮助的权利。可以看出，国家和社会有义务对无法维持基本生活的公民施以援助。第二，社会救助有着严格的制度和程序规范，不仅有一套体系健全的专门管理机构，还要有一批经过专业训练、掌握科学救助原则和方法的管理人才，使社会救助完全建立在科学化的基础上。第三，社会救助关注的是被救助者的最低生活需求，它在整个社会保障体系中是水平最低的，因此被称为"最后的安全网"。

从这一角度来看，新中国建立初期，由于一切工作都处于初始的建设阶段，因此，社会救助方面的工作也经历了管理机构由无到有、救助制度由少到多、运作程序由无序到规范的建设过程。在对这一建设过程的梳理中，能够清晰地展现新中国建立初期社会救助事业的发展路径，社会救助政策的运行与实施情况，以及在实际救助工作中存在的鲜明的临时性、临事性等时代局限。

---

① 陈信勇等：《社会保障法原理》，浙江大学出版社，2003，第241页。

概括起来，新中国建立初期中国的社会救助的管理体系建设，主要包括以下几个方面：一是领导社会救助的中央及地方政府机构，这是行使国家救助政策、领导各级政府展开救助活动的管理枢纽；二是执行社会救助工作的基层救助单位与外围的救助组织，这是举办各种功能迥异的救助活动的基层载体；三是社会救助工作正常运转所依据的法律、法规及国家政策等，这是社会救助正常、规范运作的前提保障。这些元素共同架构了社会救助政策得以顺利推行的管理体系。厘清社会救助管理体系的建设过程，既能够从思想层面上反映国家整体的救助政策，也能够从实践层面上透视国家的救助机制与运行程序，从而进一步解读当时社会救助政策运行、救助政策实施的路数与尺度，认识当时的社会环境与时代变迁。

一　社会背景

新中国建立初期，即 1949 年至 1956 年前后，是中国社会发生历史巨变的一个重要时期。在这短短的七年时间内，不仅中国的社会制度发生了两次巨变，即由资本主义社会过渡到新民主主义社会，以及由新民主主义社会过渡到社会主义社会；而且中国人的社会经济、社会生活，以及文化思想等均发生了深刻的变化，急速的社会变迁带来了这一时期社会各个方面错综复杂的结构调整。本章以社会救助的管理体系建设为主题，思考影响救助体系建设的相关社会背景，可以更加清晰地勾画新中国建立初期的整体社会环境与时代背景，从而对这一时期党和国家政府建设社会救助管理体系的指导思想、建设路径、政策导向，以及运行机制等内容加深理解与认识。

概括地说，影响建设社会救助管理体系的社会背景主要集中于三个方面，即历史因素、经济因素与社会变迁的因素。

所谓历史因素，是特指在新中国建立初期所接受的历史"遗产"，历史是无法割裂的，今天的创造只能在昨日留下的基础上进行。由于刚刚经历了三年多的国共内战，中国社会呈现出一种千疮百孔的破败局面，战乱之后的社会需要修复，很多遗留下来的社会问题亟待解决。但是，新政权建立之后面临的最棘手、最严峻的问题就是贫困。国内也有部分学者对新中国建立初期的城市贫困现象给予了关注与解读。[①] 目前，学界对贫困的界定和理解并不相同，有人将贫困界定为在物质上、社会上和情感上的匮乏；也有人认为所谓贫困就是个人、家庭和群体缺乏获得各种食物、参加社会活动和最起码的生活与社交的条件。世界银行将贫困界定为"缺少达到最低生活水准的能力"。[②] 虽然各方对贫困的界定各不相同，但是，无论在过去还是现在，贫困都有着共同的内涵：贫困主要是指一种生活状态。那么新中国建立初期，中国的贫困到底达到什么程度呢？我们可以从几个方面来了解。

从新中国建立初期的城市状况来看，全国各大城市的治理，基本都有一个相同的主题——救济贫民、难民和庞大的失业人群。以广州为例，1949年4月国民政府南迁广州，庞大的党政机关、难民和军队的涌入，使广州人口激增，广州市内"灾民遏地，失业众多，贪污风行，土匪烽起"，[③] 六个月后国民政府撤离广州之前，转移、变卖了大量的物资，破坏了重要的交通和公共设施，留下来了数十万亟待救助的贫民、难民，原本脆弱的社会经济几近崩溃。以北京为例，1949年北京城市居民所面临的贫困状况，可以说是近代以来战争破坏、经济萧条、社会颓败及产业发展极度不平衡的集中体现。国共内战对城市造成了比较严重的破坏，对城市贫民的生活影响极大。北京第十六区（即北京西郊，1952

---

① 关于新中国建立初期的城市贫困问题，已有部分学者从救济政策、救济理念、灾荒救济、失业救济等各个方面给予了关注。例如，韩勤英、苏峰：《国民经济恢复时期北京的知识分子救济政策及其成效》，《当代中国史研究》2006年第3期；许虹：《建国初期党和政府救济灾荒、失业问题简述》《党的文献》2000年第4期；唐钧：《中国的城市贫困问题与社会救助制度》，《江海学刊》2001年第2期等。
② 柳拯：《当代中国社会救助政策与实务研究》，中国社会出版社，2005，第1页。
③ 《朱副市长代表市府发表施政方针》，《南方日报》1949年11月3日。

年成为京西矿区）的调查显示："1949 年从 2 月 4 日至 3 月 20 日一个多月的了解，全区 24 个保，被敌人拆毁房屋、烧毁房屋的约 8 个保，占全区三分之一，只要是靠城附近的，基本都被拆除破坏。从 6 个行政村的统计，被拆房子 3005 间，被烧房子 157 间，共计 3162 间，现在无法生活的 566 户，人口 2272 口，占总数的 21.5%。从第八保（8 个行政村）全村户数 795 户，人口 3540 口，现在无生活的 108 户人口 458 口，户数占 14%，人口占 13%，共被拆房 1012 间，被烧 29 间，共计 1041 间。而这个村的生产情形，拉车的 13 户，种地的 254 户，雇工短工 301 户，小商贩 212 户，游民 75 户……"① 可以看出，战争对民众生活的破坏和影响非常严重，并且遭受损失的也多数是农民、小商贩、雇工、游民等贫困家庭。这些人的职业"大部分是以摆小摊贩卖零食的、手工业工人、蹬三轮、开小店、理发等为业，还有一部分是推排子车、拉洋车出卖零星苦力、耍手艺（匠人）、贩菜、卖报、拾筐、捡煤、变戏法、唱大鼓、耍马戏，此外还有一些专门的卖药、做小偷为艺，绝大部分过着很贫困的日子，有的因失业终日不得一饱，或因无生产条件，生活无着落而乞食者"。②

从新中国建立初期国家的失业状况来看，由于失业而导致的贫困现象非常严重。1950 年的《人民日报》记载了全国失业的严重情况：

> 最近几个月来，全国各大城市的失业工人人数激增，上海、武汉、南京、重庆、广州等地情形更为严重。仅上海一地，失业工人总数就已超过十五万人，全国大中城市失业工人总数约近一百二十万人。工人失业以后，他们及其家属的生活，都处于极端困苦的状态中：有的喝粥汤度日，有的以豆渣、豆饼、糠秕、野菜充饥，个别的景况甚至比这还更艰难一些。失业工人当中，主要是产业工人，也有一小部分是

---

① 《第十六区救济灾民难民的工作报告》，北京市档案馆：9-2-96。
② 《关于市民工作中的几个问题和意见》，北京市档案馆：1-6-238。

工厂里的职员、店员和学徒。①

后经各地政府对失业人数进行登记统计可知,"全国失业工人共有1220231人,失业知识分子188261人,共计1408492人。此外,还有半失业者255769人,将失业者120472人"。② 截至1950年9月底统计,全国城镇失业人员达到472.2万人,失业率高达23.6%。③ 这些失业人员的生活非常困苦,很多失业工人生活极为困难,甚至"已连续发生因生活无出路而自杀的现象"。④ 以北京为例,1950年2月份,统计北京市失业工人的数字显示,手工业行业"已经失业人数为5620人,除已经回家或转业者为1012人外,净为4608人;此外,还有很多店员也纷纷失业。有工会组织的12行业在业的人数为30190人,已有失业人数为4696人"。中国人民救济总会统计推测,北京即将失业的潜在人数为38365人。⑤ 且不论此数字的推测是否符合实际,从已有的资料来看,失业情况确实非常严重。

所谓经济因素,是指新中国建立初期,国家经济状况也处于一个特殊的时期,而社会救助事业的建设,本身需要国家财政经济为后盾,通过建立救助体系达到对社会财富的再分配。因此,社会救助事业的建设,以及其建设的方式、路径,直接受制于国家的财政经济状况。新中国建立初期国家的财政经济状况十分紧张。一方面,作为财政收入来源的国民经济遭受长期战争破坏和消耗,已经处于崩溃的边缘;另一方面,新中国政府的开支却非

---

① 《人民日报》1950年6月30日。
② 中国社会科学院、中央档案馆编《中华人民共和国经济档案资料选编·劳动工资和职工保险福利卷(1949~1952)》,中国社会科学出版社,1994,第203页。
③ 国家统计局社会统计司:《中国劳动工资统计资料(1949—1985)》,中国统计出版社,1987,第109页。
④ 《中共中央关于举行全国救济失业工人运动和筹措救济失业工人基金办法的指示》,中共中央办公厅、中央档案馆编《中共中央文件汇集(1950)》(1)。
⑤ 《本会关于救济失业工人和为灾民募集寒衣的通知和工作报告》,北京市档案馆:101-1-276。

常大，尚在进行中的解放战争，以及对原国民党政府留下来的政治、军事、经济、文教卫生等机构人员采取"包下来"的政策，都使行政费用大增，经济恢复所需要的大量资金也迫在眉睫。1949年人民政府的全面财政收入仅相当于303亿斤小米，财政支出却达到567亿斤小米，造成了国家财政收支极度不平衡。① 社会救助工作的实施，直接依靠国家的财政拨款，因此，这一时期的国家财政经济状况对社会救助政策的制定起到了一定的制约作用。

所谓社会变迁的因素，是指在新中国建立初期，由于社会制度的变革，带来了社会经济方面的制度变迁，原来的资本主义经济要改造、转型为新民主主义经济，而"这就使得过去那些专供地主、买办、官僚资产阶级荒淫奢侈的工商行业，如舞厅、酒楼、大旅馆、银楼金铺、绸缎行、古董店等，不得不随着反动统治阶级的崩溃而纷纷趋于没落"；② 原来的主要工商业经济则又"因为广大的农民与城市中劳动人民的购买力，由于过去他们长期的被剥削与去年部分地区的灾荒而大为减低"；③ 同时，"随着财经统一工作而来的物价稳定，扭转了社会'重物轻币'的心理，这在一方面形成了市场一时的狭小状态，在另一方面则不得不使过去在长期战争中成长起来的各种习惯于投机倒把的经营作风与落后陈旧的经营方式，一时措手不及，纷纷暴露出自己的弱点"。④ 以北京的三轮车夫为例，三轮车夫多数是收入低廉、生活困窘的城市贫民。据统计，1952年北京"三轮工人，每日收入平均下降一半，原来收入就少的，只能拉到两三千元（旧币），交了车租，就吃不上饭"。⑤

---

① 武力主编《中华人民共和国经济史》（上），中国经济出版社，1999，第179页。
② 《人民日报》1950年6月30日。
③ 《临时救济总结报告》，北京市档案馆：1-9-244。
④ 《人民日报》1950年6月30日。
⑤ 《临时救济总结报告》，北京市档案馆：1-9-244。注：新中国建立后新旧币的换算问题：新中国建立初期使用人民币旧币，到1955年2月17日国务院第五次会议通过了《关于发行新人民币和收回现行人民币的命令》，规定旧人民币与新人民币的兑换比例为10000∶1，同年3月份在全国开始施行。本文对救助工作中的新旧币没有特意区分，一般使用资料中的原文。

可以看出，经济体制的变迁，直接或间接地加剧了工商业经营困难，从而也加剧了城市生活中失业现象增多、贫困现象加剧的情况。

新中国建立初期，既是中国共产党建立统治秩序的时期，也是党和政府重新塑造其合法性的一个建构过程。今天的"三个代表"、"和谐社会"和"科学发展观"等政治理论核心，从某种意义上来说，均是统治合法性的建构。① 而新中国建立初期，面对庞大的贫困群体和受灾民众，让民众和整个社会感受到政府对人民疾苦的关怀、使底层人民享受到革命胜利的果实，是中国共产党代表广大人民利益的最直接体现，也是体现新政府"以民为本、为民解困"的精神宗旨。这对于维护政治统治、构建统治合法性的新政府来说，是至关重要的工作。另外，社会救助具有稳定社会秩序、整合社会的功能，对于受灾群体、贫困群体，政府给予的即时救助是帮助他们渡过难关、稳定情绪的重要内容。因此，在这样的经济、政治和社会条件主导下，新中国陆续制定了各个方面的社会救助政策。

综合来看，新政权建立之后面临的严峻的社会贫困状况，不仅是一个复杂的社会经济现象，同时也涉及了方方面面多种因素。能否有效地缓解贫困，不仅直接影响到社会秩序的稳定，也是对新政权执政能力的一个严峻考验。为了迅速缓解社会贫困状况，就必须通过国家政权的救助措施，对生活困难的社会成员给予经济上的救助与扶持，才能有效地渡过难关。因此，如何建立有效的救助机制，如何通过救助贫民来稳定社会秩序，是这一时期新中国政府亟待解决的社会问题。

二　社会救助管理体系的构建

从理论上看，创建一套运作良好的救助管理体系，首先要有

---

① 米勇生主编《社会救助》，第4页。

明确的指导思想与行动方针,作为制定救助政策、健全救助机制、发挥救助作用的中枢系统,指挥社会救助的运行程序。新中国建立以后,推行救助政策的指导思想明确,即旨在建立以"团结和改造"为主的"人民大众的救济福利事业"① 的指导思想,这一指导思想在构建新的救助管理和程序运作等方面发挥了积极的作用。根据1950年7月第一次全国民政会议的精神,社会救助被确定为民政部门的主要业务之一。但是,由于救助工作常常涉及方方面面的内容,十分复杂,除了由民政部门统筹办理之外,还常常涉及其他部门,如关于失业救助的工作就要与劳动部门协调处理,关于救济金的发放问题就要与财政部门协调处理,关于治理游民、难民、乞丐等方面的工作则需要与公安部门协调处理。社会救助工作牵涉多个部门进行协调,因此,管理救助工作的中央机关与地方省市,都设置了多层次的组织,直接或间接地参与社会救助的管理与运行。

（一）组织建设

1. 中央领导机构

新中国建立初期,社会救助工作的中央一级主管机关是"中央人民政府内务部",1954年改称"中华人民共和国内务部",1969年一度撤销,直至1978年重新设立"中华人民共和国民政部"并延续至今。1949年9月27日,中国人民政治协商会议第一次会议上通过了《中华人民共和国中央人民政府组织法》,决定成立中央人民政府内务部。内务部受政务院领导,管理全国民政工作。10月19日,中央人民政府委员会第三次会议决定,任命谢觉哉为内务部部长,武新宇、陈其瑗为副部长。10月21日,中央人民政府政务院宣告成立,内务部位列30个部、会、院、署、行的首位。11月,中央人民政府内务部成立,主管民政工作,受中央

---

① 伍云甫:《关于旧有社会救济福利团体的团结改造问题》,北京市档案馆:196-2-13。

人民政府政务院领导和政务院政治法律委员会的指导。地方上的民政工作机构，大区设民政局，省设民政厅，专署和县设民政科。

内务部成立之初，以救灾和政权建设为工作重点，并为巩固新生的人民政权，建立新社会的新秩序，做了大量的工作。其内设机构有：办公厅、干部司、民政司、社会司、地政司和优抚司等6个单位。

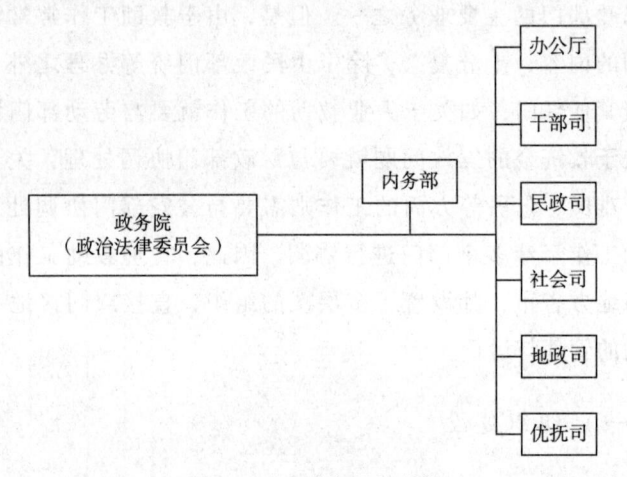

图 2-1 内务部组织结构

资料来源：中华人民共和国民政部大事记编委会：《中华人民共和国民政部大事记》（1949~1986），中国社会出版社，2004，第2页。

根据《中央人民政府内务部试行组织条例（草案）》的规定，各机构的职能如下：

办公厅：主管部令的公布，印信的典守，文件的收发缮校，图书、资料、档案的管理，会议的准备，督促决议的执行，联系各司工作，本部人、财、物的各项工作等。

干部司：主管由本部办理的地方行政人员的任免、调动、调整，各级行政人员的铨叙、登记、统计、教育训练，工作人员的福利等。

民政司：主管地方人民政权建设，地方行政机关的设置，行政区域的划分调整、名称和治所的厘定、图志的收集编印，疆界的测量勘查，水陆地图的审查，户籍、国籍的管理等。

社会司：主管社会福利，游民改造，社团和宗教团体的登记，公葬公墓，人民褒扬奖励，移民，社会救济等。

地政司：主管农村土地改革，土地的清丈、登记和颁发土地证，城市房地产政策，城市营建的计划考核，公共房地产的保护，其他地政事项。

优抚司：主管烈、军、工属（注：工属指革命工作人员家属）和革命残废军人的优待抚恤，退伍安置和退休工作人员的处理，烈士褒扬追悼，烈士传记编纂和事迹遗物的搜集保管，烈士纪念物的兴建管理保护，优军，其他优抚事项等。①

此时，民政司和社会司将社会救助领域内的工作分割管理。据此，地方上的各大区②及其下属的各级政府机构，纷纷设立民政机构和社会机构，各省设立民政厅、社会局，各县设立民政科、社会科，每级机构下分别设立专门负责社会救助的机构。这一时期民政部门政出多头，事务繁杂，正如内务部长谢觉哉在讲话中所说的，凡属人民的政事，如没专业部门管的，就都属于民政部门。1950年7月15日第一次全国民政会议在北京召开，会议内务部的工作重点为确定地方政权建设、优抚、救灾。据此，全国开始陆续建立起省（市）、县、乡的民政机构，并全面负责中央及地方的社会救助工作具体事务。

---

① 中华人民共和国民政部大事记编委会：《中华人民共和国民政部大事记（1949~1986）》，第2页。
② 在解放战争时期开始实施大区级地方政府。1946年中国共产党在反击国民党的过程中，逐渐形成了西北、华北、东北、中原、华东等区。1948年起各大区地方政府陆续建立。后经过调整，1949年10月至1954年6月间，成为一级地方行政建制和地方政府行政机关。主要分西北军政委员会（辖陕西、甘肃、青海、宁夏、新疆）、华东军政委员会（辖苏南、苏北、皖南、皖北和山东、浙江、福建、台湾、南京等地）、中南军政委员会（辖河南、湖南、湖北、江西、广东、广西）、西南军政委员会（云南、贵州、西藏、四川）、东北人民政府（辖区变化较大，主要是东北各省）。1954年6月中央人民政府撤销大区一级行政机构。

1953年8月，由于全国普选准备工作的开展、人口调查登记、优抚和农村救灾等工作任务繁重，为适应工作的需要，内务部增设救济司和户政司。将社会司所管的社会福利和社会救济工作中农村部分以及移民工作移交给救济司；社会司增加民工动员工作；将民政司所管的人口调查登记、国籍、行政区划工作移交户政司；将优抚司改为优抚局，内部增设办公室。另将残废儿童教养工作交由救济总会管理。内务部机构调整为：办公厅、民政司、救济司、优抚局、户政司、地政司和社会司等7个单位。1953年10月，第二次全国民政会议确定内务部主管的业务为：政权建设、优抚、救济、地政、户政、国籍、行政区划、民工动员、婚姻登记、社团登记等。

1954年9月，第一届全国人民代表大会第一次会议通过了《中华人民共和国宪法》（简称《宪法》），按照《宪法》的规定，原政务院改称国务院。根据《中华人民共和国国务院组织法》第二条的规定，中央人民政府内务部改为中华人民共和国内务部，由国务院领导并接受国务院政法办公室的领导。地方上的民政机构，省和自治区设民政厅，直辖市设民政局，县设民政局（科）。1960年12月9日，国务院政法办公室撤销，内务部直接受国务院领导。1954年11月22日至1955年1月3日，第三次全国民政会议在北京召开。根据党中央、国务院的指示，确定了内务部"以优抚、复员、救灾、社会救济为主要业务，并相应地做好其他民政工作"的工作方针。由此，内务部的机构调整为：办公厅、财务干训司、优抚局、农村救济司、城市救济司、民政司、户政司。与原来相比，增设了财务干训司；撤销地政司，其业务归入民政司；社会司改名为城市救济司，原社会司主管的婚姻、社团、礼俗等工作并入户政司，民工动员工作并入民政司；救济司改名为农村救济司，主管农村的自然灾害救济和农村的社会救济。①

---

① 参见中华人民共和国民政部网站，网址http://www.mca.gov.cn/article/zwgk/jggl/lsyg/，2011年9月27日。

另外，新中国建立初期中国社会整体面临的形势较为严峻，不但社会秩序需要重新建立，而且各种社会问题极为突出，贫困、失业、流民、乞丐等问题亟须给予救助，为了迅速而有效地解决尖锐的多种社会矛盾，中央和地方各级政府成立了一些各种具有针对性专门救助领导机构。

（1）中央救灾委员会是新中国建立初期设立的灾害救助领导机构。1950年2月27日，政务院指示召开由内务部、财政经济委员会、财政部、农业部、水利部、铁道部、交通部、贸易部、食品工业部、合作事业管理局、卫生部，以及中华全国妇女联合会等机关负责人参加会议，为了在灾荒救助工作中贯彻生产自救方针，决定成立中央救灾委员会。由政务院副总理董必武担任主任，中央救灾委员会的日常工作，委托内务部负责。中央救灾委员会提出"生产自救，节约度荒，群众互助，以工代赈，并辅之以必要的救济"的救灾方针。为了规范救灾管理，中央决定在全国各级行政部门建立起生产救灾委员会。

（2）中央生产防旱办公室是1952年2月建立的领导全国生产防旱工作的救助机构。针对1952年中国各地比较严重的旱灾，政务院召集农业部、水利部、林业部、内务部、卫生部、贸易部、中国人民银行、中华全国合作社联合总社等机构，共同组织设立了中央生产防旱办公室，统一领导全国的防旱、抗旱工作。各省（市）、县也相继成立防旱、抗旱机构，建立起基层防旱救助组织。

（3）失业工人救济委员会。1950年6月，周恩来总理签发了《关于救济失业工人的指示》，同时批准由劳动部公布《救济失业工人暂行办法》。到1951年底，全国有151个城市设立了失业工人救济委员会和失业工人救济处，开展失业工人登记、救济与安置工作。根据"不饿死一个人"的中央指示，救济办法中规定，凡开展失业工人救济的城市，所有公营、私营企业每月须缴纳工资总额的1%，在职职工每月捐助1%的工资，作为失业救济基金，保障失业人员的基本生活。政务院还从1950年度中央预算中一次拨出 4 亿斤粮食作为救济失业工人的基金下拨各地。[1]

另外，群众性救助组织，也是新中国建立初期开始筹办的救助管理系统中重要的一环。群众性组织积极参与社会救助工作的，主要包括中华人民救济总会，中国红十字会，中国福利基金会，以及全国总工会、全国妇联等单位。鉴于各个群众团体参与社会救助工作的内容与程度不同，此处主要以中国人民救济总会为例，概述群众性救济组织在这一时期的社会救助工作中所发挥的作用。

新中国建立初期，积极参与社会救助工作的全国性的群众组织，最有代表性的就是中国人民救济总会。中国人民救济总会于 1950 年 4 月 24 日在北京成立，成立初期，中国人民救济总会的工作性质定为"在中央人民政府领导下的群众性的救济组织"，并以"团结并领导全国从事救济福利事业之团体及个人，协助政府组织群众进行生产节约、劳动互助，以推进人民大众的救济福利事业"为奋斗目标，以"救济福利工作以动员和组织人民实行自救助人"为方针。它作为协助政府办理社会救济工作的群众组织，在全国各大城市都设立救济分会。[2] 中国人民救济总会成立之初，以当时最紧急的灾荒救济和失业救济为重点开展工作，负责在全国范围内募集捐助以及统一分配救灾物资等工作。例如，中国人民救济总会规定："救济福利款物由政府补助及在人民中募集，并使两者结合起来。同时，亦得接受国际友人的真正友好援助。国内救济福利团体，接受国外救济福利款物，事先须取得本会批准，并在本会通盘计划下分配使用之。"[3] 在此思想指导下，它为遭受水灾的灾民募集寒衣数百万套；建立大批教养机关，收容了数十万名乞丐、小偷、流氓、妓女等游民和无依无靠的老、残、孤儿；并整顿、改造了数千个旧的救济福利社团，等等，在社会救助工作中发挥了巨大的作用。

新中国建立初期，在政府机构和组织工作人员的权责、职能

---

[1] 刘洪清：《新中国就业第一道坎》，《中国社会保障》2009 年第 10 期。
[2] 《人民日报》1950 年 5 月 5 日。
[3] 《人民日报》1950 年 5 月 5 日。

界限并不完善的情况下，中国人民救济总会发挥了群众性救济组织的多种优点。但是，救济总会的工作职权与内务部以及市级民政部门职权的重叠，也使救济工作有时出现"令出多门"或者重复工作的情况。随着国家行政部门建设的逐渐完备，中国人民救济总会也完成了自己的历史使命，于 1955 年 11 月 22 日中国人民救济总会与中国红十字会合署办公，将中国人民救济总会所管的国内救济工作并入内务部统一办理，所管的国际救济工作划归中国红十字会负责办理；各地救济分会在当地民政部门领导下办理国内救济工作，与民政部门合署办公。① 1956 年 7 月起，中国人民救济总会同中国红十字会合并办公，有关社会救济福利方面的工作划归中华人民共和国内务部负责办理。

2. 地方救助管理机构——以北京为例

社会救助管理机构在地方上的建设，基本按照现代政府管理的科层结构来设置：在大区一级工作在省市一级的领导机关，各省（市）的民政厅（局）为主，其中各省和自治区设立民政厅，民政厅直接领导全省（区）的民政工作；直辖市设立民政局，主管市内辖区的所有民政事务。本节以北京市为个案，概述社会救助的地方一级主管单位的组织构成。

北京作为新中国的首都，其地位有明显的特殊性，是事实上的直辖市。1949 年 1 月北京解放后，很快建立了人民政权组织，并先行组建了各级管理机关。北京市民政局机关的机构建设非常简单，而且人员较少，它基本根据中央机构的组织模式构建而成，"机关编制干部 56 人，勤杂人员 17 人"，并设置"四科一室，即民政科，主管民政、礼俗、寺庙等工作；社会科主管社团、社会救济；优抚科主管烈军属的优待抚恤工作；行政科主管机关行政事务工作；秘书室主管秘书、人事、文件收发等工作"。② 民政局

---

① 中华人民共和国民政部大事记编委会：《中华人民共和国民政部大事记（1949～1986）》，第 69 页。

② 马玉槐：《接管旧民政局的经过》，中国人民政治协商会议、北京市委员会文史资料研究委员会编《北京的黎明》，北京出版社，1988，第 480 页。

的主要工作职权包括北京地方基层政权建设事项，户籍人口调查登记，社会福利、社会救济事业，烈、军、工属的优待抚恤，残废军人的优待抚恤，退伍军人的安置，拥军优属等内容。① 北京市民政局第一任局长为史怀璧，副局长为曹汝勤。1949 年 6 月由曹汝勤担任民政局局长，周风鸣任民政局副局长兼郊区工作委员会副主任。②

北京市在辖区内的各个区县都设立了区（县）民政科，民政科设立民政科长、副科长和若干民政科员，由他们直接负责基层的民政工作。这种机构设置下工作人员的工作量非常大，任务繁重，如社会救助工作的基层调查、救助发放、问卷回访等具体实施工作，都由民政科员直接负责亲自调查核实并确定具体情况。在区（县）的各个街道、居民委员会都相应的设立 1~2 名民政干事，这些民政干事负责向区（县）民政科汇报工作，并不畏辛劳地深入各个需要救助的居民家中调查情况，核实救助成效。可以看出，北京市的社会救助机构基本按照中央领导机构的模式，建立了由上到下的领导机关。

此外，为了贯彻中央救灾委员会提出"生产自救，节约度荒，群众互助，以工代赈，并辅之以必要的救济"的救灾方针，北京市也建立起了多个中央直辖的临时救助机构。北京市救灾委员会，需要直接向中央救灾委员会负责，办理北京市的救灾工作。该会由北京市市委、财政局、农业局、水利局、交通局、卫生局，以及北京市妇女联合会等机构的相关领导人组成，基本上形成了各个单位共同协调、为生产救灾统一服务的能动机制。

这一时期，基层救助组织的设置中也存在机构职能重叠，不够合理的状况。例如，地方民政局和群众性救济组织——救济分

---

① 中华人民共和国民政部大事记编委会：《中华人民共和国民政部大事记（1949~1986）》，第 6 页。
② 包括民政机关领导人员以及各个科室的增加与裁并，等等。例如，北京市民政局第一任局长史怀璧，副局长曹汝勤，1949 年 6 月曹汝勤任民政局局长，周风鸣任民政局副局长兼郊区工作委员会副主任。1952 年马玉槐接任民政局局长。民政局各个科室变动也较大，例如原有的干部科很快就被撤销；户政科不久移交市公安局；劳动科在市劳动局成立以后也予以撤销；等等。

会之间，就存在明显的职能重叠的现象。以北京为例来看，中国人民救济总会北京市救济分会是 1951 年依照《中国人民救济总会章程》规定和北京市人民政府指示成立的，时任北京市副市长的张友渔被推举为救济分会的主席，该救济分会设秘书组、总务组、救济福利组和社团管理组处理日常具体业务。中国人民救济总会北京市救济分会的主要职责是，领导全市从事救济福利的团体和个人，协助政府组织群众进行生产节约、劳动互助，推进人民大众的救济福利事业，办理老弱孤寡残疾及贫苦无靠妇婴儿童的救助工作。[1] 在人民救济代表会议上，北京市社会救助工作的主导机构——民政局的负责同志明确提出，新中国的"救济福利事业，与过去是不同的"，"今后的救济福利事业……是以人民大众为对象，以人民自救、助人为基础，在人民政府领导下，吸收一切真正从事救济福利工作的团体和个人，进行的新中国的救济福利事业。它是医治战争创伤并进行新中国建设的一系列总工作中的一个组成部分"。[2] 同时，北京市救济福利工作的方针与任务是"团结、领导、改进全市从事救济福利事业的团体和个人，协助政府组织人民进行生产节约，劳动互助，首先应当面对贫苦的工农大众，展开群众性的互助互济工作，并且有计划地吸收社会财力、物力，组织群众力量，有重点、有步骤地来进行北京市人民的救济福利工作"。[3] 这种状态一直持续到 1956 年 4 月，北京市救济分会与北京市民政局合并办公，才结束了其独立为社会救助工作服务的特殊阶段。

这一时期，中国人民救济总会在全国各地的分会陆续成立，虽然每个省市的救济分会的工作，根据当地救济工作的基础不同、情况不同而略有差异，但是，各地救济分会的管理机构建设、与地方政府民政机构的关系、救助工作的指导思想等方面却是相近的。如中国人民救济总会广州市分会是当时广州最重要的专门性

---

[1] 《人民日报》1951 年 1 月 27 日。
[2] 董汝勤：《北京市人民救济代表会议开幕词》，北京市档案馆：196-2-327。
[3] 董汝勤：《北京市人民救济代表会议开幕词》，北京市档案馆：196-2-327。

社会救助机构，成立于 1951 年 2 月，由主管副市长兼任主席，市民政局主持日常工作，负责临时和经常性的救助工作，并接办教会接受外资津贴主办的救济福利单位，兼管社会公益组织工作。广州市根据中央文件指示精神，在 1950 年 5 月 1 日，广州市第二届各界人民代表会议通过《关于救济失业工人的决议》，确定了救助失业人员的各项措施。在 1952 年召开的救济福利工作会议上，广州市制订了生产自救、劳动互利、社会互济和为劳动者服务的社会救助四大方针。①

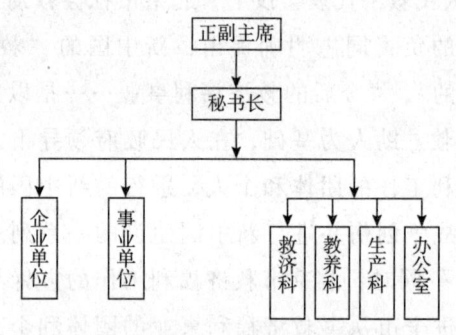

图 2 - 2 广州市救济分会组织系统

注：企业单位包括第一农场、印刷厂、石灰厂、被服厂、砖瓦厂；事业单位包括营选厂、第二农场、竹器工场、盲人教养所、回族老人所、老人所、妇女教养所、育婴所、第一至第六幼教所、第一至第六收容所；办公室包括秘书组、统计组、人事组。

资料来源：《广州市救济分会组织系统图》，广州市档案馆馆藏，全宗号：200，案卷号：82。

（二）救助的政策、制度与管理

社会救助管理机构的建设本质上是为了顺利开展救助工作，更好地为人民服务。新中国建立初期，为了尽快地开展大规模的社会救助，中国共产党和新中国政府非常注重救助管理机构的职能建设，新中国的社会救助管理机构职能基本为如下几个方面。

---

① 《广州市一九五二年社会救济福利工作报告》，广州市档案馆：200 - 31，参见谢涛《建国初期社会救助体系的构建与评析——以 1949—1953 年的广州市为个案》，《当代中国史研究》2006 年第 3 期。

1. 制定救助政策

社会救助管理机构的主要职能之一为制定救助政策。针对不同的社会情况，制定合适的救助政策，这是社会救助机关所应当履行的首要责任。而在实际救助工作中，救助政策的制定要以国家的经济条件、政治条件和社会条件为基础，最大限度地发挥社会救助的特殊功能。

在灾害救助方面，党和政府制定了一系列相关的救助政策。1949年中华人民共和国刚刚成立，中国遭遇了特大洪涝灾害，受灾人口高达4500多万人，针对当时严重的灾情，负责救灾工作的内务部召开各重灾区救灾汇报会，会上提出了"不许饿死人"的口号和"节约救灾，生产自救，群众互助，以工代赈"的救灾方针。1950年2月在中央生产救灾委员会成立大会上，董必武副总理在《深入开展生产救灾工作》的报告中提出救灾工作方针为"生产自救，节约度荒，群众互助，以工代赈，并辅之必要的救济"。这一方针是针对国家财政紧张、社会募集财物困难，而救灾任务又十分紧迫的条件下制订的。

1949年在内务部的主持下，成立了中央人民政府机关节约救灾委员会，"规定自11月起至明年（1950）2月止，中央政府各部门的工作人员，每人每天节约小米1两，为支援灾区人民用"。[①] 政务院发布了《关于生产救灾的指示》，指出救灾工作的艰巨性，指导各级人民政府成立生产救灾委员会以加强对救灾工作的领导，并提出生产救灾的工作办法应该是："灾区主要是发动群众生产自救，当地政府必须大力解决原料、运销和资金困难，并结合以工代赈，使灾民就地得以安置，同时劝告灾民不要外逃，以减轻邻省临区的困难。"[②] 1950年国家政务院发布"不饿死一个人"的指示，对城市贫民进行了全面调查并给予了救助。以北京为例来看，

---

① 中华人民共和国民政部大事记编委会：《中华人民共和国民政部大事记（1949~1986）》，第3页。

② 中华人民共和国民政部大事记编委会：《中华人民共和国民政部大事记（1949~1986）》，第4页。

北京市制定了《北京市贫民救济方案》，对城市贫民给予不同类型、不同方式的临时或长期救助成为民政部门的主要工作。①

1950年7月15日第一次全国民政会议在北京召开，会议确定地方政权建设、优抚、救灾为内务部工作重点。1953年召开的第二次全国民政工作会议将社会救济的方针修改为"依靠集体，群众互助，生产自救，辅之以政府的必要救济"。② 1954年11月第三次全国民政会议在北京召开，这次会议强化了内务部作为救灾与社会救济工作总指挥中心的重要作用，"确定了'生产自救，群众互助，并辅之以政府的必要救济'"的救助指导方针，1954年针对城乡的互助组、合作社以及集体互助的力量日益强大的情况，社会救助的指导方针修改为"依靠集体，群众互助，生产自救，辅之以政府的必要救济"。根据这个总方针，到1956年"一五"计划完成时，中国的救助管理体制基本确立了国家保障与单位（集体）保障相结合，以单位（集体）保障为主、国家救助为辅的救助模式。同时，将有业人员的救助保障与就业挂钩，生老病死和各种福利救助主要由单位负责，国家只对少数没有单位或集体管理、无依无靠的社会人员负责救助。③ 应该看到，国家整体的救助指导方针与救助管理体制的确定，直接促成了地方社会救助工作政策的大体方向与主要内容。

在贫困救助方面，社会救助提供的不仅仅是最基本生活需求的资金和实物，它还提供社会力量来帮助被救助人重新获得工作，回归社会。例如，针对城市贫民的生活救助问题，1953年内务部提出了新的社会救助标准，即"全国按城市规模来确定不同城市救济标准。具体内容是：以户为单位，按人口递增。大城市每户每月一般不超过5~12元；中小城市每户每月一般不超过3~9

---

① 马玉槐：《接管旧民政局的经过》，中国人民政治协商会议、北京市委员会文史资料研究委员会编《北京的黎明》，第487页。
② 米勇生编《社会救助》，第13页。
③ 时正新主编《中国社会救助体系研究》，第40页。

元"；有些物价与生活水平高或低的城市则"按照实际情况确定"。① 这个救济标准，因为比较机械地按照城市大小来区分，所以，在实际的救助工作中取得的成效并不理想。因此，1956 年内务部重新制定了《关于调整城市困难户救济标准的通知》，对各地救济标准不做统一规定，而且提出了"城市困难户的救济标准，应以能够维持贫困居民基本生活为原则"，② 在原有救助标准的基础上进行了修订。这样的救助标准，既能够适应不同城市、不同生活程度的救助需要，也符合城市贫民的实际情况，最终使城市救助工作贴近贫民，真正达到卓有成效的救助成果。北京市也根据内务部制订的救助标准，先后制定了《北京市贫民救济方案》，后修订为《北京市贫民救济方法》，以及《北京市贫民调查登记方法》等救助规范，为城市贫民的救助工作制定了基本的方针政策。

关于失业救助方面，中央政府多次发布通告指示，要求各地尽快解决失业问题，并提出如果"不能稳定工人群众的情绪，争取工人群众对我们的坚决无保留的拥护，将会造成我们在城市工作中的重大困难，甚至可以动摇到城市中人民政权的基础"。③ 因此，针对严重的失业情况，新中国政府陆续制定了很多相应的失业救助措施。针对失业人员生活困难问题，实行以工代赈的救助方式；针对部分失业人员学用不符情况，推出转业训练的救助方式来帮助失业者增强就业能力；针对很多技术工人和职员的失业情况，采取办理登记介绍就业的救助方式；外来的失业人员，帮助他们还乡生产，与当地政府双方配合，合理安置其还乡之后的生活；针对市区内很多难以就业的家庭妇女，推广生产自救的方式，在各个区成立了部分手工业生产合作社；针对各区的贫困救济户，也规划出他们能够胜任的简单工作，最终争取他们能够参加生产解决生活困难。

---

① 时正新主编《中国社会救助体系研究》，第 40 页。
② 时正新主编《中国社会救助体系研究》，第 40 页。
③ 《中共中央关于举行全国救济失业工人运动和筹措救济失业工人基金办法的指示》，中共中央办公厅、中央档案馆编《中共中央文件汇集（1950）》（1）。

2. 设置救助法规

依据现代社会救助的理论,在救助的实际工作中,除了要有一套体系健全的专门救助机构之外,还要有救助行动得以依据的法律法规,以及救助的必要程序。这些是保证社会救助能够规范化运作的必要前提,也是确保社会救助公平、客观的行动准则。民国时期,在社会救助法规方面基本上继承并发扬了中国传统社会救济思想,并结合西方社会救助的基本理念和具体措施,民国政府制定了丰富的救助法律法规。如1929年制定《监督慈善团体办法》,1930年在全国范围内推广救灾准备金制度,1943年颁布并实施了《社会救济法》,1944年颁布了《社会救济法施行细则》和《救济院规程》等。[①] 但是,由于民国时期中国社会长期处于战争状态,经济发展不平衡,社会秩序也不安稳,这些救助法律法规并没有得到很好的贯彻与施行。

中华人民共和国建立以后,在社会救助管理体系建设过程中,较为重视社会救助法律法规的建设,并根据实际救助经验,不断地有所调整。以今天的标准衡量,新中国建立初期的社会救助法律法规多为临时性、临事性的,但是社会救助的实际工作却取得了突出成效。

中央制定的救助相关法规涉及多个方面,如关于救助失业工人的法规有:1950年6月17日政务院颁布了关于救济失业工人的《救济失业工人暂行办法》,而1952年4月5日,中央人民政府政务院再次制定并颁布了《关于救济失业工人的指示》,是对《救济失业人员暂行办法》的调整与补充。关于生产救灾方面,政务院制定了《关于生产救灾的指示》,指出"救灾工作是艰巨的",指导各级人民政府成立生产救灾委员会以加强对救灾工作的领导。并且,正式提出生产救灾的工作办法,"灾区主要是发动群众生产自救,当地政府必须大力解决原料、运销和资金困难,并结合以工代赈,使灾民就地得以安置,同时劝告灾民不要外逃,以减轻

[①] 钟仁耀:《社会救助与社会福利》,上海财经大学出版社,2005,第35页。

邻省临区的困难"。① 另外，还在内务部的主持下成立了中央人民政府机关节约救灾委员会，"规定自11月起至明年（1950）2月止，中央政府各部门的工作人员，每人每天节约小米1两，为支援灾区人民用"。②

在对社会团体的改造方面，由于新中国建立初期中美之间的复杂关系，为了清除美国近代以来在中国社会各个方面的影响，1950年12月29日中央人民政府政务院发布了《关于处理接受美国津贴的文化教育救济机关及宗教团体的报告》，明确指出要对所有"接受美国津贴的文化教育救济机关及宗教团体"提出否定和批判。这是一场官方主导的、控诉美帝国主义的、以清除美国在中国社会、文化、教育领域影响为指导方针的大规模反美运动。随后，全国各地掀起了大范围的批判美帝国主义，控诉美国文化、教育、精神侵略的运动。而美国资助的救助机构与团体也被列入重点改造的对象。北京市也迅速开展起在社会救助领域清除美国不良影响的运动。正如1951年4月30日北京救济分会在处理接受美国津贴救济机关会议全体代表联合宣言上指出："百余年来，帝国主义者尤其是美国帝国主义者用各种各样的方式、方法来侵略中国，其中最毒辣、最阴险的一种是借救济的名义来进行的侵略。帝国主义者经过政治压迫、经济榨取、文化欺骗，抽干了中国人民的血液以后，又拿出一点点钱来进行'救济'，收买人心。"③这一反美运动波及全国各个城市，原有的受美国津贴资助的救助机关纷纷被停办、改组，基本上在北京以及全国各个城市的救助机构中清除了美国的残余影响。

除了中央机构制定并颁布的救助法律法规之外，各个省（市）区也根据当地情况，制定了相应的法规。如北京地方性的救助法

---

① 中华人民共和国民政部大事记编委会：《中华人民共和国民政部大事记（1949~1986）》，第4页。
② 中华人民共和国民政部大事记编委会：《中华人民共和国民政部大事记（1949~1986）》，第3页。
③ 《人民日报》1951年5月5日。

规就比较丰富。1949年8月,北平市首届各界代表会议通过《疏散人口案》。方案提出"凡在北平市谋生困难,而回籍后又有自力更生、或安置之可能,且有发展前途,因而自愿回籍者,始得疏散回籍"。"凡在北平市谋生困难而原籍无家可归或不能安置的,可以自愿赴察北等地,从事农垦,长期安家立业者,可以组织移民。"① 这个法案,成为新中国建立初期指导北京市开展移民工作的最早行动标准。

1950年北京市颁布了《北京市救济失业员工决定试行细则》,该细则是根据北京市第二届各界人民代表会议"关于救济失业员工决定"而制定,凡在十人以上的公营事业与私营工厂作坊均须遵行规定。此细则规定了"各工厂作坊,为生产需要及合理改善其经营时,有权解雇其多余之员工,但必须经劳动局审查核批,如再欲增加雇员工时,无论长期或临时工均须经劳动局之介绍或批准";规定了救济金的征集办法,领取救济金的规定及手续等问题,是指导北京市救济失业员工的基本指导方案。②

1951年9月,北京市初步制定了对城市贫民救助的具体实施措施——《北京市贫民救济方法》,该办法基本涵盖了所有类型的城市贫民救助内容。如"对老弱病残鳏寡孤独,其有亲友照顾或能自理生活者,每人每月补助三万元至四万元(旧币)。如确不能维持自己日常生活者,予以收养(郊区采取互助互济办法,一般不予收养)。对无法谋生的极贫户如捡烂纸、捡煤核及其他劳苦终日不能维持其最低生活者,每人每日补助二万元至三万元(旧币)。对无正常收入或人口众多,难以维持生活的次贫户,给予一次性救济,每人一万元至三万元(旧币),如冬季缺少棉衣、煤火者酌情予以补助。对虽有劳动力、因人口众多不能维持全家生活者,主要包括劳苦市民、小商贩、小手工业者及郊区贫苦农民,

---

① 《北平市疏散人口办法》,北京市西城区档案馆:2-2-88。
② 《关于失业救济问题的报告》,北京市档案馆:1-6-611。

按照生产自救的原则,给予适当补助,扶助其生产,以解决其生活问题"①,等等。此外,还根据此救济方法,对城市贫民的救济情况进行调查分析,以便进一步了解救助的实际效果。

1952年北京市"为了全面彻底的了解北京市贫苦市民的生活情况,以便有计划、有步骤地进行救济,补助其生产资金以达到生产自救目",制定了《北京市贫民调查登记办法》。该办法规定了贫民登记并给予救助的范围:

1. 凡老弱残废鳏寡孤独能自理生活而无任何收入亦无亲友帮助或有亲友帮助但不能维持生活者。
2. 人口众多无劳动力或因丧失劳动力无法维持生活者。
3. 有劳动力无正常收入不合劳动就业登记条件无法维持生活者。
4. 小商贩小手工业因亏本无法继续经营而生活困难者。
5. 郊区无地少地的贫苦农民合于第1、2、3款者。
6. 本市革命烈士家属革命军人家属及革命残废军人享受优待或抚恤仍不足维持生活者。②

从中央以及北京市地方的救助相关法规中可以看出,新中国建立初期,无论中央还是地方都对社会救助工作非常重视。但是,可以看出,这个时期很多社会救助方面的法律法规仍非常不完善,存在着诸多的局限,也给救助制度与规范带来临时性与临事性的种种问题。应该说,这些临时性、临事性的救助措施,虽然暂时取得了比较突出的成绩,但是,这种完全靠政府权力来维系的救助政策却在以后的救助工作中越来越成为束缚社会救助发展完善的瓶颈。

3. 管理救助资金

新中国建立初期,社会救助的经费来源主要有两种:一是中

---

① 《北京市贫民救济方法》,北京市档案馆:196-2-215。
② 《北京市贫民调查登记办法》,北京市东城区档案馆:11-7-54。

央、地方政府的财政预算和拨款。① 这一时期，国家财政经济虽然处于异常困难的时期，1949 年人民政府的全面财政收入仅相当于 303 亿斤小米，财政支出却达到 567 亿斤小米，国家财政极度困难。② 但是，中央财政仍然坚持每年拨出大量的社会救助资金，为处于灾害或失业、贫困的民众提供最基本的帮助。二是政府向社会征集救济金。1950 年政务院规定：凡举办失业工人救济的城市中，所有国营、私营的工厂、作坊、商店的行政方面或资方，以及上述各企业和码头运输等事业的在业工人和职员，均须按月缴纳所付实际工资总额的 1% 作为救济失业工人基金。③ 另外，政府临时向社会发起征集救济金也是常用的募集资金办法，例如中共中央于 1950 年 4 月 14 日发出"关于举行全国救济失业工人运动和筹措救济失业工人基金办法的指示"，由全国总工会号召全国工人，本着阶级友爱之情，于 4 月 30 日做义务工一天，捐出一天工资作为救济失业工人的基金。这种政府向社会征集救济金的方法，基本能够在短时间内筹措部分救济基金，减轻灾害救助的资金压力。除此之外，还有社会各界捐献的救济物资和款项。

关于救济费的发放办法和领报手续规定如下。

（1）县对区在拨付优抚补助费和救济费的时候，应当根据各区实际情况，先分配控制指标，由区作出使用计划报县核定以后，再行拨款。区也应当跟县拨给的款数和各乡不同情况，适当确定各乡的控制数字。

（2）乡在发放救济费的时候，应当贯彻领导掌握与民主评议相结合的原则。一般在发放以前，要做好调查，进行群众评议，由乡人民委员会或乡人民代表大会讨论通过，并造具评议发放花名册报区批准领款，款领到后要及时发放，有信用合作社的乡，

---

① 中华人民共和国内务部农村福利司：《建国以来灾情和救灾工作史料》，法律出版社，1958，第 58 页。
② 武力主编《中华人民共和国经济史》（上），第 179 页。
③ 中国社会科学院、中央档案馆编《中华人民共和国经济档案资料选编·劳动工资和职工保险福利卷(1949~1952)》，中国社会科学出版社，1994，第 168 页。

经信用合作社同意，领款人可持乡人民委员会证明直接到信用合作社领款。在发放的时候，领款人要在花名册上签名或者盖章（也可以按指印）。在发放完毕后，要向群众公布发放清单。在有人民银行或者信用合作社的区、乡，区、乡所领的救济费必须存放在人民银行或者信用合作社，区公所、乡人民委员会不得存放现款。

（3）乡在发放救济费的时候，必须贯彻救济政策，教育与组织灾贫民很好地使用救济费，进行一切可能的生产。

（4）区、乡在报销救济费的时候，乡必须凭发放后的花名册和乡的正式领据向区报销；区必须凭各乡的正式领据和区的支出计算表连同结余款一并向县结报。

（5）城市在发放救济费的时候，应当参照上述发放办法和领报手续办理。①

关于救济经费的管理办法，中央规定如下。

（1）省、自治区、直辖市和较大的市的民政部门设财务科（股），配备足够的干部；县、市民政部门应当配备管理财务工作的专职干部。区、乡应当指定兼管社会救济事业费的人员。在救济工作繁重的省、县，必要的时候还可以在党政统一领导下，由有关部门组织社会救济事业费管理委员会，统一计划布置并检查监督事业费的使用。县、市级以上民政部门必须建立单位会计，区、乡必须建立简易账簿。县、市级以上民政部门财务管理机构的职责，主要是掌管社会救济事业费的预算、决算的制订，监督预算的执行和本级事业费的开支等工作。

（2）管理事业费的干部，应当避免流动，必要调动的时候，应当在监督和查核无误后，方准离职。如果发现有账目不清或者情节可疑的时候，必须认真查究处理。

（3）加强对事业费的检查工作。县、市以上民政部门应当经

---

① 《中华人民共和国法规汇编（1954年9月~1955年6月）》，法律出版社，1956，第182~183页。

常组织力量,重点检查事业费的使用情况,监督事业单位的经费开支。区、乡在发放成批社会救济费后,必须进行一次检查。

(4)对积压、挪用事业费的现象,要切实纠正。对因为积压、挪用和贪污事业费而发生严重恶果的,要追究责任,严肃处理;情节严重的,必须依法惩处。

(5)省、自治区、直辖市民政部门每年应当至少召开一次财务工作会议,专署、县、市也应当根据工作需要召开主管社会救济事业费干部的座谈会,检查总结事业费工作,交流工作经验。①

这些具体、细致的救助资金管理规定,为社会救助的健康发展提供了资金保证。

4. 规范救助程序

社会救助的救助程序,主要是指按照救助法规来规范社会救助的步骤和救助标准。民国时期的救助程序,基本是先由贫困者申请进入救济院,然后经过社会局的调查与审批,如果情况符合救助条件,就可以批准其进入救济院。例如北平市社会局档案记载:外五区本年一月三日呈解:……贾×,年五十八岁,"因失业来平作小买卖又均累赔,又将右手摔伤不能操作苦力,更无亲友可资依靠,故一时心窄,欲行自缢。被警方查到带案"。北平市社会局派员去该人寄居处所核实情况后,回局报告,社会局批准将其收容入所接受救济。② 这一救助程序基本沿袭传统救助程序,中华人民共和国建立以后,社会救助在一般程序上是按照调查情况、奏报上级机关、讨论救助方案、分配救助粮款、总结救助情况等内容顺序实施的,并且,在具体救助工作实施的过程中,救助的程序也根据情况不断地修改、完善。

新中国建立初期,社会救助工作由于制度、法规都处于从无到有的建设过程中,因此,各地的救助工作实施程序并没有真正实现规范化与制度化,各地的救助程序常受到多种因素的影响。

---

① 《中华人民共和国法规汇编(1954年9月~1955年6月)》,第183~184页。
② 《社会局救济院、公安局为丧失劳动力的人送救济院的呈文》,北京市档案馆:J2-6-58。

在全国范围内，北京作为首善之区，其各方面的建设工作都相对严格并且规范。以北京为例，北京城市贫困户的生活救助工作，就制订了具体的救助程序。在《北京市城市贫民救济暂行办法》中具体规定：

  对长期救济户，每一季或半年进行一次群众评议，救济款每月定期发放；临时需要救济的，应深入了解，合乎救济条件的及时予以救助。
  审查、批准均由街道办事处主任负责。
  医疗补助，必须由病人或其家属提出申请，其中需补助款在10元以下的，由街道办事处主任审查批准；在11元以上的，应经群众进行评议，街道办事处主任审查提出意见，报区人民委员会批准。各项救济款发放后，应将发款情况定期张榜公布。
  对于救济户的收入在3元以上的，在计算救济款数时应予扣除。
  享受人民助学金在5元以上的学生，不记入被救济人口之内，所得助学金也不扣除。
  为便于对救济户进行改造和鼓励劳动积极性，在救助时也要根据不同情况区别对待。
  对于劳动人民出身、政治表现积极、并无力参加劳动的部分群众，其生活发生困难时，可按救济标准的最高生活水平，给予救济。
  对于在政治态度没有根本改变的反革命分子，其他坏分子及其家属生活发生困难时，按救济标准的最低数计算其生活水平给予救济。
  对有劳动力也有参加劳动的机会，但拒不参加劳动的，原则上不予救济。
  不属于上述情况的其他贫民，在救济标准规定的限度内给予救济。

同时，为提倡勤俭持家，防止救济户单纯依赖政府救济和乱用救济款，对于平时收入维持生活有余，但不节约积蓄，遇到临时生活困难又确实不能自行解决的，应按此办法所规定临时救济的条件和标准给予借支，令其定期偿还。

对于不节约使用救济款的救济户，可将救济款折发粮食等实物。①

三 基层救助单位的整合

社会救助的基层救助组织，是执行救助政策、推行救助法规、实践救助活动的重要载体，是社会救助的整个体系中的重要环节。本文所指的社会救助基层救助组织，在民国时期，除了官方承办的救济院及其附属的一切救助单位之外，还包括形形色色的民间救助单位，它们在新中国建立初期的官方文件中多被称为"社会救济福利团体"，②在民国时期则被笼统地称为慈善组织，特指专门为济贫、救灾、养老、恤孤及其他以救济事业为目的的团体，既不能兼营为私人牟利的事业，也不得利用其进行宗教宣传。③旧中国留存下来的救助团体数量较多，成分也非常复杂。除了官方主办的"社会局下领导的救济院（该院下设五个单位，习艺所、平民习艺所、妇女教养院、安老所和育幼所）、妇女缝纫工厂、冬令救济委员会、北平市救济福利事业审议委员会"，④还有多种非官方主办的救助机构，较为典型的有：国际性的救助团体，如联合国国际儿童急救基金会，中华救济团，万国红十字会，华北国际救济委员会等。还有很多教会主办的慈

---

① 《北京市贫民救济方法》，北京市档案馆：196-2-215。
② 伍云甫：《关于旧有社会救济福利团体的团结改造问题》，北京市档案馆：196-2-13。
③ 徐百齐编《中华民国法规大全》（1），第889~890页。
④ 北京市档案馆、中共北京市委党史研究室编《北京市重要文献选编（1948.12~1949）》，第304页。

善救济团体在北京影响很大，如"教会办的慈善救济等设施，有天主教的五十余处，基督教的六十五处"。[1] 国内全国性的团体也规模宏大，分会众多，例如规模较大的有世界红卍字会，发展最繁盛的时候，其下属分会遍布全国各地达400多个。国内地方性的团体，按其业务性质又可以分做两种：一种是办有多种业务的一般救济团体，另一种是专门办理收容教养的机关（如孤儿院、养老院等）和从事某种专门业务的机关（如医院、麻风院、盲院）。另外，北京还有很多全国各省所办的地域性慈善救济组织，"据不完全统计，全国21个大、中城市原有善堂（团）、会馆2061个单位。其中会馆（包括山庄、公所、同乡会）较多，约占十分之七"。[2] 会馆也是慈善救济团体或公益团体的一种，各地会馆也多负有临时救济以及帮助同乡的业务，新中国建立初期北京统计"北京的各地会馆有391处"。[3] 会馆对外地来京的同乡也经常给予救济和帮助，是较为重要的非专业性救济机构。

这些数量庞大、成分复杂的救助团体或组织，原是举办各种救助活动的表现载体，一度发挥了重要的作用。民国时期为了规范这些基层救助团体，曾先后颁布了《监督慈善团体办法》（1929年）、《社会救济法》（1943年）、《社会救济法施行细则》（1944年）和《救济院规程》（1944年）等法律法规，对这些救助团体的救助实施范围、救助标准等内容做了具体而明确的规定。新中国建立以后，北京、上海等城市中很多原有救助团体面临着何去何从的选择。从档案材料中可知，由于北京、上海等大城市在和平解放以后，很多救助单位或慈善组织的"上层人物星散逃亡，下层群众认识提高，会员越来越少，组织多趋于瓦解。同时，由于经济来源断绝，业务也多陷于停顿。它们拥有不少房产，但大

---

[1] 倪斐君：《关于调整旧有的社会救济福利团体工作的报告》，北京市档案馆：196-2-24。

[2] 倪斐君：《关于调整旧有的社会救济福利团体工作的报告》，北京市档案馆：196-2-24。

[3] 胡春焕、白鹤群：《北京的会馆》，中国经济出版社，1994，第4页。

多年久失修，残破不堪，租金收入一般仅够维持日常开支……"[1] 有些慈善救济团体确实需要调整、改造，甚至取缔的。例如法国天主教仁爱修女会在北京主办的仁慈堂孤儿院，其收养孤儿死亡率高达91%，[2] 这就需要尽快调整。这些客观原因，也直接导致了很多救助机构的实际解体。由此，针对不同慈善救助机构和团体的实际情况，在广泛调查研究的基础上，各个城市对这些救助机构提出了不同的处理措施。

1949年新政权的建立，使中国社会迅速地走入了新国家、新社会的重建道路。众所周知，这条重建之路是伴随着全方位的社会改造而开展的。在这一过程中，慈善组织的命运是如何发展的，慈善组织与国家政权的关系是如何演变的，目前学界对此关注尚少，[3] 且研究的目光多集中于新政权建立以后慈善组织的"被改造"历史，即从国家的政策发展的主线来架构历史，这在一定程度上导致了对该问题研究的单一性，忽略了对中国社会变迁过程中丰富的、立体的多层面展示。其实，以往简单地按照1949年新中国建立为历史转折点，来划分慈善组织的变迁历史是不够科学准确的。不可否认，新政权的建立确实带来了慈善组织的管理、业务等各方面的变化，但变化的同时也表现了鲜明的延续性，即在强调转折与变化的同时，也要关注到慈善事业、慈善组织的延续性。这种情况一直持续到1950年12月，中央人民政府政务院通过《关于处理接受美国津贴的文化教育救济机关及宗教团体的报告》，才真正掀起了改造慈善组织的风暴。此后，慈善组织陆续结束，慈善业务逐渐取缔，慈善观念被颠覆，慈善群体也一度走向

---

[1] 伍云甫：《关于旧有社会救济福利团体的团结改造问题》，北京市档案馆：196-2-13。
[2] 北京市地方志编纂委员会：《北京志·政务卷·民政志》，第296页。
[3] 参见高冬梅《新中国建立初期的慈善救助事业》，《理论前沿》2008年第19期；蔡勤禹、张芝辉：《当前我国慈善组织关系探析》，《社会保障研究》2010年第1期；郑功成：《中国慈善事业的发展与需要努力的方向——背景、意识、法制、机制》，《学海》2007年第3期；郭大林等：《建构慈善事业的社会治理模式——基于对中国慈善组织行政化的分析》，《云南农业大学学报》2010年第6期；等等。

消亡。从这个视角来看，在 1949～1956 年中国慈善组织的命运发展变化中，还是有很多问题值得重新认识与进一步思考。

(一) 团结与改造

1949 年中国社会的历史翻开了新的一页。新中国建立初期，社会的组织化加速进行，社会改造、社会建设蓬勃展开。在中国共产党领导下谱写的社会改造与建设的新篇章中，民国时期曾经发展迅速的慈善团体，在新政权的高压下，似乎集体陷入了失语状态。关于这一时期内慈善团体与国家政权的关系是如何发展的，二者的关系到底是"单向式交流"还是"耦合式互动"，还需要在二者关系演变的过程中来进一步思考。①

新政权建立初期，百废待兴，各种事情千头万绪，因此，这一时期新政权对民国时期留存下来的慈善团体，无论是国际性的，还是国内私立的，暂时秉承的都是"不承认、不取缔"的态度。这一处理态度，在各个城市接管时期留存的档案材料中可以清晰得见。例如，北京城市解放之后，在市人民政府民政局第一调查组所留下的调查慈善团体的报告中，详细阐述了当时对待慈善团体的"不承认、不取缔"的处理态度。该报告称：在新解放的城市中，"面对蒋匪政府与国际性救济机关协议设立的办事机构，不管其为官方还是非官方的，一律采取不予承认的政策"，即暂时采取"不承认、不取缔"的处理办法。②而上海城市关于慈善团体的调查报告中，对多数慈善团体也均称"未获政府登记通知"，或"等待政府批示"等，③虽然在一些救济活动中仍然有慈善团体的身影，但是他们并未获得新政权的正式承认。

---

① "单项式交流"：主要指以往研究这一问题中存在的只关注慈善团体的被动式改造内容而言；"耦合式互动"则主要是指部分学者对这一时期慈善团体与国家政权的关系形式的另一种概括，参见高冬梅《新中国建立初期的慈善救助事业》，《理论前沿》2008 年第 19 期。
② 《关于调查本市慈善团体（国际性慈善救济机关）情况的报告》，北京市档案馆：196-2-189。
③ 《救济福利团体调查表》，参见上海市档案馆：B168-1-796-1。

很多国际性慈善团体,例如北京、上海在新中国建立初期存在的联合国国际儿童急救基金会、中华救济团、华北国际救济委员会、万国红十字会,再加上天主教系统的和基督教系统的,大约十几个团体,他们除了牵涉国际影响之外,有的"还有一部分物资"……因此,虽然新政权原则上对这些曾经与民国政府合作的国际性慈善组织是"不能承认的",但是如果对"其机关和人员明令取消和解散又是不妥的",因为,"若将机关取消人员解散,对这些物资我们就无法处理了,如果将物资接收过来,因为它是联合国的组织,就更加不对了……"所以,"应该采取不管态度,随其发放,因为它的物资来源已经断绝,现有的一点物资发完就完了,没了物资其组织机构自然就会消灭……"① 可以看出,不承认、不取缔的处理方式,只是临时政策,这在新政权建立初期,暂时给忧虑不安的慈善组织一隅宁静的天空。

这种状况并未持续多久。1950年4月29日,新中国的群众性救济组织——中国人民救济总会在北京宣布成立,其前身是于1945年成立的中国解放区救济总会。新中国建立初期,中国人民救济总会及其各地救济分会,会同各城市、各地区的人民政府,暂时成为整合慈善团体的领导机关,对各地的民间慈善团体陆续采取了初步的调整措施,努力把"旧有救济福利团体"组织起来,建立统一由政府或各地救济分会领导的新局面。这种调整措施,在各地实施时并不一致,较有代表性的有"哈尔滨模式"和"上海模式",不同城市采取的方法不同,这说明此时新政权对民间慈善团体的处理政策正处于探索阶段。

中国东北的哈尔滨市解放较早,1948年9月哈尔滨市人民政府接受哈尔滨市慈善总会、白卍字会、红卍字会等团体的要求,把它们的人力、物力、财力合并,成立哈尔滨市社会事业协会,除原有团体负责人中的积极人士参加外,还吸收各界热心公益人

---

① 《关于调查本市慈善团体(国际性慈善救济机关)情况的报告》,北京市档案馆:196-2-189。

士参加主持。政府只在方针政策方面予以指导，经费基本上依靠该会自筹。即根据自愿的原则，把原有的民间慈善团体合并，成立由政府统一领导的机构。1949～1951年间，该协会办了很多慈善领域的公益事业，计有托儿所、职业介绍所、残老院、孤儿院、助产育婴所、妇孺救济所、殡仪馆、电影院、麻织厂、石膏厂等。"哈尔滨模式"一方面坚持发挥原有民间慈善团体办理社会公益事业的力量，另一方面也兼顾了新政权对慈善事业的统一领导与统一经营，为稳定社会秩序提供了帮助。①

上海市原有的慈善团体多，而且性质复杂，因此，上海市探索了新政权与地方慈善组织的团结合作的方法，在不影响慈善组织的独立性的前提下，将这些慈善团体团结在当地新政府，或地方政府筹建的救济分会周围，在统一的方针政策领导下，办理当地的救济福利事业。中国人民救济总会上海市救济分会成立后，除吸收一些慈善界人士参加工作外，又组织了协商性质的各种专门委员会，如妇婴工作委员会、儿童工作委员会、一般救济团体工作委员会等。委员会的委员是聘请的，多数是各重要慈善团体的负责人，救济分会通过这些专门委员会联系和领导各慈善团体，有事共同协商，分工合作。②例如，1949年12月为了支援全国解放战争，恢复和发展经济，中央人民政府决定发行人民胜利折实公债，上海市人民政府号召各团体积极购买，上海慈善团体联合会（成立于1927年）立即"响应人民政府推销胜利公债，于十月间集合本市慈善团体，组织上海市推销胜利折实公债慈善团体支会，并承销公债15040份"。③

"上海模式"把原有的慈善团体团结在自己的周围，领导他们共同办理救济福利事业，创造了很好的成绩，其特点是在统一领

---

① 伍云甫：《关于旧有社会救济福利团体的团结改造问题》，北京市档案馆：196-2-13。
② 伍云甫：《关于旧有社会救济福利团体的团结改造问题》，北京市档案馆：196-2-13。
③ 《救济福利团体调查表》，上海市档案馆：B168-1-796-1。

导、分散经营下稳健而有效地促进团结改造的工作。"上海模式"所体现的根本指导思想就是，对于原有慈善团体，"凡对人民有好处的，要鼓励其发展，使其主动地、积极地、毫无保留地贡献出一切的人力、物力和财力，为人民大众服务；同时，要加强领导，以求达到救济福利事业工作方针的统一，工作计划和范围以及人力、物力、财力的有机配合和宣传与行动的一致。为鼓励有积极作用之旧有救济福利团体的发展而又不放弃对它们的领导"。这不但体现了党和政府对慈善团体的"团结改造"方针，还较为灵活，根据各地形势不同，对慈善组织的改造，"组织形式也不强求一律"，而以"使它们起积极作用为原则"。① 因此，"上海模式"被认为"在多数城市都是比较适宜的"慈善事业改造模式。

　　换个视角来看，这一时期慈善团体对新政权也多数采取了合作的态度。1949 年前后，面对中国政局的变化，慈善团体陆续做出不同的"应变"反应。面对复杂的国内形势，有的慈善团体选择了解散。如华洋义赈会，在上海解放后，华洋义赈总会与各地分会协商，于 1949 年 8 月 24 日宣告解散。② 有的慈善团体，"因其组织者原地主、官僚或外国传教士等在解放后星散逃亡，组织涣散，经费困难"，且"不少因负责人逃亡，成无人负责状态"，加上部分慈善团体或者机构的房屋"年久失修、坍塌倒坏"等原因，使慈善活动基本处于停滞状态。③ 但是，在新旧政权交替的特殊时期，更多的慈善团体还是选择了坚持，继续开展一些临时性的、小范围的济贫、济弱的慈善业务。并且，面对政府方面较为温和的团结改造政策，很多慈善团体备感安慰，在新中国建立初期的救济工作中积极合作，发挥了重要力量。

　　地方慈善团体多数都拥有部分房产、田地，而房租、地租甚

---

① 《关于调查本市慈善团体（国际性慈善救济机关）情况的报告》，北京市档案馆：196－2－189。
② 薛毅、章鼎：《章元善与华洋义赈会》，中国文史出版社，2002，第 193 页。
③ 伍云甫：《关于旧有社会救济福利团体的团结改造问题》，北京市档案馆：196－2－13。

至是很多团体的重要经济来源。创建于1912年的上海闸北慈善团，本为救助收容闸北一带贫苦民众而成立的地方性善团，其"经费支出全为按月房地租收入，约计折米十数石，抵充经常开支……"新中国建立以后，该团将下属房产交由新政府使用，"原有旧式洋房（即惠儿院原址）上下九间，交由闸北区政府使用"，"前育婴堂楼房上下五幢二厢房除由本团自用一部分办公外，现由卫生局诊疗站使用"，"附属本团之霄云坛楼房上下五间，楼下大部分由闸北区政府使用"。①

上海的沪东理教普元堂施材会，成立于1930年12月，是信仰理教的私立组织，在新政权建立之后，沪东理教普元堂施材会接受上海市政府、救济分会领导的各种慈善救济事业。例如，1950年1月13日接"上海市冬令救济委员会委托本堂代煮难民施粥"，于4月7日结束。随后，4月20日又由"上海市生产救灾委员会继续委托办理"难民施粥工作，并于5月30日结束。这段时间沪东理教普元堂施材会共给难民施粥202439人份，消耗食米65503斤，用煤17707斤，木柴28125斤……②不但解决了新政权建立初期工作人员不足的困难，还使对慈善工作并不熟悉的政府人员能够尽快学习。

而成立于1942年德本善堂，则将自身储备的大米、棉衣等物资交给上海市救济分会，1950年"交冬令救济会大米七十石，棉衣三百五十套，大小旧衣服四百六十件；并担任政府办理难民收容所妇产分娩费用"，③积极参与上海市的各种救济活动。

世界红卍字会上海市分会，成立于1923年，"联合世界各种民族部分阶级、宗教，不涉政治，以真诚爱人救世之人士共同努力办理救济事业"的私立团体，新中国建立后该会主动将组织情形工作概况汇报给民政局备案，同时"配合民政局及防空处服务救护空袭被炸死伤民众工作，及办理临时救济工作，配合卫生局

---

① 《救济福利团体调查表》，上海市档案馆：B168-1-796-1。
② 《救济福利团体调查表》，上海市档案馆：B168-1-796-1。
③ 《救济福利团体调查表》，上海市档案馆：B168-1-796-1。

服务防疫性注射工作，响应政府折实公债，参加生产救灾会，协助工作并代收救济物资，捐助同仁辅元堂施材费，参加1949年冬令救济会……"该会持续办理的业务包括"上海医院、卐慈中学、卐慈第一、二、三、四小学、救护队、图书馆"等。①

可以看出，这一时期国家政权与慈善团体之间的关系并非剑拔弩张的强迫改造关系，而是团结为主，改造为辅。一方面，新政权刚刚建立之时，需要团结社会各方面力量，迅速巩固政权，安定民生，发展经济。坚持"团结改造旧有的救济福利团体"政策，通过各种适当的委员会的组织，不仅能够将这些慈善团体团结在新政权的周围，使它们在统一领导下积极参加社会救济福利事业，而且还能"充分吸收救济福利团体中的进步分子，团结中间分子，教育争取个别有群众基础的落后分子参加工作"，最终争取达到"依靠人民力量建设新中国救济福利事业"的重要目标。②另一方面，对慈善团体来说，通过各种适当的委员会组织而走向联合与同业合作，不仅能够壮大慈善救助的力量，而且是民国时期慈善事业就出现的一个发展趋势。因此，这一时期形成了国家政权与慈善组织的温和互动形势。

这一形势很快就发生了变化。1950年10月中国政府出兵抗美援朝，12月美国政府宣布冻结中国在美国国内的财产，并对中国实行经济封锁。中国中央人民政府政务院也公开回应，宣布管制美国在华一切财产，冻结美国在华公私存款，并于12月29日通过了郭沫若所作的《关于处理接受美国津贴的文化教育救济机关及宗教团体的报告》，并提出"政府应计划并协助人民使现有接受美国津贴的文化教育救济机关和宗教团体实行完全自办"的号召，随后，在慈善领域掀起了改造慈善团体的高峰。在铺天盖地的社会运动、舆论宣传与组织改造的浪潮中，慈善团体经历了冰火两重天。

---

① 《救济福利团体调查表》，上海市档案馆：B168-1-796-1。
② 伍云甫：《关于旧有社会救济福利团体的团结改造问题》，北京市档案馆：196-2-13。

（二）变革的风暴

以 1950 年 12 月中国中央人民政府政务院通过《关于处理接受美国津贴的文化教育救济机关及宗教团体的报告》为起点，慈善领域掀起了对"旧有救济福利团体"进行整合与改造的高潮。这种整合与改造，和中美政治上的对立，以及中国志愿军抗美援朝运动直接相联，也属于这一时期全国掀起大规模的清除美国文化影响的系列行动中的内容之一。在这样的历史背景下展开的对慈善团体的改造，不仅包括对慈善团体的组织、人员、业务、管理等方面的整合，还包括对普通民众的慈善思想、观念的彻底改造。

1. 全景分析——对原有慈善团体的改造方法

对于影响较大的国际性的慈善团体，基本以结束业务、接收财产为主。据 1950 年 12 月统计，新中国建立以后延续下来的国际慈善团体共 9 个，其中，基督教世界服务委员会中国分会、全国天主教福利委员会、基督教门诺会互助促进社、美华儿童福利会华北区办事处、中华慈幼协会及全国学生救济委员会 6 个团体，其业务早已结束，1951 年全部并由中国人民救济总会负责接收。公谊服务会已无人负责主持，1951 年 8 月 29 日自行宣告结束，并将财产移交民政机关予以代管。中华麻风协会和中国盲民福利协会，1951 年由中国人民救济总会接收并进行调整改组。[1]

对于城市中接受外国津贴的或外资经营的慈善组织，则由民政局与当地救济分会联合接收。以北京为例来看，截至 1951 年 3 月 28 日，北京市民政局与救济分会已经先后接收了有外国津贴资助的慈善机构 16 个，包括由美国经营的 3 个（迦南孤儿院、大常育幼院、甘雨胡同养老院），受美国津贴的 3 个（北京育婴堂、香山慈幼院、华北协会养老院），法国经营的 4 个（宠爱堂孤儿院、

---

[1] 伍云甫：《关于旧有社会救济福利团体的团结改造问题》，北京市档案馆：196-2-13。

仁慈堂孤儿院、万乐安老育幼院、东堂养老院),荷兰经营的1个(怀仁分诊所孤儿收容部),英国经营的3个(救世军培贞院、救世军培德院、启明瞽目院),意大利经营的1个(母佑儿童工艺院),经济来源不明者1个(守经育幼院),总计收容儿童2524人,老弱人员145人。① 以上海为例来看,上海市"四十多个收容教养机关中,差不多有三十个是孤、贫儿童的收容教养机关,以基督教、天主教教会或其教徒所办的为最多。上海市的三十个孤、贫儿童收容教养机关,有十一个是基督教性质的,有六个是天主教性质的,两类各收容儿童一千多名"。② 这些慈善机构,在1951年被分情况集中处理,有的由救济分会接管,例如,新心堂、爱育堂、一心教养院、基督教门诺会儿童工学团等;有的由救济分会接办,如儿童教养所、上海慈幼教养院、基督教布道会儿童乐园、上海怀幼院等;有的被救济分会改组,如若瑟孤儿院;有的被协助结束,如上海儿童行为指导所、仁善育婴堂等;有的被接管后转交其他单位,如伯特利孤儿第一院、伯特利孤儿第二院分别被接管后转交上海市教育局办理,基督教世界服务委员会下属的托儿所及闸北儿童福利站,均由救济分会接管后转交中国福利基金会办理。③ 1951年上海市总计处理了接受美国津贴、外国津贴的慈善机构与团体46个,此外尚有未处理的单位及外侨团体18个,在随后的几年中陆续得到处理。

对于国内的慈善团体,则根据不同的情况分别予以处理。

规模较大的慈善组织,如世界红卍字会中华总会,成立于1922年,在中国发展已有近30年的历史。新中国建立初期该组织在全国各地的分、支会有300余处,尚与总会保持联系的有100余处。新政权建立初期,世界红卍字会北京分会、上海分会积极参加新政权领导下的救济、慈善事业,而其日常办理的小学校、中医诊疗所、义地公墓及夏施茶、冬施衣粮等活动一直持续进行着。

---

① 北京市地方志编纂委员会:《北京志·政务卷·民政志》,第299页。
② 《美津、外津登记机构处理情况》,上海市档案馆:B168-1-84-43。
③ 《美津、外津登记机构处理情况》,上海市档案馆:B168-1-84-43。

但是，由于世界红卍字会发源于道院组织，宣扬"五教合一"等迷信思想，并且，新中国建立以后"有些分、支会实际已陷于停顿，只有诵经打坐等迷信活动，靠寄存祖先牌位收香火钱勉强维持"，① 因此，最终该组织被作为封建迷信团体而被取缔，其所办的慈善事业，由中国人民救济总会负责接收。

对于规模较小的慈善团体，如分散在全国各地的地方善会、善堂，以及地方同乡会和会馆等，这类组织多办理过临时性的慈善业务，如施棺、施药、施茶、掩埋等，也有兼办小学校和中西诊所的。但是，新中国建立初期，这些团体因负责人"选择出逃"，或经济来源断绝，慈善事业多数"废弛停办"，业务陷于停顿而自行解散。② 因此，在改造慈善团体的大潮中，这类团体属于"封建色彩较为浓厚，所办业务多是消极的临时性质的"，虽然它们"在社会上仍有一些作用"，③ 但是由于不适合新政权的需要，多数被陆续取缔。上海市的旧社团数目很多，1948 年 12 月上海市政府社会局公布，上海市各类社会团体数目 1320 个。④ 在新政权建立初期，这些团体陆续被处理，如湖北同乡会、湖北会馆、义济善会、延绪山庄、江阴会馆、江淮同乡会等组织，先后于 1953 年被并入上海市第一残老院；四明公所于 1952 年并入上海市第六残老院，改为残老管教所；上海慈善团、普善山庄于 1954 年改组为殡葬服务站，后因 1956 年机构撤销并入殡葬管理所；公济善堂、广肇公所、南海同乡会、中山同乡会、番禺同乡会、粤侨商业联合会等团体于 1954 年由民政局接管，成立上海贫民医院。截止到 1954 年底，上海市成立了 6 个残老院、两个贫民医疗机构及殡葬

---

① 伍云甫：《关于旧有社会救济福利团体的团结改造问题》，北京市档案馆：196 - 2 - 13。
② 《浙江省民政志》，中国社会出版社，1994，第 218 页。
③ 伍云甫：《关于旧有社会救济福利团体的团结改造问题》，北京市档案馆：196 - 2 - 13。
④ 《上海通志》第 8 卷，参见上海市地方志网站 http：//www.shtong.gov.cn/node2/node2247/node4569/node79185/node79189/userobject1ai103447.html。

服务站，在1956年社会主义改造高潮中全部由民政局接管改为公办。① 总体来看，从1950年12月开始，到1956年社会主义改造完成，旧有慈善团体或停办、或由国家接办、或改组为其他机构，从而最终消失。

除了从组织上和业务上逐渐取缔慈善团体之外，还配合新中国建立初期清除美国文化影响的一系列措施，注重从社会文化层面清除城市居民的"亲美、崇美"思想基础。② 而美国通过文化、教育、宗教等角度在中国办理的各种慈善事业，则成了美帝国主义公开地"侵略和劫掠"中国人民时所戴的"仁慈"假面具、"伪善"的面纱和"裹着糖衣的毒素"……③这种宣传不仅仅通过报刊媒体传播给大众，还通过树立典型、召开群众大会或批判大会的形式来扩大影响。广州的圣婴育婴院、南京的慈爱育婴院、南京的圣心儿童院、北京迦南孤儿院、福州仁慈堂、九江仁慈堂、杭州仁慈堂育婴院、天津育幼院与仁慈堂等单位，都是这一时期搜集整理的、反映帝国主义在中国如何"伪善"地利用"慈善机关"的名义，残害中国儿童的典型案例。④ 其中，有精确的统计数字，例如，"广州圣婴育婴院的婴儿死亡率竟高达百分之九十八，其他各地最低也在百分之六十以上……"⑤ 也有亲历者的血泪控诉，例如，1951年4月28日出席处理接受美国津贴救济机关会议的代表刘翠英，就现场控诉了武昌花园山天主堂若瑟善功会修道院育婴堂虐杀婴儿的罪行；代表常铮，控诉山西大常镇大常育幼院院长司提芬（美国教士）虐待儿童的罪行；上海盲童学校学生盛全森，控诉了该校校长傅步兰（英国）借办救济事业的名义赚

---

① 《救济分会联络组所处理的公益团体材料（1952－1955年）》，上海市档案馆：B168－1－84－35。
② 参见杨奎松《新中国成立初期清除美国文化影响的经过》，《中共党史研究》2010年第10期。
③ 《人民日报》1951年4月27日。
④ 中国人民救济总会编印《帝国主义残害中国儿童的罪行》，1951。
⑤ 《人民日报》1951年5月5日。

钱的罪行……①继控诉大会之后，又陆续对部分外籍教士做出处理，例如，1951年11月30日，中国人民救济总会北京市分会召开的仁慈堂会议决定，立即"由北京市公安局代表宣布逮捕虐杀中国儿童的仁慈堂前院长、帝国主义分子雷树芳（法籍修女）"。②

经过一系列整顿、改造工作，国家政权基本上建立了对慈善事业的统一领导，削弱了慈善团体的自主性与独立性。这是国家政权对慈善领域的逐步接管阶段，也是中国民间慈善渐行渐远、最终消失的时期。这一过程与中国社会关系的变迁、经济的建设发展、社会的高度组织化、国家对民众的社会动员、全社会的共同意识、共同价值观的建立，等等，都息息相关。直至1956年社会主义改造全面完成时，国家对慈善团体的改造才基本结束，原有的慈善团体或基本停办、或被政府接管、或被改组为其他机构，民间慈善力量最终在中国社会消失。

2. 个案考察——北京基层救助机构的变革

为了更加翔实地了解基层救助组织的变革与重建情况，本书再利用个案——北京基层救助机构的变迁与重建，来进一步说明与论证。北京由于特殊的政治地位与自然地理环境使然，它的救助事业源远流长，内容丰富。北京的社会救助基层组织不但数量较多，而且设施较好，管理经验丰富。新中国建立以后，鉴于北京现有的比较丰富的救助基层组织，在北京市民政局与中国人民救济总会北京分会的组织下，基本对原有的基层救助单位采取多种不同的措施，逐渐整合、改造、重组，最终达到最大限度地利用现有救助资源的目的。并且，通过制定救助政策、设置救助法规、规范救助程序，建立起全新的人民救助系统。

根据董必武副总理在1950年4月全国救济代表会议上的指示：除某些名存实亡或已完全失去其作用或假冒伪善的救济团体应立即宣布取消之外，凡必须改造并可以改造的救济团体，在全

---

① 《人民日报》1951年5月5日。
② 《人民日报》1951年12月1日。

国救济机构（即中国人民救济总会）成立以后，即应由其领导进行改造。① 而且，调整这些慈善救助机构的总体方针应是：对一般有条件办理救济福利事业的团体予以团结和改造，发挥其人力、物力的作用，改变其封建落后性质，使之为人民的救济福利事业服务；对名存实亡、组织瓦解的团体促其结束；对反动的团体则报请政府予以取缔。要"团结改造旧有社会救济福利团体，只是发动社会力量工作的一部分，但是不可忽视的一部分。其目的在使这些团体和个人在人民政府的领导下，在统一的方针政策下发挥其积极性，做到真正为人民服务。对于这些团体的改造，要适合具体情况，以能使他们发挥积极作用为原则，继续举办社会救济福利事业；对于少数反动分子所操纵、或假冒伪善、或名存实亡的团体应经上级核准，酌情予以取缔、接管或代管；有部分缺陷而有相当事业基础并有改造条件的团体，可在办理团体登记时，督促劝导其进行必要的改革"。②

依据这个精神，北京市通过对各种救助组织和团体的调查、了解，结合"变消费城市为生产城市"的目标，为了最大限度地利用现有的救助单位的资源及各种设备，通过合理的调配与整合资源，重新建立新的基层救助体系，制订出以"关、停、并、转"为主要形式的处理方式。

所谓"关"，是指对负责人逃散的、业务停滞的，或涉及封建迷信宣传的部分旧社团，采取关闭处理的方针，"旧社团中有不少名存实亡、组织瓦解的单位，这种单位已没有存在的价值，如长久不予处理，不仅人民财产受到损失，并且易为反革命分子所利用，对于这些单位要促其结束"，其财产则收归人民政府所有。③

所谓"停"，是对部分仅有房屋，没有业务或业务很少的单位，采取了停办的方式进行调整。促其自行结束或取缔。很多旧

---

① 伍云甫：《关于旧有社会救济福利团体的团结改造问题》，北京市档案馆：196-2-13。
② 陈其瑗：《城市救济福利工作报告》，北京市档案馆：196-2-13。
③ 陈其瑗：《城市救济福利工作报告》，北京市档案馆：196-2-13。

社团的财产较多或有一定业务基础，为了发挥其人力、物力的作用，办好人民所需要的救济福利事业，可令它们逐渐结束业务，在北京市政府和北京市救济分会的领导下管好财产。

所谓"并"，主要是成立联合组织，统一管理财产，统一办理业务。旧社团中有很多单位仅有房屋，业务很少，为了保护和发挥这些单位的人民财产的作用，并逐渐改造这些单位组织上的封建地域性，全国多数地区"都成立了旧社团的联合组织"，这种组织可朝着集中力量，统一管理财产、统一办理业务的方向发展。联合组织仍是社会公益团体，应加强对它进行监督管理，但不可包办代替，陷于被动。关于产权的处理规定自办救助机构的房产及产权不变。参加联合组织各单位的房产，如原单位组织存在，其产权不变；如原单位撤销，则产权属于联合组织。

所谓"转"，是指将原慈善救助机构转办为生产单位，如北京市民政局就将接管的各个旧救济机构进行了转办，原来的习艺所、平民习艺所合并，改为军属、烈属的生产工厂；原妇女教养院、妇女缝纫工厂进行改组、裁撤，原安老所和育幼所内的收容人员，也重新审核加以调查，有亲属的由亲属接回，无家可归的给予收容。总之，根据救助机构、团体的实际状况，北京民政局及中国人民救济总会北京分会的工作人员，在对它们详细调查的同时，初步制订了一系列的方针政策和改造措施，以便在最大程度上利用现有资源条件，整合并改造这些救助团体，争取使他们为人民的救助事业服务。

在调整基层救助单位的过程中，根据需要裁撤或变更了一些原来的救助单位，如变"育幼所为公立完全小学，其中的中学生一部分考革命大学，一部分转农职校；变习艺所为生产部门，在3个月内争取自给；妇女教养所内有技术者去缝纫厂，一部分做保姆，其余改为洗衣纺线等。除安老所、育幼所外，均从事生产"。[①]

[①] 北京市档案馆、中共北京市委党史研究室编《北京市重要文献选编（1948.12~1949）》，第317页。

另外，以北京市救济分会为领导，先后协助北京市政府接管了由美国、法国、荷兰、英国、意大利等国经营或补助津贴经管的救济慈善机构30个，并将部分机构改建为北京市人民政府领导下的社会救助单位。

总体来说，在对这些救助机构和团体调整改造的工作过程中，基本形成了改造这些救助团体的原则与共识。

关于原有救助机构和团体的财产问题。必须在整理财产以后，组织修缮房屋，完纳国税，并继续作为办理救济事业之用。原来办的诊所等医疗机关，如条件许可时，可适当发展专门办理贫苦市民或生产教养机构中收容人员的医疗工作。此外，原有的救助组织可以协助北京市救济分会，运用自己的救助经验，办理部分残疾、孤寡老人的收容工作或办理托儿站、托儿所等福利事业。

关于原有救助机构和团体中的人员思想教育问题。调整、改造原有救助机构工作中，一个重要的方面就是对原有救助人员的改造。为了做好旧社团的调整工作，北京市规定，必须对原有的救助人员进行思想教育，使他们了解旧社团的性质与改造的前途。"调整工作应从组织学习入手。一方面提高原有人员的政治和业务水平，另一方面也可以了解各单位的情况，使我们心中有数，便于决定进行工作的步骤和方法。为团结多数，便于工作，必须注意在社团的上、中、下层人员中培养积极分子，并充分利用和发挥她们的积极作用。"

关于职工处理问题。北京市救济分会或联合组织应以负责的态度，协助被取缔的和结束的救助单位自行安置其人员。对有工作能力的原有救助人员，尽量予以留用或介绍转业，年老无依靠的、无工作能力的则可酌情一次发给退休金，或给予社会救济，必要时亦可予以收容。[①]

[①] 陈其瑗：《城市救济福利工作报告》，北京市档案馆：196－2－13。

经过一系列的机构整合和组织改造,北京市儿童教养院于1951年在接管原仁慈堂孤儿院的基础上创建起来。从1952年开始,北京市民政局和北京市救济分会开始大量处理接收其他外国津贴的救济机构,先后接办了宠爱堂、孤儿院,更名为儿童教养院分院,收原有儿童并入总院。对停止接受英国津贴而经费困难的启明瞽目院,每月补助600万元到700万元。据统计,1952年12月北京救济分会下属福利机构主要有:儿童教养院(原仁慈堂)、儿童教养院一部(原迦南孤儿院)、儿童教养院分院(原宠爱堂)、东堂养老院、甘雨胡同养老院、怀仁孤儿收养所、西郊疗养院、和平保育院等。1953年救济分会又接办了救世军培贞院和培德院。1953年6月29日,北京市民政局生产教养院归并救济分会统一管理。截至1954年年底,国外教会在北京所设的儿童救济机构全部由北京市民政局、北京市救济分会接管。到1955年10月,北京市救济分会下属单位主要有第一儿童教养院、第一养老院、第二养老院、第三养老院、劳动教养所和西郊疗养所。①

客观分析,中华人民共和国的建立带来了一种截然不同的崭新社会制度——社会主义。不同的社会制度,也带来了截然不同的社会救助体系。北京社会救助体系,一方面是针对城市贫民制订有效的救助实施方法,另一方面,通过对北京原有的基层救助组织与团体的整合、改造、利用,规范了北京救助工作的基本救助法规与救助机制。并且,通过制定救助政策,健全救助机制,建立中枢系统统一指挥社会救助的运行程序,等等,这些都代表着北京社会救助体系的初步建立。

四 小结

综观新中国政府与慈善团体的关系发展、演变过程不难发现,中国共产党建政初期对于慈善团体并没有彻底否定、一举清除之

---

① 北京市地方志编纂委员会:《北京志·政务卷·民政志》,第299页。

设想。首要的任务还是如何能够巩固政权,迅速地恢复生产,稳定国民经济。毛泽东也曾再三提出,工作要分清轻重缓急,不搞四面出击。因此,对慈善团体的改造较为温和,团结为主,改造为辅。在认为此类团体"封建色彩较为浓厚,所办业务多是消极的临时性质的"之时,还是提出它们"在社会上仍有一些作用"。而在新政权尚未建立稳固的统治基础之前,要"充分吸收救济福利团体中的进步分子"参加工作,争取达到"依靠人民力量建设新中国救济福利事业"的重要目标。① 而慈善团体也确实发挥了应有的作用,据统计,1950~1953 年,"上海市的旧社团,在救济分会领导下,每年助产 7000 人,收尸掩埋 2 万多具,施诊给药 112 万余次,4 个联办收容机构收养残老 1600 余人……"② 这也说明了慈善团体这一时期对社会救济事业的贡献,以及与政府的积极互动。

另外,新中国建立初期,尚处于新民主主义革命阶段,政权性质具有联合政府的性质,因此,中共在社会各个方面的治理保留着适当的宽容与灵活。毛泽东对此讲的:革命政权要巩固,就必须争取各方面力量,"不让帝国主义把他们拉过去","争取了他们,帝国主义就完全孤立了……"③ 在这种情况下,"团结改造"就演化成"温和的团结、渐进的改造",不但对慈善团体注重思想宣传,"尽量搞通工作人员和被救济人员的思想,然后在组织上要抓紧争取和动员慈善团体中的积极分子及社会各方面的进步人士",在业务改造方面,则"改组其领导机构,实行民主管理,账目公开,提倡生产节约,鼓励自救互助",还"注意扶植其有显著成绩的和社会所需要的事业,并将性质相同的机关组织起来,使其既能密切合作,又有明确分工,避免人力、物力、财力的浪费,并使各单位逐步走上专业化的道路,以提高业务的

---

① 伍云甫:《关于旧有社会救济福利团体的团结改造问题》,北京市档案馆:196-2-13。
② 倪斐君:《关于调整旧有的社会积极福利团体工作的报告》,北京市档案馆:196-2-24。
③ 《毛泽东选集》第 4 卷,第 1488 页。

水平"。① 可见，对慈善团体调整发展的同时，争取最大效率地发挥慈善团体的能效才是关键。

在这种情况下，这一时期社会救助管理机构建设的主导思想，概括起来主要有四个方面。

第一，迅速稳定社会秩序，安定人民生活。新中国建立初期，由于战争刚刚结束，遗留下来多种社会问题，灾民、难民数量激增，散兵游勇到处游荡，很多领域甚至处于政权交接的真空。对于新中国政府来说，迅速地稳定社会秩序，安定人民生活是建立统治、巩固胜利的首要重任。

第二，救助贫困居民，通过多方面、多层次的救助工作，稳定政权，收拾人心。20 世纪 40 年代，中国在社会经济方面刚刚经历了疯狂的通货膨胀、物价飞涨，社会经济濒临破产境地，工厂倒闭、工人失业，囤积居奇、投机盛行，普通民众的生活陷入极端困苦的状态。因此，新政府建立之后面临的又一项重任就是救助普通百姓。

第三，民国时期遗留下大量的基层救助组织与私营慈善团体，必须将它们进行整合与改造，才能使它们能够在新时期充分发挥救助作用，协助新政府建立管理救助工作的基本秩序与法规，最终完成它们在特殊时期的过渡作用，这也是救助管理机构建设过程中贯穿始末的一项原则。

第四，在全国范围内大力推动生产自救，新中国建立初期国家财政经济非常困窘，在这种状况下，社会救助工作顺利开展的前提，就需要最大限度地发挥个人的主观能动性，树立民众自力更生、生产自救的信念，通过多方面努力来真正实现对民众生活和精神世界的双重救助。

这几方面的救助机构建设的主导思想，既是在救助工作的实践中逐渐探索而得，也是在救助体系建设的过程中的经验总结。

---

① 伍云甫：《关于旧有社会救济福利团体的团结改造问题》，北京市档案馆：196 - 2 - 13。

第三章　社会救助实践考察之一
——以救助方式为视角

从社会救助的理论上看，社会救助基本包括三个层次的内容：一是思想意识层面的救助，指救助产生、建立及发展的思想基础和价值理念；二是制度层面的社会救助，指社会救助建立并发展过程中所逐渐形成的规范或行为准则；三是实践层面上的社会救助，指社会救助实践过程中所探索的基本方法、主要活动和实施策略。[①] 在前两个章节中，本书从思想意识层面和制度层面对新中国建立初期的社会救助进行了简略的回顾，本章中则从救助的实践层面入手，以救助方式为考察角度，对新中国建立初期社会救助事业的政策制定、救助方法、救助过程及实施策略等内容展开论述。本章以救助方式为视角，将社会救助内容分为灾害救助、失业救助、贫困救助、医疗救助几个方面，阐释新中国建立初期社会救助政策的实践与推行的概况。

一　灾害救助

灾害救助是一个内涵和外延都可以延伸的广义概念，它是指国家和社会依法向因遭受自然灾害袭击而造成生活贫困的社会成员提供一定的物质或精神帮助以保证他们维持最低生活水平、帮

[①] 王卫平等：《社会救助学》，第9页。

助他们确立自立生存能力的社会救助项目。灾害救助的社会本质在于坚持以人为本,通过在特殊的社会状态下(灾害发生和影响的情景下)维护和保障灾民的基本生活需要,以解决灾害造成的社会问题,减少人员伤亡,最大限度地减轻国家和人民群众财产损失;从而促进社会公平,维护社会稳定,推动社会发展。①

中国幅员辽阔,自然地理环境复杂,自古以来就是一个多灾的国家。在中国古代,水灾、旱灾、风灾、地震、虫患等自然灾害几乎从未间断。新中国建立初期,大规模的自然灾害也频频发生。1949 年夏秋之间,长江、淮河、汉水及河北省的主要干支河流都发生严重的决口和漫溢,酿成巨大的水灾。全国受灾面积约 12787 亿亩,受灾人口约 4555 万人,倒塌房屋 234 万余间,减产粮食 114 亿斤,灾区分布在全国 16 个省、区的 498 个县、市的部分地区。河北省受灾面积 3100 余万亩,受灾人口约 996 万人;皖北、苏北、山东、河南等省发生较大面积水灾。② 1950 年局部地区也发生了严重的水灾,全国灾情最严重的是淮河流域的皖北、河南、苏北和永定河、大清河流域的河北省地区。1952 年最主要的自然灾害为旱灾,包括湖北、山东、河北等地都发生了严重的旱灾。1953 年发生的主要自然灾害是春季的大霜降,以及秋季的雨涝、山洪,其中河南、安徽、江苏、山东等省份受灾人口众多,全国农作物受灾面积达到 35123 万亩。③ 1954 年中国又遭遇百年未有的江淮大水,全国遭受水灾的省(区)多达 14 个,受灾较重的是安徽、湖北、湖南、江西、江苏、河南、河北 7 省共 582 个县。④ 综合统计,20 世纪 50 年代,由于气象、洪水、海洋、地质、地震、农作物病虫害、森林灾害等 7 大类自然灾害所造成的直接经

---

① 钟仁耀:《社会救助与社会福利》,第 179 页。
② 参见中华人民共和国内务部农村福利司编《建国以来灾情和救灾工作史料》,第 2~3 页。
③ 中华人民共和国国家统计局、民政部编《中国灾情报告(1949—1995)》,中国统计出版社,1995,第 279 页。
④ 中华人民共和国国家统计局、民政部编《中国灾情报告(1949—1995)》,第 1 页。

济损失（折算成 1990 年的价格）平均每年约 480 亿元。[①] 因此，在新中国建立初期的几年里，基本上每年都有近三四千万的灾民困扰着新政府，受灾的地区不仅遍布全国各个省市，而且直接影响了农村和城市人民的生活。

表 3-1　1949~1957 年中国所受水旱灾害损失一览

类别 年份	分布省、 县份	受灾面积 （万亩）	成灾面积 （万亩）	受灾人口 （万人）	粮食 （亿斤）	棉花 （万担）	倒塌房屋 （万间）
1949. 下~ 1950. 上	16 省、 498 县	12787	—	4555	114	—	234
1950. 下~ 1951. 上	—	—	7683	3384	52	—	139.174
1951. 下~ 1952. 上	—	—	5663	3034	63	—	34
1952. 下~ 1953. 上	—	—	6649	2760	—	—	—
1953. 下~ 1954. 上	—	—	9499	3435	150	—	359
1954. 下~ 1955. 上	14 省	—	16958	6069	259	414	1024
1955. 下~ 1956. 上	—	—	11418	3622	127.66	—	121
1956. 下~ 1957. 上	—	—	22993	7434	244	600	934

资料来源：中华人民共和国内务部农村福利司编《建国以来灾情和救灾工作史料》，法律出版社，1958。

以北京为例来看，北京地理位置处于华北平原西北部，周围群山环抱，山岭绵延，形成天然屏障。其东南部为平川，与华北大平原相接。北京地区的总面积 1.68 万平方公里，其中山区占

---

① 中华人民共和国国家统计局、民政部编《中国灾情报告（1949—1995）》，第 1 页。

53.5%，丘陵占8.5%，平原占38%，常年平均降雨量为651毫米，年际和季节之间很不均匀。每年降雨量主要集中在夏末秋初，因此常出现春旱夏涝、旱涝交替，继而引发其他疾疫。此外，在一些山区，风雹、霜冻、病虫等灾害也比较频繁。正是由于北京拥有这样特殊的自然地理条件，所以，北京周围的郊区农村始终自然灾害较为频繁。根据记载："洪武元年（1368）至民国三十七年（1948年）这580年间的历史记载，北京地区共发生较大灾害794次，其中旱灾407次，涝灾387次。"[①]

新中国建立以来，北京[②]也基本上年年有灾情，尤其是城市郊区和农村，"灾情是普遍现象，尤以水灾为甚"。[③] 1949年华北春季大旱，夏秋阴雨连绵，麦收季节部分地区降雹，个别地区又有风灾，所以京郊地区"可以说水、旱、风、雹四灾齐至，其中以水灾较重"。根据统计，1949年京郊"受灾土地342237亩（占全郊耕地1099925亩的31%），其中重灾104866亩，轻灾237371亩，受灾人口123520人，其中须救济灾民28909人。老弱病残等需要长期救济的5986人，其他一般多能维持至年底"。重灾区的不少农民甚至"吃光籽种，折卖牲口家具，个别有逃荒讨饭"，如"南宫村共有村民69户290人，全村1673亩地中遭受涝灾的有1500亩，占总耕地数额的92%。全村仅5户有粮，其余64户秋后靠草

---

① 北京市地方志编纂委员会：《北京志·政务卷·民政志》，第55页。
② 新中国建立以后，北京城内区划变化较大，原市境面积707平方公里，辖内城七区，外城五区，郊区八区。1949年6月把南苑、丰台、石景山、门头沟、清河、东坝等地划入北京市。新中国建立初期划分了1~18区，后区划多次调整，1952年将城区调整合并，第一区改为东单区，第二区改为西单区，第三区改为东四区，第四区改为西四区，第五区1952年撤销分别划入东单、西单、东四、西四；第六区改为前门区，第七区改为崇文区，第八区改为宣武区，第九区撤销后分别划入崇文、宣武区；第十区改为东郊区，第十一区改为南苑区，第十二区改为丰台区，第十三区1954年6月成立海淀区；第十四区改为昌平区，第十五区改为石景山区，第十六区与宛平合并为京西矿区，第十七区为门头沟，第十八区为长辛店，在1950年即并入丰台区。参见尹钧科《北京历代建置沿革》，北京出版社，1994。
③ 《郊区工作委员会报告灾情及救灾情况》，北京市档案馆：9-1-75。

籽生活"。①

据 1950 年统计，北京郊区约有 36.7 万亩农田遭受雨涝灾害。郊区部分地区连降大雨，导致山洪暴发，不但有人员伤亡，还有很多村庄遭灾，农田受害。由于连续雨涝灾害，东郊区（今朝阳部分地区）、丰台区等京郊地区受灾非常严重，很多灾民无法维持生存就纷纷涌向非灾区或者城区。②根据调查报告"1950 年冬在北京第十区关厢敌人遗留地堡内，和长辛店、门头沟市镇以及个别农村，均不断涌来外来灾民，在十一区地堡内之灾民就有 12 户 38 人，在长辛店镇有 42 户 163 人，门头沟镇几千个灾民中就有 40 多户携眷的，这些人中老年人和妇女小孩较多……"③对此，北京市民政档案也有详细记载："从 1950 年春天以后，京郊各区和市内即不断发现外来灾民，多集中在门头沟镇、十二区长辛店镇、丰台镇附近，和十区关厢碉堡内、十一区三才山等地。他们也有 1951 年陆续来京的。据统计到 6 月份为止，仅门头沟镇就有 5000 多人，其中约占半数以上是热河省灾民，其次是赤城、延庆、河北的蓟县、三河、武清等地灾民。十区关厢碉堡内有灾民 81 人，长辛店镇和丰台附近也有 170 多人，其中 85% 是武清县人……"④这些统计数字进一步证实了这一时期北京郊区灾荒的严重状况。

此外，除了常见的旱涝灾荒之外，还有虫害、风灾等自然灾害的侵袭。1951 年，北京市郊区发生严重虫灾。"大兴县黄村出现蝗虫并很快进入南苑区境内"，"经两区、县联防，几天内消灭了近 3300 亩农田上的蝗虫"。⑤ 1952 年 5 月，郊区麦田再次发生虫灾，"各区组织工作组，发动 13.4 万人，除治虫害 3000 多亩，捕打麦蚜虫 1000 多斤"，"1953 年 4 月末至 5 月初，北京市郊区农作物虫害日益严重，全郊区的麦田共 20 万亩，其中约 10% 遭受虫

---

① 《1949 年京郊救灾工作总结》，北京市档案馆：9-1-91。
② 北京市地方志编纂委员会：《北京志·政务卷·民政志》，第 63~64 页。
③ 《北京地区外来灾民情况报告》，北京市档案馆：196-2-206。
④ 《遣送京郊外来灾民回籍生产工作报告》，北京市档案馆：196-2-203。
⑤ 《遣送京郊外来灾民回籍生产工作报告》，北京市档案馆：196-2-203。

害。6月28日，北京市级机关工作人员约800人，分赴郊区，帮助海淀、丰台、石景山等灾区农民捕打害虫。据统计，遭受轻灾面积约3345亩，重灾8928亩，成灾人口约5334人"。①

1954年北京地区再次发生较大的涝灾，郊区淹地约32.4万亩，占耕地总面积的1/4。"5月下旬，连续阴雨，6月至8月，共降雨水55次，总降雨量达到988.4毫米，远远超过华北地区的常年平均降雨量397.5毫米。而且由于雨水过大，灌渠不能及时泄洪，以致河水漫溢，形成排水渠倒灌。除了永定河外，其他如通惠河、凉水河、南北旱河、长河、坝河、护城河等河水均外溢。低洼地区多积水成涝。全市涝灾面积约15.3万亩（占耕地总面积的12.2%），其中8万亩减产5成。郊区共塌房678间（塌毁365间），砸死4人，伤37人。"② 据统计，1954年发生的涝灾，北京地区受灾人口达13万人之多。③

1956年北京地区仍然发生大型洪涝灾害，当年北京降雨量约1022毫米，比1954年的988.4毫米还高，成为新中国建立以来北京地区雨量最大的一年。自1956年7月29日至8月9日，北京周边地区连降暴雨，雨量达650.9毫米。"郊区206万亩耕地中有551138亩受灾，其中重灾209515.8亩，受灾人口447295人；在暴雨中全市塌毁或半塌以及危漏房屋64618间，其中城区9943间，郊区54675间。昌平、东郊两个区受灾较重。"④

表3-2 1949年北京郊区水灾统计

郊　区	八　区	
被灾村数	245个	
被灾人口数	26738户，119137人	—
灾户共有土地	637868亩	

---

① 北京市地方志编纂委员会：《北京志·政务卷·民政志》，第63~64页。
② 北京市地方志编纂委员会：《北京志·政务卷·民政志》，第63~64页。
③ 北京市地方志编纂委员会：《北京志·政务卷·民政志》，第55页。
④ 北京市地方志编纂委员会：《北京志·政务卷·民政志》，第63~64页。

续表

郊　区	八　区	
被灾土地亩数	全年无收成	97376 亩
	收成在 50% 以上	106883 亩
	收成在 50% 以下	147481 亩
	合　计	351740 亩
被灾作物	玉米、大豆最重，高粱、蔬菜次之	
救出亩数	54741 亩	—
因灾倒塌房屋	23277 间	
说明	（1）被灾户数约占全区总户数 150318 的 17.78%，被灾人口约占全区总人口 646270 的 18.43%，占全郊区农业人口的 33.58%；被灾亩数约占灾户共有土地的 55.14%，其中全无收成的占 15.26%，收成在 50% 以上的约占 16.76%，收成在 50% 以下的约占 23.12%。 （2）被灾亩数约占全郊区总耕地的 33.68%，其中全无收成的占 9.3%；收成在 50% 以上的占 10.23%；收成在 50% 以下的约占 14.12%。	

资料来源：《1949 年郊区水灾统计表》，北京市档案馆：9-1-75。

  频繁的灾荒直接催生了大量的灾民、难民，多数遭受灾荒的民众选择了最传统的逃避方式，即逃荒。中国古代即有逃荒政策，西周时期的移民就粟，即难民迁徙，使之转到没有受灾的地方。《周礼》中记载，"若食不能人二鬴，则令邦国移民就谷"，意思是，如果不能每人分配到 300 斤米（一年的消耗量），就可以施行移民。《孟子·梁惠王上》中记载："河内凶，则移其民于河东，移其粟于河内。河东凶亦然。"河东就是山西，河内即陕西。山西有灾就移民到陕西，陕西有灾则移民到山西。[①]

  新中国建立初期，频繁的自然灾害也造成了灾民难民到处流亡，很多灾民难民无法维持生存，就逃避到城市躲避灾荒，有的打短工，有的等待政府救济，也有的沦为城市的乞丐、流民。这

---

① 《中国古代著名抗灾事件》，参见中国经济网：http://cathay.ce.cn/history/200805/15/t20080515_15472006_2.shtml，2011 年 10 月 25 日。

些逃荒的灾民不仅数量多，生活困苦，而且直接给城市带来很多的社会问题。1949年由于遭遇严重洪涝灾害，北京周边地区很多灾民、难民逃荒到北京，他们白天到处打短工，挣了钱夜晚住在天桥小店内，挣不到钱就露宿街头（露宿的有170多人）；或干脆街头乞讨维生。据调查，"天桥16个小店内住有灾民700余人，一般的均系50岁以下、18岁以上的青壮年，他们原籍均有土地，因遭受到旱、雹、风、虫等不同灾害，今年生产平均不足四成，县又无生产条件大力安置，才流入本市"。① 这些外来灾民中除了劳动力做小工、小生意，个别妇女做零活手工外，其余一般为妇女小孩及残病老弱。很多灾民流落到北京，因找不到工作沦为乞丐。"难民纷纷逃平（北京），投亲未遇，辗转街头流浪沦为乞丐，以致旧的乞丐虽减少，而新的乞丐又在大量增加……"②

1950年春天，京郊各区和市内就不断地发现外来灾民，这些外来灾民人数陆续增多，而且流动量很大，一部分灾民到处找打短工，还有一部分灾民每天进入城市市区沿街乞讨，借以维持生存。这一时期北京市民政机关多次统计：

> 仅16区（京西矿区）的门头沟镇就有5000多人，其中约占半数以上是灾民，10区（东郊区）关厢地堡内，今年五月起该处灾民已增加至29户81人，据了解这些灾民以蓟县、宝坻两县为最多。③

据调查，灾民流动和变动较大：

（1）在10区地堡的灾民已经逐渐增加，统计现有29户81人，除16个劳动力做工外，妇女和小孩差不多均靠乞食生活，每日流入城内和农村行乞；

（2）长辛店外来的灾民现统计有39户127人，已较前减少，但来往变动很大……妇女小孩每日流入市镇行乞。

---

① 《调查处理外来灾民情况报告》，北京市档案馆：196-2-203。
② 《关于制止灾民逃平通令各地政府就地安置函》，北京市档案馆：196-2-201。
③ 《关于遣送京郊外来灾民回籍生产工作报告》，北京市档案馆：196-2-206。

(3)门头沟镇的窑业现正发达,来的灾民每人平均收入万余元(旧币),生活上可以维持。带家口和个别有病的,生活较难,已先后由区政府给予照顾和救济。单统计长辛店乞食的灾民就占127人的三分之一。①

在政府的救济与帮助下,多数灾民能够有饭吃、有衣穿,但基本处于维生的边缘。有饭吃的灾民多数人"吃的是玉米面和高粱等,部分人搀豆皮豆渣吃,也有吃白薯干和掺菜吃的;做短工的每人每天平均收入五六千元(旧币),可以担负三人生活,也有个别的织席、卖烂铁"来谋得一家人的生活。②

灾民在城市中无处居住,总是聚居在临时性的地下通道或者地下室内,阴暗潮湿且拥挤不堪,因此他们的居所常常成为疫病传播之处。很多灾民逃荒到城市之后,暂时住在地堡里(即地下通道或地下室),由于不通风、不透光,有的人生了疥疮,有的病倒却无钱治疗。在民政局调查中发现,郊区的灾民难民中,每天均发现新的疾病和疫情,"有的十几个大人和孩子生了病,例如灾民周××一家四口,三人发疟疾,同居地堡的灾民有几十个人发烧病倒,上吐下泻……"③ 情况非常严重,稍有不慎,灾民聚居地就会成为大型疫病的传播源头。

灾害侵袭之下必须有全面的灾荒救助措施,才能让灾区人民免于涂炭,从这个意义上来说,灾荒的侵袭也直接催生了各地政府的灾荒救助工作的开展。如何在频繁多样的自然灾害下帮助灾区民众顺利渡过灾荒,成了此时期政府开展灾荒救助工作的重要议题。由此,在吸收以往救灾经验的基础上,结合实际,新中国建立初期的灾害救助工作逐渐形成了"救人重于救灾,生产重于赈济"的救助理念,即在此时期的灾荒救助工作中,政府更加注重给予灾民积极的救助而非消极的治理,注重恢复生产而非单纯的赈济。

---

① 《北京地区外来灾民情况报告》,北京市档案馆:196-2-206。
② 《关于遣送京郊外来灾民回籍生产工作报告》,北京市档案馆:196-2-206。
③ 《关于遣送京郊外来灾民回籍生产工作报告》,北京市档案馆:196-2-206。

（一）组织建设

新中国建立之后，灾荒救助的工作主要由内务部主管，民政机关负责。1949年10月19日，中央人民政府委员会第三次会议决定，任命谢觉哉为内务部部长，武新宇、陈其瑗为副部长。10月21日，中央人民政府政务院宣告成立，内务部位列30个部、会、院、署、行的首位。内务部成立之初，以救灾和政权建设工作为重点，为巩固新生的人民政权、安定社会秩序做了大量的工作。

1950年7月15日第一次全国民政会议在北京召开，会议确定地方政权建设、优抚、救灾为内务部工作重点。据此，全国各地陆续建设省（市）、县、乡的民政机构，并全面负责中央及地方的灾害救助工作的具体事务。随着国内基层地方政权建设的陆续完成，内务部的工作重点适时做出了调整。1954年11月至1955年1月第三次全国民政会议在北京召开，这次会议确定了内务部"以优抚、复员、救灾、社会救济为主要业务，并相应地做好其他民政工作"的工作方针，强化了内务部作为救灾与社会救济工作总指挥中心的重要作用。此外，中央和地方政府还成立了各种专门性质的救灾机构，如中央救灾委员会（1950年2月27日）、中央防汛总指挥部（1950年6月3日）、中央生产防旱办公室（1952年2月13日）等机构。与此相应，省市等地方基层管理机构也逐渐勘定了本地区的救灾管理机构，如北京地区的救灾机构，由北京市政府组织，联合中共北京市农业委员会、市政府农业局、民政局、劳动局、北京市供销合作总社、人民银行北京分行、共青团北京市团委、市妇联、市武装部等单位组成北京市生产救灾办公室，各区（县）也组成生产救灾办公室，主持具体的灾荒救助工作。这些基层救灾机构建立之后，迅速开始制订救灾制度与救灾程序，加强了对灾害救助的法制化管理。

此外，中央政府在灾害救助中还非常注重社会动员，指导各级人民政府领导当地民众,积极支援灾区救助,帮助灾区人民。1949年在内务部的主持下,成立了中央人民政府机关节约救灾委员会,"规定自11月起至明年(1950)2月止,中央政府各部门的工作人员,每人每天节约小米1两,为支援灾区人民用"。[①] 政务院发布了《关于生产救灾的指示》,指出救灾工作的艰巨性,指导各级人民政府成立生产救灾委员会以加强对救灾工作的领导,并提出生产救灾的工作办法应该是,"灾区主要是发动群众生产自救,当地政府必须大力解决原料、运销和资金困难,并结合以工代赈,使灾民就地得以安置,同时劝告灾民不要外逃,以减轻邻省临区的困难"。[②] 总之,救灾管理机构的建立健全,保证了灾害救助工作的信息畅通和政令通达,使救灾工作能够顺利开展。

(二)经费管理

灾害救助的一个重要环节就是筹措救灾的经费,有了充足的财源才能够进行有效的灾民赈济,并开展及时的灾区救灾、防灾的工作。新中国建立初期灾害救助的经费来源主要有两种:一是中央与地方政府拨出的救济款、分洪补偿款以及粮食供应、农业税减免;[③] 二是政府以各种形式向社会征集的救济粮款。

1. 中央拨付的救济款项

新中国建立初期,中央政府在财政极为困难的情况下,每年均拨出大量的粮食与救济款,直接用于全国各地的灾害救助。具体可参见表3-3。

[①] 中华人民共和国民政部大事记编委会:《中华人民共和国民政部大事记(1949~1986)》,第3页。

[②] 中华人民共和国民政部大事记编委会:《中华人民共和国民政部大事记(1949~1986)》,第4页。

[③] 中华人民共和国内务部农村福利司:《建国以来灾情和救灾工作史料》,第58页。

表3-3 1949~1956年中央政府支出的救济粮、款数目统计

年份	国家救济粮数	国家救济款数	临时追加救济粮款	减免农业税	救灾贷款
1949	—	—	—	7825万斤	—
1950	87439万斤	折合粮食26亿斤	盐500万斤	—	—
1951	—	6429.9万元	—	—	—
1952	—	11910.3万元	—	—	—
1953	—	—	—	—	10000亿元
1954	—	34966万元	—	60亿斤	9400万元
1955	—	—	—	—	—
1956	—	28330万元	—	—	16000万元
说明	1949~1955年3月使用的是旧币，之后使用新币，新币与旧币兑换比率为1:10000，本表款数统一折算成新币计算。					

资料来源：中华人民共和国内务部农村福利司：《建国以来灾情和救灾工作史料》，法律出版社，1958。

2. 向社会征集的救济款项

中央政府还广泛向社会征集的救灾款、救灾粮以及救灾物品，募集的形式灵活多样。新中国建立初期的灾害募捐工作开展非常顺利，群众不仅积极踊跃地捐献救灾物资和资金，还在一定程度上形成了帮贫助困、社会互济的良好社会风气。

"一两米节约救灾运动"：1950年政务院根据当年灾情及救灾情况，向全国发出号召，灾区要开展"节约互助运动"，非灾区也要进行节约，发扬互助友爱精神，帮助灾区。全国城市和农村居民纷纷响应号召，广泛开展了节约救灾运动。首先在中央和许多地方的机关部队，掀起了"一两米节约救灾运动"，即号召机关和部队工作人员每天节约一两米用来救济灾区灾民，他们踊跃参加捐献救灾，有的机关甚至每人每日节约四五两米，有的干部把全月工资拿出来捐献给灾民。"中央各机关工作人员自1949年10月至1950年4月，捐出赈款十二亿元，粮食三十九万斤。华北军区六个月即节约了粮食三百六十万斤。"[①] 苏北从1949年10月起，

---

① 中华人民共和国内务部农村福利司：《建国以来灾情和救灾工作史料》，第13~14页。

全区各级机关部队，每人每日节约口粮一两，很多机关原吃干饭都改为吃稀饭。全国党政军节约捐献的粮食共1012万斤，捐献及清理的旧衣物共50余万斤。此外，河北省非灾区农村进行"一把米救灾活动"，募得粮食1250万斤，山东省部分农村开展"一碗米"、"一把米"救灾运动，到1950年6月，济南、青岛、徐州、潍坊等城市，共捐献粮食49.8万多斤，救灾款179728万元（折合新币179728元）。① 无论城市还是农村的积极捐献救灾活动，不仅仅在物质上帮助了灾区人民渡过难关，而且在精神上极大地鼓励了灾区的人民，凝聚了全国人民共同奋斗、战胜灾荒的必胜信心。

各大城市中开展救灾劝募活动，募集资金和物资救助灾区灾民。"京、津两市工商界即劝募款项十二亿七千八百余元，粮食七十八万斤"，② 上海市工人带头领导各界民众积极参加捐献活动，"皖北生产救灾委员会劝募团在上海一个多月中受到各界旅沪同乡自动捐款十八亿元，衣服五千余件，西药四千余包及面粉鞋袜等"。③ 此外，"西北各地的城市，普遍采用剧团公演、义卖等方式募集粮款。仅西安市即募到人民币二千二百八十多万元，面粉一百九十五袋，土粉三千八百二十斤，小米一万七千二百余斤。其他尚有衣、被、鞋、袜、布匹等"。④

失业工人救济金：1950年政务院规定，凡举办失业工人救济的城市中，所有国营、私营的工厂、作坊、商店的行政方面或资方，以及上述各企业和码头运输等事业的在业工人和职员，均须按月缴纳所付实际工资总额的1%作为救济失业工人基金。⑤ 同时，中共中央于1950年4月14日发出"关于举行全国救济失业工人运

---

① 中华人民共和国内务部农村福利司：《建国以来灾情和救灾工作史料》，第14页。
② 中华人民共和国内务部农村福利司：《建国以来灾情和救灾工作史料》，第14页。
③ 《皖北日报》1950年3月3日。
④ 内务部编印《救灾工作手册》，1950。
⑤ 中国社会科学院、中央档案馆编《中华人民共和国经济档案资料选编·劳动工资和职工保险福利卷（1949～1952）》，第168页。

动和筹措救济失业工人基金办法的指示",由全国总工会号召全国工人,本着阶级友爱之情,于4月30日做义务工一天,捐出一天工资作为救济失业工人的基金。这种政府向社会征集救济金的方法,基本能够在短时间内筹措部分救济基金,减轻灾害救助的资金压力。

"募集寒衣运动":1950年皖北、苏北、河南、河北等省许多地区连年遭受严重水灾,临近冬季,灾民十分缺乏寒衣,因此,中国人民救灾总会、中华全国总工会、中华全国民主妇女联合会、中国红十字总会、中华全国民主青年联合会、中华全国学生联合会、新民主主义青年团中央委员会7个团体于1950年9月向全国人民提出了"募集寒衣运动"的号召,希望募集寒衣六百万套帮助灾民渡过寒冬。由此,全国人民掀起了空前规模的募集寒衣运动。短短的时间内,全国各个地区,从农村到城市普遍动员起来,也涌现了许许多多的感人事迹。"四川省华阳县一个农民,在他听到劝募寒衣代金的消息后,把所存的十余万元,送进城自愿捐献","天津市二区致安里赵氏,将多年存的衣服,共有四十八件包了四个包,捐给了灾民",此类的感人事例不胜枚举。经过短短三个月的时间,募集寒衣运动超额完成,"全国共募得寒衣六百六十一万六千五百九十四套,完成了任务的110.27%",很多地方表现成绩突出,例如,"天津市仅仅在一个多月的时间就完成了任务的194.17%……上海市的募集结果也超额完成了一百一十七万一千四百六十六套"。①《人民日报》上记载了各地开展劝募寒衣运动的真实情况:

> 为皖北、苏北、河北、河南等地灾民展开劝募寒衣运动。中央各机关团体截至十月二十日止已募得衣物两万余件,许广平和鲁迅先生公子周海婴二人捐寒衣代金二亿元。中国人民革命大学工作人员马××同志亲手将自己的旧单裤洗好,

---

① 中华人民共和国内务部农村福利司:《建国以来灾情和救灾工作史料》,第38~39页。

装上棉花,做成棉裤送给灾胞。京市各界截至十月十七日止已捐出衣被二万一千多件,代金一千八百多万元。来京参加国庆盛典的各民族文工团曾为灾民举行义演,募得一千万元。津市预计募捐的寒衣数目已近完成。截至十月二十六日止,已募得寒衣九千九百七十多套,代金九亿五千六百多万元。上海市各界劝募寒衣委员会自十月二十一日展开劝募工作后的六天中,即收到衣物近一万九千件,代金一千一百余万元。上海市有很多家庭妇女从箱子里清理出各种旧衣物捐给灾胞,并积极参加劝募工作……①

正如文中所说的,在整个寒衣劝募运动中充分表现了"各地人民休戚相关,发扬友爱互助精神",这也是这一时期各种救灾募捐活动中所展现了新国家、新社会人民的精神面貌。所有向社会募集的救灾物资和款项,均被迅速地发放到灾区灾民手中,为他们"雪中送炭",提供了及时而细致的帮助。

3. 关于救济经费的管理与发放手续

在救济经费的管理方面,中央政府很早就设定了具体的规则:(1)省、自治区、直辖市和较大的市的民政部门设财务科(股),配备足够的干部;县、市民政部门应当配备管理财务工作的专职干部。区、乡应当指定兼管社会救济事业费的人员。在救济工作繁重的省、县,必要的时候还可以在党政统一领导下,由有关部门组织社会救济事业费管理委员会,统一计划布置并检查监督事业费的使用。县、市级以上民政部门必须建立单位会计,区、乡必须建立简易账簿。县、市级以上民政部门财务管理机构的职责,主要是掌管社会救济事业费的预算、决算的制定,监督预算的执行和本级事业费的开支等工作。(2)管理事业费的干部,应当避免流动,必要调动的时候,应当在监督和查核无误后,方准离职。如果发现有账目不清或者情节可疑的时候,必须认真查究处理。

---

① 《人民日报》1950年11月6日。

(3)加强对事业费的检查工作。县、市以上民政部门应当经常组织力量,重点检查事业费的使用情况,监督事业单位的经费开支。区、乡在发放成批社会救济费后,必须进行一次检查。(4)对积压、挪用事业费的现象,要切实纠正。对因为积压、挪用和贪污事业费而发生严重恶果的,要追究责任,严肃处理;情节严重的,必须依法惩处。(5)省、自治区、直辖市民政部门每年应当至少召开一次财务工作会议,专署、县、市也应当根据工作需要召开主管社会救济事业费干部的座谈会,检查总结事业费工作,交流工作经验。①

对于救济费的发放和领报手续,也有细致的规定:(1)县对区在拨付救济费的时候,应当根据各区实际情况,先分配控制指标,由区作出使用计划报县核定以后,再行拨款。区也应当根据县拨给的款数和各乡不同情况,适当确定各乡的数字。(2)乡在发放救济费的时候,应当贯彻领导掌握和民主评议相结合的原则。一般在发放以前,要做好调查,进行群众评议,由乡人民委员会或乡人民代表大会讨论通过,并编制评议发放花名册报区批准领款,款领到后要及时发放。在发放的时候,领款人要在花名册上签名或者盖章(也可以按指印)。发放完毕后,要向群众公布发放清单。(3)乡在发放救济费的时候,必须贯彻救济政策,教育与组织灾贫民很好地使用救济费,进行一切可能的生产。(4)区、乡在报销救济费的时候,乡必须凭发放后的花名册和乡的正式领据向区报销;区必须凭各乡的正式领据和区的支出计算表连同结余款一并向县结报。(5)城市在发放救济费的时候,应参照上述发放方法和领报手续办理。②

这些细致的规则,在一定程度上已经确定了灾害救助经费的具体操作方法,虽然在实际救助工作中,常常由于灾害救助的紧急性、突发性原因,而导致多种人为因素影响了这些规则的具体

---

① 《中华人民共和国法规汇编(1954年9月~1955年6月)》,第179~184页。
② 《中华人民共和国法规汇编(1954年9月~1955年6月)》,第182~183页。

实施,但是,这毕竟是新国家、新政府对灾害救助工作管理制度化所进行的初步努力,而这种努力基本奠定了今后灾害救助管理模式的发展方向。

4. 救济款的发放办法

对于各地发放救济款的办法,各个地区则根据本地实际情况有所差别。在农业合作化以前,各地对救济费的使用和发放就非常慎重,有的省派干部大量下乡做救济费的发放工作,有的省负责同志亲自到村里发放,召开灾民座谈会、乡人民代表会议,讨论应该发多少,每人发放的数额,以及拿救济粮作为生产资金等问题。这样基本保证了救济费的发放公平合理,真正能够起到支持生产的作用。例如,察哈尔省采取了"领导掌握,民主评议,代表会审查,上级批准"的办法,在评议之前,"向群众交代政策,讲明救济对象,以便群众在自报和评议中有所依据",同时,分别召开党、团员、村代表、村干部会议,进行个别访问,掌握情况。评议中,注意"不使老实人吃亏,更不叫滑头人沾光。区、村干部要诚恳听取意见,发扬民主"。根据评议发放之后,立即组织一个普遍检查运动,及时纠正偏向,推动生产顺利开展。①

在农业合作化普遍推行之后,各地对救济款的发放逐渐开始探索新的方法,颇具代表性的主要有几种。

(1)"定工生产,定额救济"。这是河北省、天津专区最先采用的办法,具体的做法为:在农业社统一制订生产规划、劳动规划的基础上,通过社员自报公议,结合社干部的调查了解,确定每户社员的出工数和生产收入,加上其他收入,作为每户的总收入。根据当地生活水平,计算每户的生活开支,入不敷出的即为救济户或贷款户。根据这种办法提出初步名单,交给生产队讨论之后张榜公布,送乡里审查、批准。各家各户应该得的救济款就确定下来了,因积极生产、收入超过定额的,不减少救济;因生

---

① 中华人民共和国内务部农村福利司:《建国以来灾情和救灾工作史料》,第73~74页。

产停息、收入减少的，也不增加救济。救济款一次评定、分期发放，或按季评、按月发放；未到期的救济款开列被救济户户头，存入信用社，到期支取。信用社可以将救济款贷给农业社，支持生产，但须定好合同，到期归还。

（2）"发放到社，按劳动日预支，救济困难户"。这是安徽省采取的办法，具体就是农业社先定出农、副业和用工计划，对各户劳动力进行安排，使每个劳动力都能各尽所能。将救济款作为社的一项收入，除了提出一部分款对"五保"户和人口多、劳力少或劳力弱的特别困难户给予定时定量的救济和补助外，其余的救济款统作为生产资金，用以开展生产。在社员生产自救收入不足以维持生活时，即从救济款中预支。

（3）"通过生产进行救济"。这是江苏省泗阳县采取的办法，具体是将救济款作为社的一项收入，对"五保"户和人口多、劳力少或劳力常年患病无力自救的困难户，给予一部分救济。对有劳动力的困难户，则通过用救济款以工代赈，收买社员粪肥，归还社员入社投资，预付劳动报酬，即通过生产自救而取得救济。

（4）"先借支后定案，逐户算账，定量补助"。黑龙江省肇东、呼兰两县首先采用这一办法，具体是受灾后将一部分款借给农业社，由社再借给目前有困难而自己又无法解决的社员。在制订生产自救计划和收益分配方案的基础上，由社管理委员会逐户给社员算账，对收入不抵支出自己又无其他办法解决的困难户，根据有无还钱能力，分为救济和贷款对象，并视困难程度大小，拟出贷款和救济的数量，交群众评议。评议结果交社管理委员会或党支部审查通过，报乡批准，张榜公布。[①]

（三）救灾程序

新中国政府成立后，对灾荒救助工作非常重视，不仅迅速制

[①] 中华人民共和国内务部农村福利司：《建国以来灾情和救灾工作史料》，第 185～186 页。

订了"节约防灾,生产自救,群众互助,以工代赈"的救助方针,并且提出了"不许饿死一个人"的群众救灾动员口号,在全国各地、各行各业广泛宣传,认真贯彻灾荒救助工作。在统一的救助思想指导下,全国的灾荒救助工作不仅取得了巨大成效,还在救灾的过程中建立健全了救灾程序,积累了救灾工作的实际经验。在灾害救助中,灾后的紧急赈济(也称急赈)、临时救助和灾后的长期救助是主要的救灾程序,紧急赈济能够在灾情发生后最大限度地挽救灾民的生命,临时救助能够在灾后较短时间内给予灾民最快捷的帮助,而长期救助则更多地注重帮助灾民恢复生产,逐渐摆脱灾害的影响,恢复正常生活。

1. 紧急赈济

所谓紧急赈济,简称急赈,本质上也是临时救助的一种方式,但急赈以其灾后救助覆盖面广、救助及时而独具特点。一般情况下,无论是临时救助还是长期救助,在灾害过后都需要一定的程序步骤进行调查,然后决定救助方式和救助办法,但是急赈则在灾后第一时间内给予全体灾民以最紧急、最需要的帮助,如给灾民发放救济粮、给予救济款,以及给予灾民最快捷的医疗救治等。因此,急赈是一种较为特殊的临时救助。

新中国建立初期,由于很多地区刚刚经历过战乱,因此政府非常注重对灾民难民的紧急赈济,试图借此方式迅速安定社会秩序,恢复生产。例如北京城市解放之后,马上规定了对城市贫民实施急赈的范围:"贫苦之军、干、烈属,没有生产能力、借贷无门的贫苦孤寡,一般失业的独立劳动者,在战争期间受到严重灾害而无法生活者……"[①] 都给予急赈。在大多数城市急赈中,救助的主要对象是贫困工人家庭和受灾严重者,如"失业工人,暂时不能维持生活者,受战灾严重者,孤儿寡妇老弱病残无依靠者……"[②] 急赈的措施,主要为发放救济粮。部分城市"由于粮食

[①] 北京市档案馆、中共北京市委党史研究室编《北京市重要文献选编(1948.12~1949)》,第317页。

[②] 《第十六区救济灾民难民的工作报告》,北京市档案馆:9-2-96。

少，灾户人口多，因此确定了救济水平分为三等：甲等为每人12斤救济粮，乙等每人8斤，丙等每人5斤，甲乙等大部分为战区灾区，丙等为作战灾区，以总人口2%的人口作为发放对象"。[①] 但是，这一救济标准较低，经过短时间推行之后，救助的效果并不明显。因此，在各个城市中，急赈的标准由各区具体掌握，通过呈报名单统一发给救助粮食。有的区通过旧保甲人员呈报名单，统一发给粮食。有的区由工作组对申请者随时了解，报区审核，随时发放。有的区将贫苦群众自报公议，再经区审核而后发给。从具体的救济方法来看，有的区按户计算，每户得5~35斤玉米面；有的区按人计算，每人得5~25斤玉米面。[②] 一般标准为每户每人发粮25斤，二人发50斤，最多不超过100斤。对于老而无劳动力的按月救济，每月每户一人发30斤，二人发60斤，最多不超过80斤。[③] 这种紧急的救济措施，在当时情况下对恢复城市社会秩序发挥了重要的作用，对刚刚经历了灾害的城市贫民，进行较有效的急赈。

除了对遭受战乱的地区民众给予急赈之外，新中国政府对遭遇自然灾害的地区民众也给予了急赈。1949年夏秋之间发生了长江、淮河、汉水及河北省的主要干支河流的巨大的水灾，全国受灾人口约4555万人，灾区分布在全国16个省区；1950年淮河流域的皖北、河南、苏北和永定河、大清河流域的河北省地区也发生了严重的水灾。[④] 新政府非常重视灾后的紧急救助，不但减免了灾区的农业税，还广泛地发放了救助粮，进行大范围的民主评议，将国家的救济粮款发放到每一个灾民手中。

灾害往往与疫病是相连的，有了灾就容易发生疫病，所以，当灾荒来临时，政府就注意灾区防疫工作和抢救疫病工作。1950

[①] 《第十六区救济灾民难民的工作报告》，北京市档案馆：9-2-96。
[②] 北京市档案馆、中共北京市委党史研究室编《北京市重要文献选编（1948.12~1949）》，第317页。
[③] 北京市档案馆编《国民经济恢复时期的北京》，北京出版社，1995，第859页。
[④] 参见中华人民共和国内务部农村福利司编《建国以来灾情和救灾工作史料》。

年中央人民政府卫生部开始将灾区防疫工作作为工作重点之一，在春季开始组织灾区防疫训练班，并分派四个防疫大队共约400余人，分赴皖北、苏北等灾区，开展卫生防疫工作。1950年4月统计，各防疫大队种痘96909人，注射预防针12326人，疾病治疗11401人，水井消毒332次。① 这种防疫措施，使全国各大重灾区基本没有发生大的疫病，灾区和灾民的卫生防疫状况得到了显著改善。

各个灾区为了加强卫生防疫工作，也组织动员当地的大批中西医临时参加防疫工作，如"皖北卫生局军区卫生部、东南医学院以及各专署、各县卫生机关，均曾抽调大批医护工作人员，组织医疗队，配合当地民间医生，深入灾区，为灾民治病，药品由政府供给。据行署卫生局1、2月份统计，各地被救病人达三千七百人之多，种牛痘预防天花者九十六万人"。苏北行署提出"救灾与救病相结合"的口号，在灾区广泛发动和开展了卫生防疫运动，进行大扫除、灭虱蚤、清除垃圾、厕所等，一旦发现流行性疫病，立即进行抢救和扑灭。中央和地方政府组织的防疫队，在灾区努力工作，基本遏制了疫病的发生于传播，为救灾工作的顺利开展作出了贡献。

2. 临时救助

临时救助，是指国家对暂时陷入贫困的居民及其家庭给予短期的救助，有临时性与非连续性的特征。临时救助根据具体情况和被救助人员的不同而采取不同的救助措施和救助力度。新中国建立初期中国的临时救助形式与内容都比较丰富，而且切实有效地解决了居民生活的困难。

新中国建立初期对各个城市中的灾民、难民采取了多种临时救助措施。例如，根据统计，北京解放初期，城市周边约有灾民难民5000余人，北京市政府首先发放给他们一定的救济物资，解决他们回家的困难；然后进行宣传动员，号召灾民难民回乡尽早

---

① 《人民日报》1950年6月6日。

从事生产。对散居在各区的难民，由区工作组进行动员，发给免费乘车证，对贫苦而确实无力回家的难民，按照其路途远近发给路费，使难民可免费乘车回家。① 这些临时救助措施，基本能够在一定程度上安定民众情绪，缓解他们的生活困难，建立起对新政府的信心。当然，在急赈工作中也存在一些问题，如有的干部存有怜悯思想，给乞丐发放了很多救济粮；有的区救济粮发放不够及时，还有很多存粮没有发放下去；还有对贫困群众没有切实的宣传国家的救济政策等问题。其实，对被救助人员应该多宣传"反对依靠吃救济粮，不劳动就是耻辱，劳动是光荣的"② 的思想，为群众顺利开展生产自救逐渐打下思想基础。

新中国建立初期，很多城市中对灾民的临时救助以发放救济粮款为主。相对来说，这种方式简单、便捷，能够较快地解决灾民的基本生存问题。1950 年，中央拨发救灾粮款发放及结存数情况："中央内务部拨给小米 40 万斤，拨给小米 8 万斤，玉米 15 万斤"。实际发放"小米 8 万斤，发出 55931.5 斤"，"玉米 15 万斤，发出 147315.1 斤"。③ 剩余的救灾粮款都节余下来，统一计入下一年的救灾粮款之中。以北京为例来看，1949 年冬季以来京郊地区共"发放救济款粮 362000 斤"，除了"个别特殊救济外，大部分用在了老弱病残、贫苦失业者、军属及外来灾民上"，一部分供给生产口粮，多数都用于生活救助，也有用于给灾民购置生产工具上，例如，"二十区用以解决下窑灾民工具问题"。1954 年为了急救灾民，北京市政府拨救灾款 2400 万元（旧币），修房款 652 万元（旧币）。北京市民政局全年拨发郊区救灾款 20 亿元（旧币），解决重灾区及轻灾区中重灾户的生产、生活、修房等困难。④ 据 1956 年统计，北京市民政局拨给郊区救济款 4.17 万元（人民币），

---

① 北京市档案馆、中共北京市委党史研究室编《北京市重要文献选编（1948.12 ~ 1949)》，第 317 页。
② 《第十六区救济灾民难民的工作报告》，北京市档案馆：9-2-96。
③ 《移交民政局救灾社救粮款清册》，北京市档案馆：9-2-151。
④ 北京市地方志编纂委员会：《北京志·政务卷·民政志》，第 63~64 页。

救灾款13.2万元（人民币）。① 城市中的老弱孤寡，也要发放适当的生活救助才能维持生活。"据统计，全郊区约有4362人，占郊区人口0.67%，既无劳动力又无依靠，生活已成问题。有的已经沦为乞丐，要使这些人能够度过春荒，至少需要粮436300斤，为急救重灾区已经断炊的生命之虞。"为此，"在春节前请暂拨8万斤，其余陆续拨给。"同时，"城郊十五、十八、十九工厂区及交通要路，外来过路的灾民甚多"，对"部分困难者进行救济，补助路费"，从而"使灾民不致流落市郊流浪乞讨"，所需的救济费用也较多。1949年郊区社会救济款银行存款数字由民政局原领款3.87亿元（旧币），发给各区数1.8亿元（旧币），现银行存款数2.07亿元（旧币）。② （见表3-4）

表3-4　京郊各区社会救济款分配情形

单位：人民券·元

项别 区政府	原拨给数	已换销数	现有存数	备考
第十区政府	33800000	7750000	26050000	附领据
第十一区政府	25000000	—	25000000	附领据
第十二区政府	33700000	14680750	19019250	附领据
第十三区政府	39300000	23900000	15400000	附领据
第十四区政府	23100000	7507000	15593000	附领据
第十五区政府	6400000	3420000	2980000	附领据
第十六区政府	19500000	8446540	11053360	附领据
总　计	180800000	65704390	115095610	附领据

资料来源：《移交民政局救灾社救粮款清册》，北京市档案馆：9-2-151。

鼓励灾民还乡生产也是新中国建立初期灾害救助中的临时措施之一。自然灾害的发生往往给灾民带来致命性打击，使其衣食住行等生存条件丧失殆尽。因此，灾害过后，很多受灾民众纷纷逃出灾区流亡于附近城市，通过打短工、找政府救济等方式维持

---

① 北京市地方志编纂委员会：《北京志·政务卷·民政志》，第63~64页。
② 《请拨粮急救郊区灾民及老弱孤寡》，北京市档案馆：9-1-87。

生活。但是，城市或城市郊区大量聚集外来灾民，对城市管理和社会治安造成很大压力，灾民频繁流动，进入城市乞讨、寻找工作等，对城市的安定是一个毋庸置疑的威胁。因此，动员并遣送灾民回籍，是建国初期城市应对外来灾民的首选政策，也是救助灾民还乡生产的主要方式和无奈选择。

一般情况下，鼓励灾民还乡生产要从物质和精神两个层面上来努力。很多灾民来到城市之后，虽然生活仍然困苦，但是仍然觉得城市生活好，很多灾民滞留城市不愿回乡。例如1949年、1954年由于水灾流落北京郊区的部分灾民，就认为"城市生活好，不愿回籍，怕挨饿"。据调查，这些灾民在城市中多数能通过做建筑工人、打零工或者乞讨的方式维持生活。很多灾民发现，在农村由于受灾，基本上没有饭吃，而在城市中，即使乞讨也能有饭吃。所以多数人员认为"在城市要饭也能吃饱"，甚至有的灾民能"经常吃饺子"，因此，在城市中逃荒的灾民经常说"原籍有水，地不能种"，一方面他们对生产没有信心，不相信政府会帮助解决生产上的问题；另一方面很多没土地、没房屋的灾民，顾虑回去生活上没办法。"个别的根本不想回去，地也不要了"，[①] 根本没有计划秋后的生活问题。

这一时期对灾民的临时救助尚没有明确的指导思想，有的采取就地安置，有的帮助安排就业，有的劝导还乡生产，也有的强制遣送还乡。这些情况体现了当时的临时救助措施，只着力于尽快解决问题，却缺乏长期规划和整体目标。以北京为例，北京市各个区政府也对灾民采取了多种救助措施。有的帮助他们介绍职业，如北京郊区门头沟区政府、工会、矿务处、公安局共同组成灾民职业介绍所，登记安置共解决了565人住房问题，介绍3462人做矿工窑工，外来灾民共8000人都找到了职业。[②] 有的给予临时生活救助，及时给灾民提供生活保障，解决他们的生活问题。

[①] 《关于遣送京郊外来灾民回籍生产工作报告》，北京市档案馆：196-2-206。
[②] 《1949年京郊救灾工作总结》，北京市档案馆：9-1-91。

也有的动员灾民回乡生产,如1950年初京郊外来灾民"多达2万人以上,多集中于门头沟、长辛店、石景山、丰台、南苑等工矿"。为此,北京工作人员在春耕开始及麦收前,两次动员、遣送回乡生产人数一共1463人,取得了颇为明显的救助成效。主要采取的措施是说服动员与救济帮助相结合,同时还要结合农村的生产情况,"结合生产季节按具体情况动员回籍,对已逃到市镇农村中的劳动力,只要找到工作或有土地时,均予以就地安置,无劳力的尽量动员回籍"。① 有的灾民"动员回籍收效不大,不如一方动员一方编组,对无劳动力乞食的灾民一律遣送回籍"。②

除了遣送灾民回籍的过程中为灾民提供物质救助之外,为了安抚灾民情绪,考虑到灾民的思想顾虑,由受灾的各区各县派来的干部负责介绍该县现在的生活情况与生产情况;指出秋后农耕的重要性,动员灾民首先回籍耕耘土地;介绍该县种种防灾救灾措施,例如挖沟挖河、安置水闸、保证生产,以及组织多种副业生产,例如织席、纺线等生产大收入情况;针对耕地垫本困难的农民,政府负责贷款救济解决;政府负责负担回籍车费和伙食费;在京确实有工作做的,准其集中暂时不走;同意回籍的政府采取分批遣送的方式遣送回家等。③

同时,事先调查了解灾民、难民具体情况,并争得原籍人民政府的同意,使其回到原籍能有生产与生活出路,不能采取推出门便了事的态度。④ 遣送的主要对象是流入城市的农村剩余劳动力与有家可归的灾难民。城市贫民若要回原籍,要详细了解是否有生活保证,对回原籍无条件进行生产者,应在城市中结合劳动就业设法安置。游民乞丐应收容劳动改造,不能作为遣送对象。⑤

---

① 《遣送京郊外来灾民回籍生产工作报告》,北京市档案馆:196-2-203。
② 《北京地区外来灾民情况报告》,北京市档案馆:196-2-206。
③ 《关于遣送京郊外来灾民回籍生产工作报告》,北京市档案馆:196-2-206。
④ 《关于动员外地盲目流入城市灾民还乡工作的情况报告》,北京市档案馆:196-2-206。
⑤ 《关于动员外地盲目流入城市灾民还乡工作的情况报告》,北京市档案馆:196-2-206。

1952年，经过本局与几个区政府动员几次，"宝坻县住在地堡内的灾民13户24人，全部都回籍参加生产。蓟县的16户住地堡的灾民，只动员走了3户，剩余13户39人不走，据称原籍有水无法生活；长辛店镇住的武清县灾民22户103人中，动员走了大半，剩下47人不走……在教养院的有25户30人，另外集中于习艺所的有各地流落而来的25人"。① 另外，6月10~30日，再次"遣送灾民296人次，抓紧在麦收季节，农村正需要劳力的时候，派干部会同区中干部进行了解动员，即遣送走了99人。尚有54户197人借口原籍仍有水灾，无法生产或政府照顾不够，生活不得维持等，意图久居"。② 可以看出，遣送灾民回籍虽然是灾民救助中比较简单的办法，但是很多灾民并不愿意回到受灾的家乡，反而留恋城市生活。固然，城市中没有灾情，生活程度较好是主要原因，但是，农村的灾害救助程度不够、救助有限等问题，也是导致灾民留恋城市的必然原因之一。

对外来灾民给予优惠乘车的补助，是对灾民救助的重要方式，也是鼓励灾民还乡生产的一项优惠措施。这种优惠乘车的规定是随着灾情不同、灾民不同而灵活变化的。1949年北京市规定，"对回籍确有困难"的部分灾民要"酌情补助伙食和路费"。③ 1950年随着京郊灾民的不断增多，为了便利零星贫民遣送回籍，北京市规定"可按集体运送优待办法减三成计费，惟该项运费须于旅行开始前付现，不在零星运送贫民预付票款内支付"。④ 1952年，为了帮助重灾区的部分灾民外移或者回乡生产，经中财委核准"予以四成购票乘车，业由铁道部令各有关路局，各地认真执行"。灾民外移或回乡生产"一般准予四成购票乘车，发给其每日的生活费，但每人每日不得超过小米1斤"。⑤

---

① 《关于遣送京郊外来灾民回籍生产工作报告》，北京市档案馆：196-2-206。
② 《遣送京郊外来灾民回籍生产工作报告》，北京市档案馆：196-2-203。
③ 《北京地区外来灾民情况报告》，北京市档案馆：196-2-206。
④ 《为拟定零星贫民运送办法函请查照见复函》，北京市档案馆：196-2-206。
⑤ 《为帮助灾民外移或回乡生产而优惠乘车》，北京市档案馆：196-2-201。

另外，灾民乘车优惠条件规定，"灾民外移或回乡生产要加强组织尽量集体行动，找人带领以利铁道运送，若属零星者，由铁路局统一制定乘车优待证，各有关政府可向附近铁路管理局领取使用，但享受四成乘车优待者，须经区政府证明，县政府审查发给，享受普通或特别补助者，须经县区政府证明，专署或专署指定之县政府发给，持救济粮向下调剂使用，如不敷应用时，得另请核发"。并且，"对灾民乘车各地政府应加强组织教育并发给灾民一定标记。于乘车时实现与附近铁路局取得密切联系，维护乘车秩序以策安全"。同时，"灾民不能乘坐快车，其乘坐之车辆及车次，由铁路局酌情指定"。① 对"整批流入城市的灾民、难民与农村剩余劳动力，应动员其回籍，并与原地人民政府协商派人护送。遣送零星灾难民，一般应一次发足路费，以免辗转各地，增加沿途人民政府的困难；对某些路途遥远、交通不便、无法估计路费者，送至中途一定之大、中城市予以转送，也是可以的，但必须在证件上证明理由与路线，以防止坏分子到处冒领路费"。② 可以看出，城市对灾民、难民的优惠乘车规定详细具体，既能切实保证灾民、难民的乘车优惠，又起到了鼓励灾民、难民还乡生产的辅助作用。

3. 长期救助

这一时期，政府对灾民的长期救助主要是围绕着恢复生产、重建农业生产秩序方面进行的，概括来说就是要帮助灾民开展生产自救，下面以贷款扶助生产和鼓励发展农副业为例来介绍。

第一，贷款扶助生产。

根据中央政务院发布的《关于生产救灾的指示》，各级地方政府"必须大力解决原料、运销和资金困难"，使灾民得以"就地安置"。客观来看，灾荒过后政府给予适当的贷款，帮助受灾的民众

---

① 《为帮助灾民外移或回乡生产而优惠乘车》，北京市档案馆：196-2-201。
② 《关于动员外地盲目流入城市灾民还乡工作的情况报告》，北京市档案馆：196-2-206。

重新解决种子、肥料等问题,使灾民能够在灾荒过后尽快投入生产。这种救助方式,对帮助灾民重新生活以及稳定灾民情绪等方面,有着极为显著的作用。

1949年水灾过后,北京市组织贷款扶助灾民,不仅"贷给麦种",还贷给"219917斤肥料,贷款49794斤小米",同时,"号召男女老幼齐下地,组织互助,解决种麦困难的问题,计共种麦336998亩,占郊区耕地84%"。1949年统计京郊农村贷款"计贷出麦种20288.5斤,肥料49794斤,白薯折实贷款160000斤,播种小麦33万余亩超过去年一倍多,秋耕地已完成90%以上的秋翻工作"。[①] 这一阶段的农村贷款非常有效的扶助了郊区农村的生产发展,1949年夏季"收麦17977石,对缩短灾荒起决定性作用"。[②] 另外,在1950年春耕救助方面,北京郊区政府一面"动员多种早熟作物以早种早收早接口",一面"贷给早熟作物种子250000斤,共种42434亩"。[③] 此后,北京郊区灾荒之后的农村贷款一直没有间断,例如,1954年北京市为了急救郊区灾民,就拨发"救灾贷款20亿元(旧人民币),扶助救灾",此农贷对"水灾中受灾者约3万多户,13多万人"给予了及时的救助。可以看出,贷款扶助生产在北京郊区灾荒救助工作中占有重要地位,为灾荒过后重新发展农业生产起到了关键的作用。

第二,发展农村副业生产。

发展农村副业生产也是这一时期灾荒救助的一项重要措施。这种救助方式多集中于秋末、冬初等农闲季节进行,这样一方面有利于组织农民一起参加副业劳动,增加收入;另一方面可以帮助农民顺利度过冬灾。但是,"京郊特点是农业副业无基础,农闲期间,一般农民多出卖劳动力和作小商贩等",所以,多数群众都依赖政府组织帮助开展冬季的副业生产。

农村的副业生产能解决灾民度荒的很多困难,当时许多地方

---

① 《郊区工作委员会报告灾情及救灾情况》,北京市档案馆:9-1-75。
② 《1949年京郊救灾工作总结》,北京市档案馆:9-1-91。
③ 《郊区工作委员会报告灾情及救灾情况》,北京市档案馆:9-1-75。

吸取了抗日根据地的经验，把开展副业生产当做克服灾荒的有效办法之一。因此，政务院在1949年12月"关于生产救灾"的指示中，号召各地要"因地制宜，恢复与发展副业和手工业"，"要根据各地条件，找出灾民生产办法，靠山吃山，靠水吃水"。为了发展副业，增加副业生产的销路，河北、山东等省都派出了大量的干部，远到东北、西北、上海、汉口等地，设立办事处，推销产品。全国各地根据因地制宜的办法，将各地的整、半劳动力和妇女都发动起来，开展了各种各样的副业生产，不少地区做到了"村村无闲人，家家有副业"。河北省灾民的生产活动有数十种，参加主要副业的灾民有134万人，山东省开展起来的副业有100多种，全省参加副业生产的灾民约有800万人，皖北的副业生产发展到70多种，参加生产的人有150万人，苏北副业生产的种类有四五十种，其中参加织席子、拐粉、扫硝、割草的即达到9.7万户。①

北京郊区发展的副业生产种类很多，根据不同区域的不同情况，发展、选择的副业生产内容也不同。例如第十四区组织熬硝，共"组织152口硝锅，2000多人，共熬7393875斤，折小米299475斤，解决了39973人的生活问题"。同时，还"组织摇煤球、卖菜、油坊、纺毛等副业约百户左右"，以及"组织大小车共345辆，包运石头沙、货物等"运输工作，真正实现了副业生产并解决很多灾民的生活问题。纳鞋底是第十三区发展副业的主要内容，"平均每村百人左右，全区在鞋料的供应充分情况下，每日约纳2200双，折小米2200斤"。纺毛线是第十七区在原有纺毛厂基础上发展起来的副业，"工人140～150人，每工养活3人，约解决400人生活。另外，十七区与合作社办了个纺毛训练班，训练10村妇女"，使村民增加收入维持生活的同时，还学习了生产技术。第十六区的副业生产以打草绳为主，"十六区在六郎庄、海淀共组

---

① 中华人民共和国内务部农村福利司：《建国以来灾情和救灾工作史料》，第12页。

织 250 台机，母机每日获利 2 斤 4 两玉米，共可收入 526.8 斤，约解决 900 人生活"。十九区"组织运输、编筐、作豆腐、小贩等生产，共 5310 人参加，获利 360000 斤小米"。二十区"发动群众割荆条 10 余万斤，折小米 5 万斤左右"。① 可以看出，北京郊区组织农村发展副业生产，很好地解决了贫困农民冬季的生活问题，例如，"熬硝，从团河村一口硝锅发展到 17 村 152 口硝锅，2000 余人参加，去冬今春共熬硝 15768370 斤，换玉米 5676588 斤，约解决 8057 人生活"。"东郊约 2200 名妇女纳鞋底，每日 2200 双，折米 2200 斤"。② 这些副业生产是群体劳动取得的成果，对于组织群众团结抗灾和恢复生产起到了很大的鼓舞作用。另外，副业生产有助于"打破群众依赖政府救济思想"，使灾区农民真正体会到"人定胜天"的战胜灾荒力量，增强其战胜灾荒的信心。

可以看出，无论是贷款扶助生产，还是鼓励开展农副业，都是帮助灾民开展生产自救的方法和手段。在这里，生产自救不仅是一个重要的救助措施，也是这一时期非常重要的救助理念。随着近代社会救助思想理念的发展，对被救助者给予的不再仅仅是表面上的救助了，更多的涉及对贫困者今后生活的思考，即如何从根本上解决贫困。而生产自救恰好是一个崭新的尝试，其不仅能够解决贫困者的生存问题，还具有可持续性，为贫困者今后的生活指定了方向。生产自救，可以说是现代社会救助思想在中国救助事业中的勇敢尝试。

（四）防灾抗灾

在灾害救助工作中，救灾虽然是工作重点，防灾、抗灾也是灾害救助工作的主要方面。面对无法抗拒的自然灾害的侵袭，如何将损失降到最低点，这是新政府防灾、抗灾工作的一项重要内容。以 1952 年京郊农村普遍春旱为例，领导抗旱工作成为保护农

---

① 《生产救灾工作报告》，北京市档案馆：9-1-91。
② 《生产救灾工作报告》，北京市档案馆：9-1-91。

业防治灾荒的重要措施。根据第十一区的报告,"去年秋冬缺少雨雪,今年立春后,虽然降雪两次,但水量很小",所以京郊"约十七万亩旱地春播尚存在严重困难"。然而,由于很多农民存有"人忙天不忙,早晚一大伤"、"丰收靠天顺"等消极思想,并不积极防旱抗旱。由此,京郊各区政府积极组织领导农民应对来临的春旱,采取多种措施来防旱抗旱。

首先,大力组织群众拉肥料做准备,如果需要贷款购买肥料,由区合作社办理。并根据气候条件,普遍多种耐旱作物如白薯、谷子、大葱等作物。① 其次,采取各种有效的抗旱措施。如突击保墒,即将秋耕地在化冻前,争取普遍压一遍或两遍,解冻后及时多耙、细耙,从而保持土壤水分;抢墒,即如果春旱,土壤湿度能够保持,发芽出苗即动员农民抓紧时机及早下种;发展挑水点耕;开放利用一切水源,积极兴修水利;发动群众互助互借解决生产垫本的困难,如种子、肥料、牲畜等,特别是棉田、稻田生产垫本较多,互助互借可以较好的发展。② 此外,为了有效地解决灾民的生活生产问题,教育灾民克服单纯依赖政府救助的思想,发动各个部门积极帮助他们介绍生产自救的措施,并在"必要时酌情给予部分贷款,帮助其发展手工业或小本买卖经营及部分实物救济"。③

这些防灾抗灾的措施,普遍取得了较好的成效。例如,第十一区"各村生产防旱委员会除八里庄、马房寺尚未成立外,其余33个村均已成立,干部明确分工,负责发动组织群众,进行防旱、抗旱工作,已获得初步成绩,据25村统计,到三月十日共压地67532.9亩,约占春播地85%,检查出废井与应修井160眼,窑68个,计划打新井34眼,如能充分利用水力,挑水点耘至少能解

---

① 《北京市第十一区人民政府防旱抗旱及春耕工作的意见》,北京市档案馆:9-2-264。

② 《北京市第十一区人民政府防旱抗旱及春耕工作的意见》,北京市档案馆:9-2-264。

③ 《北京市第十一区人民政府防旱抗旱及春耕工作的意见》,北京市档案馆:9-2-264。

决9000亩耕地用水，共有肥料22400车，已给春播打下了坚实的基础。目前正大力发动组织群众，积肥拉肥，压地，合伙打片，开发水源"。① 不仅第十一区防旱救灾的工作领导得当，京郊各区政府基本都能够在灾荒来临之前，做好防灾救灾的准备，并合理的领导灾民发展副业生产，抢救受灾土地，给予灾民生产垫本使其迅速恢复正常生产。② 而多数群众也逐渐认识到了防灾救灾工作的重要性，一改原来"靠天吃饭"对灾荒不防不治只靠救济的消极思想，在京郊政府的领导与帮助下，积极开展防灾救灾工作。③总之，防灾抗灾的救助工作，无论从对灾民的救助措施上，还是从领导灾民抗灾生产工作上，都非常符合当时的实际情况，是这一时期灾荒救助的成功典范。

中华人民共和国建立初期，灾害救助工作以生产自救为指导思想，从实践中发展了丰富的救助方式，较好地完成了灾荒救助的历史任务。在新政府的正确领导下，全国农村受灾地区顺利战胜灾荒，重新投入生产并团结一致地渡过了困难时期。应该说，救助政策灵活化，是此时期灾荒救助工作能够胜利完成的重要条件。例如，面临灾荒的严峻形势，解决生产救灾的主体思路是"灾区主要是发动群众生产自救，当地政府必须大力解决原料、运销和资金困难，并结合以工代赈，使灾民就地得以安置，同时劝告灾民不要外逃，以减轻邻省邻区的困难"。④ 由此，地方救灾领导机关可以不必拘泥于发放救济粮款等救助手段，而救助工作的重点也转移到发动灾区群众开展生产自救方面。

地方政府结合实际情况，开创出了丰富的生产救灾方式。也增进了地方农村副业的发展。例如，除了组织灾民参加以工代赈以外，还积极促进农村贷款辅助生产。根据统计，1949~1956年，

---

① 《北京市第十一区生产抗旱防旱工作汇报》，北京市档案馆：9-2-264。
② 《北京市第十区生产防旱工作第一次汇报》，北京市档案馆：9-2-264。
③ 《第十二区生产防旱准备工作检查汇报》，北京市档案馆：9-2-264。
④ 中华人民共和国民政部大事记编委会：《中华人民共和国民政部大事记（1949~1986）》，第4页。

北京市政府多次紧急拨款救助灾民，贷给灾民大量款项用于扶助生产重建。1954年北京市为了急救灾民，就拨发"救灾贷款20亿元（旧人民币），扶助救灾"，农贷对"水灾中受灾者约3万多户，13多万人"给予了及时的救济与帮助，对迅速恢复生产、重新发展农业起到了关键的作用。并且，用多种手段组织农村地方副业的发展，例如，在"东郊区组织了驹子房乡、南苑区组织团河乡6800多人，进行挖河修渠等以工代赈和从事熬硝、纳鞋底等副业生产，五六个月的生产收入约合200多万斤玉米，不但解决了几个乡的灾民生活问题，还添置了一些家具、牲畜。结合灾民生产，国家还发放了救济粮油5324斤"。[1] 这些灾害社会救助措施的灵活运用，为顺利实现农村的生产自救工作提供了必要保障。综合来看，中央和地方政府基本上能够立足现实情况，坚持以生产自救为救灾指导思想，并合理的以群众互助、以工代赈、发放救济等方法为辅助政策，有效地组织灾民重新投入生产，避免了灾民向外无序流动。灾区社会救助为社会秩序的稳定提供了基础，也为顺利救灾救荒提供了良好的条件。

二　失业救助

就业是民生之本，据中国社会科学院最近发布的2009年《经济蓝皮书》评估，我国正处于全国性就业高峰期，大学毕业生、农民工、城镇待岗人员、留学回国人员等多支劳动大军几乎同时涌入劳动力市场，带来了新一轮严峻的就业压力。其实，新中国建立初期，就业也是全国各大城市所面临的第一大难题。根据统计，截至1950年9月底全国城镇失业人员达到472.2万人，失业率高达23.6%。[2] 以北京为例，根据1949年北京市公安局的统计，当时全市人口约2004807人，其中失业、无业人口有四五十万，占

---

[1]《郊区工作委员会报告灾情及救灾情况》，北京市档案馆：9-1-75。
[2] 国家统计局社会统计司：《中国劳动工资统计资料（1949—1985）》，中国统计出版社，1987，第109页。

20%~25%。① 其中除了普通的产业工人失业较多，还有大量的知识分子也加入了失业大军。1950年8月的北京市失业统计材料显示，各种失业人员中，工人、职员、店员，以及文教人员等知识分子占据了大部分，"失业技术人员占4.63%，失业职员占21.84%，失业文教人员占10.81%，还有其他失业知识分子占8.23%"。② 面对严峻的失业状况，中央和地方政府纷纷采取了多项失业救助措施。

失业救助原是生产救助范畴内的一种救助形式，其主要指国家对有劳动能力的失业贫困人员提供培训或就业帮助，使其通过自力更生来恢复生产或就业，从而恢复谋生能力的一种救助措施。失业救助是社会救助中的一个重要内容，与生活救助相比，失业救助是一种更为积极的救助方式，它的目标是帮助贫困人员谋得职业，从根本上摆脱贫困并恢复社会尊严。失业救助不但能够使失业人员找到合适的工作，获得谋生手段；而且，失业救助还能够减少城市失业人数，减轻政府救济的负担，并为实现人尽其才提供更多的条件与可能。有鉴于此，从中华人民共和国建立初期，各级政府就开始了对城市失业、无业人员的调查和统筹调配，努力发展城市中的失业救助工作。

(一) 严峻的失业状况

1949年中国各大城市都面临着严重的失业问题。根据统计，截至1950年9月底全国城镇失业人员达到472.2万人，失业率高达23.6%。③ 1950年对失业人数的登记，"全国失业工人共有1220231人，失业知识分子188261人，共计1408492人。此外，还有半失业者255769人，将失业者120472人"。④ 可以看出，全国的失业情况非常严重，失业人员也数量庞大。

---

① 中共北京市委党史研究室：《社会主义时期北京党史纪事》第1辑，人民出版社，1994，第135页。
② 北京市档案馆编《国民经济恢复时期的北京》，第675页。
③ 国家统计局社会统计司：《中国劳动工资统计资料（1949—1985）》，第109页。
④ 中国社会科学院、中央档案馆编《中华人民共和国经济档案资料选编·劳动工资和职工保险福利卷（1949~1952）》，第203页。

北京关于失业人员的调查和救济工作是从 1949 年底展开的。1949 年 12 月,北京市财经委员会组织了 300 多名干部,协同派出所就全市失业工人、知识分子和赤贫户做了一次普遍调查。1950 年 2 月份北京市统计失业工人的数字显示:手工业行业"已经失业人数为 5620 人,除已经回家或转业者为 1012 人外,净为 4608 人;此外,还有很多店员也纷纷失业,有工会组织的 12 行业在业的人数为 30190 人,已有失业人数为 4696 人"。中国人民救济总会据此统计,北京"全市商业共有 99 行业,在业人数为 76730 人,现有组织的 30190 人,约占总数的 30.10%。失业人数 4696 人当属一部分,按照 30.10% 的比例推算,已经失业的工人人数应为 11989 人,其已返籍或转业按 50% 比例减去净为 5994 人,估计将要失业人数,以在业 76730 人的 50% 应为 38365 人"。① 且不论此失业工人的数量的推测是否完全准确,从已有的资料来看,无论失业比例和失业的人数,都可以看出失业情况非常严重。1950 年 8 月份的北京的失业统计数字如表 3-5 所示,总失业人数超过万人,其中多数是男性,职员和文教工作者占 30%以上。

表 3-5　1950 年北京市失业工人和失业知识分子统计

业别 \ 性别		总计	男	女
产业工人	人数（人）	1339	1066	273
	百分比	13.13	12.19	18.78
公共事业工人	人数（人）	555	529	26
	百分比	5.44	6.05	1.79
手工业工人	人数（人）	461	387	74
	百分比	4.52	4.43	5.09
独立劳动手艺工人	人数（人）	939	892	37
	百分比	9.21	10.20	2.54

---

① 《本会关于救济失业工人和为灾民募集寒衣的通知和工作报告》,北京市档案馆:101-1-276。

续表

业别 \ 性别		总计	男	女
苦力搬运工人	人数（人）	1133	1131	2
	百分比	11.11	12.94	0.14
农林园艺牧畜工人	人数（人）	27	25	2
	百分比	0.27	0.29	0.14
店员	人数（人）	1113	1088	25
	百分比	10.91	12.44	1.72
技术人员	人数（人）	472	376	96
	百分比	4.63	4.30	6.60
职员	人数（人）	2227	2014	213
	百分比	21.84	23.04	14.65
文教工作者	人数（人）	1102	642	460
	百分比	10.81	7.34	31.63
其他失业知识分子	人数（人）	839	593	246
	百分比	8.23	6.78	16.92
总计	人数（人）	10197	8743	1454
	百分比	100	100	100
附注	(1) 其他失业知识分子项内，包括一部分有文化程度的伪军警和一部分中等学校以上毕业失学而未就业的学生。(2) 表中所列失业工人和失业知识分子从解放前至今失业者3869人，占总人数的37.94%；解放后至今失业者6328人，占62.06%；在城区者7909人，占77.56%；在郊区者2288人，占22.44%。			

资料来源：北京市档案馆编《国民经济恢复时期的北京》，第675页。

另外，截至1950年10月广州市已登记的失业工人计36149人，[①] 截至1950年8月20日天津市登记的失业人数20358人，广西省登记的失业人数有1.54万余人，迪化登记的失业人数有7000多人。[②] 综合新中国建立初期全国的失业状况，可以看出失业情况非常严重。

---

① 《人民日报》1950年10月13日。
② 《人民日报》1950年9月8日。

首先，真正的失业人数要远远多于统计的数据，即很大一部分失业人员并没有登记在册。以失业知识分子为例来看，1950年7月24日北京开始登记失业人数，"失业工人和知识分子的登记，到10月31日为止共9103人，其中解放前失业者2295人，占登记总数25.21%，解放后失业者6808人，占74.79%……知识分子（职员、教员、及一少部分初中以上失学的学生）共为2587人，占28.42%"。① 到11月底统计，北京的失业知识分子登记数目约为4640人，② 1950年底至1951年2月份，北京市的失业人员又相继登记了2359人，其中约有一半是失业知识分子。从这些统计数字可以看出，失业知识分子的登记数额是不断增长的，而且增长幅度很大。这主要是因为北京最初的失业人员登记中，很大一部分知识分子还没有来登记，包括一些生活还可以维持的人，一部分伪军、警、司法人员等，以及一部分中学以上程度或根本没有做过任何工作的知识分子。

很多符合登记条件的知识分子不敢来登记，他们有疑虑，还在观望情况。例如，有人听信了反动谣言"登了记就送关外做苦工"，有的说"登记了统一分配，送到东北、西北去。有的怕写自传、怕交代历史、怕学习、怕丢脸。有些人生活还好，安于享乐，怕工作。而丢失学历证件、无法前往登记者也为数不少。也有少数人看到有些私立学校、企业拒绝接受失业知识分子，因而心灰意冷，迟疑观望，认为登不登记同样找不到工作，不登记反倒自由一点"。③ 1950年12月至1951年2月底，在失业救助开始逐渐推广之后，很多失业人员看到别人在失业救济处的帮助下找到了工作，增强了就业的信心，于是登记的人就逐渐多了起来，又相继登记了2359人，其中失业知识分子很多。④ 部分人员成功再就业的经历也产生了间接的宣传效应，增加了其他类别失业人员的

---

① 《失业工人、知识分子救济工作报告》，北京市档案馆：1-9-132。
② 北京市档案馆编《国民经济恢复时期的北京》，第854页。
③ 北京市档案馆编《国民经济恢复时期的北京》，第858页。
④ 北京市档案馆编《国民经济恢复时期的北京》，第867页。

信心。总之，除了已经登记的部分失业人员之外，还有很大一部分失业群体没有登记在册。所以，真正的失业人员总数还是远远大于失业登记统计出的总数。对此，1951年3月北京市总党组在给彭真市长的报告中说：

> 京市救济失业工人与知识分子的工作，截至目前为止，共登记了11800人（去年8月调查为10917人），其中包括已经介绍就业者5100人，包括就业者1600人，未就业者尚有6700人。参加工赈者约2600人（最多时候2800人，最少时为1600人），资送回乡生产者198人，参加转业训练者约520人，（政治训练班尚有280人，技工训练班100人，会计训练班140人）。参加生产自救者只有几十人，因多系家庭妇女……临时工，无技术，文化低，并多数生活不太困难，不易组织生产自救，暂时无就业与劳动条件给以单纯救济者179人。①

可以看出，随着失业救助的推行，北京的失业情况在1951年一度有所缓解。但是，随着社会主义经济体制的逐渐建立，1952~1953年全国范围又出现失业率回升的现象。据北京市民政档案记载：本市劳动就业登记工作，从1952年9月16日开始，到1953年9月22日结束……一年来，失业人员共登记了69579人，其中失业职工将近3/4，计49478人，其中包括知识分子6557人，小工业主和行商摊贩7725人，旧军官、旧军吏2411人……此外还有僧、尼、道士和游民、乞丐、妓女等。②

失业人员也以工人、店员居多，也有一部分知识分子或技术人员被卷入失业浪潮。例如，北京市中医师2220名，其中获得中医师资格者1155名。据已有数据统计，半失业者285名，失业者

---

① 《关于救济失业工人向市委的请示报告》，北京市档案馆：101-1-20。
② 《北京市人民政府劳动局1953年第三季度工作报告》，北京海淀区档案馆：2-105-124。

171名。失业后生活无法维持，医师王永光在修龙须沟时当小工来维持生计，也有个别的靠卖青菜、修理自行车、拉三轮车来维持生活。知识分子汤敬生说："只要有饭吃就行。"① 1953年，北京市对全市原有的失业人员进行清理，即对失业人员的具体情况重新掌握。据悉，北京市"1953年6月份失业人员登记2100人，7月份登记1717人，8月份898人，9月份733人"。② 随着第一个五年计划的开始，国民经济逐渐开始发展，失业工人得以安置，失业情况也逐渐好转。

综合1949年底至1955年底北京的失业统计情况，这一时期北京市失业人员"向劳动部门办理登记的累积共15.5万人，其中失业人员9.9万人（绝大部分是新中国建立前遗留下来的），没有做过工作、要求就业的5.6万人"。③ 可以看出，北京市失业人员数量非常庞大。

其次，失业人员成分非常复杂。这一时期，北京城市失业人员成分非常复杂，来自社会各个行业、各个阶层，三教九流，无所不有。他们普遍的特点是"就业条件一般不强，文化低，没技术，政治历史复杂"，因而，对他们的"处理工作是比较困难的"。④ 正是由于失业人员参差不齐的复杂情况，给失业救助工作平添了较多的困难。从几次调查的资料可以看出，失业人员的构成来源主要有四种类型。

第一，失业的工人。工人的失业问题，可以说是从民国时期延续下来的问题之一。民国后期，社会经济萧条导致产生了大批的失业人员，多数都遗留给了新中国。新中国建立以后，对失业情况的治理经历了一个较长时期的过程。

据1950年8月初公布的统计数字，北京市"总计失业人数为

---

① 北京市档案馆编《国民经济恢复时期的北京》，第867页。
② 中国社会科学院、中央档案馆编《中华人民共和国经济档案资料选编·劳动工资和职工保险福利卷（1953~1957）》，中国物价出版社，1998，第9页。
③ 北京市档案馆、中共北京市委党史研究室编《北京市重要文献选编（1956）》，第373页。
④ 《关于救济失业工人向市委的请示报告》，北京市档案馆：101-1-20。

10197人。其中解放前失业的3869人，占37.94%；解放后失业的6328人，占62.06%"。其中"失业工人5567人……产业工人占13.13%，公共事业工人占5.44%，手工业工人占4.52%，独立劳动手艺工人占9.21%，苦力搬运工人占11.11%，农林畜牧工人占0.27%，店员10.91%"。①

随着社会制度的前后交替，社会经济的变革与改组，国家经济在恢复和发展的过程中遇到了一些困难，也导致了"原已存在的失业情况骤形增加"，失业现象不断加剧，同时"失业工人的生活极为困难，迫切需要救济，而在业工人亦因受失业工人的影响而感到不安"②等复杂的局面。随着国民经济的逐渐恢复，以及政府对失业人员的救助措施不断完善，北京失业工人数量才逐渐减少。

第二，失业知识分子。中华人民共和国成立初期，北京市知识分子的失业情况也颇为严重。

从1950年8月的全市失业的统计材料来看，"失业知识分子4640人。在失业知识分子中，技术人员472人，职员2227人，文教工作者1102人，其他失业知识分子（包括一部分有文化程度的伪军警和一部分中等学校以上毕业失学而未就业的学生）839人"。③

从各种失业人员所占比例上可以看出，工人、职员、店员以及文教人员等知识分子，占据了大部分。"失业技术人员占4.63%，失业职员占21.84%，失业文教人员占10.81%，还有其他失业知识分子占8.23%"。④ 这些知识分子的失业情况，占失业人员总数的45.51%。可以看出，这一时期北京市知识分子失业情况非常严重。究其原因，一方面新旧政权变革的过程中，社会机

---

① 北京市档案馆编《国民经济恢复时期的北京》，第675页。
② 毛齐华：《一年来救济失业工人工作的成绩》，政务院财政经济委员会编《中央财经政策法令汇编》第3辑。
③ 北京市档案馆编《国民经济恢复时期的北京》，第675页。
④ 北京市档案馆编《国民经济恢复时期的北京》，第675页。

构与社会经济的变革与改组不可避免地带来一部分失业问题；另一方面，很多接受传统教育的旧式知识分子，一时难以适应新的形势而致失业，也是社会转型这一客观形势带来的主要问题。

第三，失业的旧职员。失业旧职员主要指原国民党政府的各级机构工作人员，也包括原警备人员等，统称为旧职员。新中国建立初期民政档案中称他们为"旧人员"。这部分失业旧职员数目庞大，背景复杂。

新中国建立初期，根据各大城市处理旧人员的经验，例如"京沪杭解放后，把旧人员裁了二万七千余人，引起很大波动，北平和平解放后，遣散傅部军官的一万七千人均逃到绥远，怨天恨地，现在仍须由政府负担解决，所有这些经验，说明旧人员一般地不能用裁撤遣散方法解决，必须给以工作和生活出路"。所以，北京在处理这些旧职员失业问题时，认识到"除少数战犯、特务及劣迹昭著的分子外，一般均将其希望寄托于我们，其基本要求是吃饭"，① 并据此制定了对旧人员的合理安置政策。

1951年北京市统计对失业旧职员大致处理情况，"留用人员3155人，占64.54%，送行政干部训练班540人，占11%；资遣回籍的556人，占11.4%；送华北各大学的314人，占6.4%；开除的77人，占1.57%；送清河大队（指特务分子）159人，占3.3%；转业的89人，占1.8%"。② 可以看出，他们超过半数以上被继续留用，送干部班培训的也占11%，可见这些旧职员基本能够在新政府领导下发挥自己的知识、技能和工作经验。新政府对旧职员的合理安置，也稳定了人心，妥善地解决了旧职员的失业问题。

第四，失业贫民。

迫切等待失业救助的除了失业工人、失业知识分子和部分失

---

① 中国社会科学院、中央档案馆编《中华人民共和国经济档案资料选编·劳动工资和职工保险福利卷（1949~1952）》，第276页。
② 北京市档案馆、中共北京市委党史研究室编《北京市重要文献选编（1948.12~1949）》，第499页。

业旧职员外,还有很多社会闲散人员,例如,部分找不到工作的城市贫民,流动摊贩,失业的小手工业者,以及部分流落京城的郊区农民等等。他们三教九流,无所不有。并且,他们"就业条件一般不强,文化低,没技术,政治历史复杂,是他们三大特点"。① 以北京为例,从1952年9月到1953年9月的失业登记统计中,"小工业主和行商摊贩7725人,旧军官旧军吏2411人,僧、尼、道士和游民、乞丐、妓女等3389人"。② 另外,也有很多失业贫民无以维生而沦为乞丐,尤其在新中国建立初期"城市里乞丐的数量极多,天津约有一万五千,北京有八千以上,因乞丐种类繁多,又无固定居住地点,故很难统计……乞丐、流氓、失业游民约有五万"。③ 由于天灾人祸而产生的灾民,也纷纷涌入城市沦为乞丐一族。④ 北京有很多"附近乡村之灾民、残废、不愿劳动者,闻风入城行乞"。⑤ 除此之外,"解放初期有很多国民党的散兵游勇,流落城市街头,沦为乞丐。另外还有的一部分是苦力工人,因为维持不了生活,叫女人和孩子在大街乞讨"。⑥ 1950年8月的北京全市失业统计中,除了失业工人与知识分子,以及失业旧职员外,"其他待济贫民(无业或赤贫)6802户,共18957人"。⑦ 可以看出,失业贫民也是北京失业救助的主要构成部分。

(二) 失业救助政策

从现代社会救助的理念来看,失业救助是比生活救助更为积极的救助方式。失业救助的根本目的是通过国家或集体的力量帮助失业人员找到合适的工作,从而维持生活,不再依赖政府救济。

---

① 《关于救济失业工人向市委的请示报告》,北京市档案馆:101 - 1 - 20。
② 《北京市人民政府劳动局1953年第三季度工作报告》,北京海淀区档案馆:2 - 105 - 124。
③ 《乞丐问题材料》,北京市档案馆:196 - 2 - 191。
④ 夏明方:《民国时期自然灾害与乡村社会》,中华书局,2000,附表1。
⑤ 《乞丐问题材料》,北京市档案馆:196 - 2 - 191。
⑥ 《收容乞丐工作总结》,北京市档案馆:196 - 2 - 20。
⑦ 北京市档案馆编《国民经济恢复时期的北京》,第675页。

而在新中国建立初期，政府对失业情况的分析总是注重从阶级、剥削、帝国主义压迫等角度去归纳和总结，《人民日报》1950年6月30日的一篇题为《失业与失业救济》的文章，其观点在当时颇具代表性。

> 为什么在解放战争取得胜利以后，还会存在着这样严重的失业问题呢？
>
> 原因很复杂但也很简单：这完全是旧社会所遗留下来的。一般地说：失业是资本主义制度的产物。资本主义国家经常制造出庞大的产业后备军，并且随着资本主义制度的发展而不断增加。中国虽然过去还未成为一个资本主义的国家，但是，由于帝国主义、封建主义、官僚资本主义的长期统治，不断的搜括掠夺与不断的战争破坏，吮尽了人民的膏血，摧毁了民族工商业，使整个国家陷于民穷财尽、衰落毁灭的境地。这样，半殖民地半封建的中国所存在的失业问题，有时竟比资本主义国家的严重性更恶劣一些！目前存在的失业问题，无疑的是解放前反动政权所制造与累积起来的，是反动政权对人民长期的、残酷的掠夺的结果，不过在过去有一部分被隐藏着罢了。
>
> 另一方面：解放后全国工商业，正面临着一个严重的历史考验，半封建半殖民地的经济必须改造成为新民主主义经济，这就使得过去那些专供地主、买办、官僚资产阶级荒淫奢侈的工商行业，如舞厅、酒楼、大旅馆、银楼金铺、绸缎行、古董店等，不得不随着反动统治阶级的崩溃而纷纷趋于没落。
>
> 从上述说明中，我们不难了解，今天的失业问题完全是旧社会所遗留下来的，它是中国经济被剥削至极度贫困与破落的结果，在中国经济改造过程中无法继续隐藏而全部暴露出来的。同样也就不难了解：这种失业现象只是暂时的，它是进步与发展中的困难，从而也是可以克服的困难……新民

主主义新中国所发生的失业现象，由于它并不是一种社会制度的产物而是旧社会所遗留下来的，它就必然能够随着整个中国国民经济的恢复和发展，逐渐地，有步骤地趋于消灭。①

可以看出，该文有理有据地将失业现象归结为"由于帝国主义、封建主义、官僚资本主义的长期统治，不断的搜括掠夺与不断的战争破坏"，另外，新中国的经济模式正面临着急剧的转型，"半封建半殖民地的经济必须改造成为新民主主义经济"，这也造成了失业现象的加剧。应该指出，这一时期社会经济的极度萎缩是导致失业情况加剧的直接原因，而在一定程度上这确是旧社会遗留下来的历史遗产，而经济模式的转型也带来了新的失业，随着计划经济在国内的逐渐推行，国家加强了对经济领域的管理与调控，失业问题也就有所缓和了。"以东北为例：由于土地改革已经完成，社会秩序已经安定与经济建设工作已经走上轨道，不仅失业问题已经解决，而且感到工人不足大批向关内招聘。"②

因此，这一时期的失业救助工作，在舆论上注重从旧社会遗留问题、阶级压迫等角度进行宣传，在实际工作中则制定了积极的失业救助政策，强调"一人饭，三人吃"的普遍就业政策，将失业救助提高到战略高度给予高度重视，并努力通过失业问题的解决，进一步巩固社会秩序，尽快恢复并发展生产。新中国政府对失业救助问题一直非常重视。毛泽东在《为争取国家财政经济状况的基本好转而斗争》的报告中专门提到失业问题，并明确指示："必须认真地进行对失业工人和失业知识分子的救济工作，有步骤地帮助失业者就业。"政务院并已公布了"救济失业工人暂行办法"，发布了"关于救济失业工人的指示"，具体规定了救济失业工人的方针、步骤与办法；并决定在本年度国家财政概算预备

---

① 《人民日报》1950年6月30日。
② 《人民日报》1950年6月30日。

费项内，拨出 4 亿斤粮食作为失业救济基金。毕竟，如果"不能稳定工人群众的情绪，争取工人群众对我们的坚决无保留的拥护，将会造成我们在城市工作中的重大困难，甚至可以动摇到城市中人民政权的基础"。① 因此，能否解决失业问题直接关系到社会稳定与城市的发展。

　　针对严重的失业情况，新中国政府陆续制订了很多相应的失业救助措施。根据中央政府颁布的失业救助政策，地方政府立刻展开了对城市失业人员的调查、统计和具体救助工作。从 1950 年 7 月开始，各主要城市每月都统计出最新的失业人员数量，并掌握接受失业救助或者新近失业人员的详细情况。如 1949 年 3 月 22 日的《人民日报》第 2 版刊登的一则消息，是北京城市解放初期开始推行失业登记的通知："（本报讯）北平市人民政府民政局社会服务处继失业工人登记后，续办理失业专门技术人员登记。凡制图、内燃机、打字员、保育、工程师人员及保姆、木匠、厨子等均可前往登记。该处并规定登记之时、地、手续如下：一、地点：前外打磨厂二八六号。二、时间：三月二十一日起每日上午九时至下午六时。三、登记手续：缴验服务证，自填写登记表。"根据统计结果，地方政府逐渐探索并推广了一系列崭新的失业救助措施。例如，针对失业人员生活困难问题，实行以工代赈的救助方式；针对部分失业人员学用不符情况，推出转业训练的救助方式来帮助失业者增强就业能力；针对很多技术工人和职员的失业情况，采取办理登记介绍就业的救助方式；外来的失业人员，帮助他们还乡生产，与当地政府双方配合，合理安置其还乡之后的生活；针对市区内很多难以就业的家庭妇女，推广生产自救的方式，在各个区成立了部分手工业生产合作社；针对各区的贫困救济户，也规划出他们能够胜任的简单工作，最终争取他们能够参加生产解决生活困难。

---

① 《中共中央关于举行全国救济失业工人运动和筹措救济失业工人基金办法的指示》，中共中央办公厅、中央档案馆编《中共中央文件汇集（1950）》（1）。

表3-6　1951年北京城内各区救济户中需要生产就业人数统计

单位：人

项别	共计	适合一般工作者（保姆、小工等）	适合参加家庭手工业生产者（缝纫、挑花等）	有小学以上文化或一定技术者
百分比	100	45.3	43.2	11.5
男	1062	724	135	203
女	1642	499	1033	108
总计	2704	1223	1168	311

资料来源：《北京城内各区救济户中需要生产就业人数统计表》，北京市档案馆：1-9-132。

（三）失业救助方法及成效

1. 以工代赈

以工代赈是中国传统救助事业中的代表性措施之一。中国古代的社会救济中，就有关于实施以工代赈救助措施的记载。清代嘉庆时期编撰的《大清会典》记载了中国历代主要救济措施，"凡荒政十有二：一曰备祲；二曰除孽；三曰救荒；四月发赈；五曰减粜；六曰出贷；七曰蠲缓；八曰缓征；九曰通商；十曰劝输；十有一曰兴工筑；十有二曰集流亡"。其中"兴工筑"即指工赈。民国时期，工赈也是比较普遍的救助方式，例如，修渠筑坝、开矿铺路、设立民生工厂、习艺工厂等，都可以作为以工代赈的救助方式。这种通过自己劳动获得报酬并改善生活的方法，在很大程度上调动了被救助人员的积极性与个体潜能。新中国建立初期的以工代赈，主要是举办市政建设工程，如浚河、修堤、植树、修理下水道、码头、修建马路、公园等，这些工程的范围是很广的，容纳人数比较多，一般也不需要专门的技术，材料费用所占比例不大。因此，这是一种比较适宜的办法，也是救济失业工人的主要方法。例如，"北京市人民政府建设局举办了平修土路，清除积土，整理便道，疏浚御河及采石等五项市政建设工程，参加工赈劳动者共计二九九八七人，共发工赈米一六四三

○○斤"。①

中华人民共和国成立以后,社会救助的工作中,以工代赈以其明显的优势一度占据了救助工作的重要地位。新中国建立初期在失业工人的救助工作中曾经重点提出以工代赈的内容,政务院在救济失业的办法中提出,"救济失业工人,应以以工代赈为主,同时采取生产自救、转业训练、帮助回乡生产及发放救济金等办法",② 要 "有重点地举办失业救济,尽量把失业者组织起来参加公共工程,例如兴修水利,修建市政工程等"。③ 北京、上海等城市失业工人救济处专门成立了工赈科,协同市政府建设局或工务局,根据具体情况拟定以工代赈的各项工程计划,提出所需的人工及经费预算。工赈工程所需要的经费,由中央人民政府或市人民政府拨给失业工人救济基金项下支付。工赈工程所需要的工人,由失业工人救济处登记科协同市总工会组织已经登记的失业工人参加,由工赈科编成工作队,并受工赈科委派的管理人员和技术人员指挥。

1950年广州市的失业救助工作重点放在"以工代赈"上,"工赈队内实行民主管理、财政公开,由工人自己订立劳动纪律,并防止坏分子利用包工制剥削工人。参加工赈生产的工人,每人每日工资六斤米,自带工具的增加工资六分之一,多劳多得、节约工具者有奖"。④ 北京市的失业救助也着重推广了以工代赈的方法,制定并颁布了《以工代赈暂行办法》⑤ 等工赈条例,规划了很多北京的市政建设,筹备工赈工程救济失业工人。例如疏通浚河、修堤、植树、修理码头、修下水道、修建马路、修建公园等。⑥ 以

---

① 《人民日报》1950年6月30日。
② 中国社会科学院、中央档案馆编《中华人民共和国经济档案资料选编·劳动工资和职工保险福利卷(1949～1952)》,第167页。
③ 陈云:《目前经济形势和调整工商业、调整税收的措施》,《陈云文选(1949—1956)》,人民出版社,1984。
④ 《人民日报》1950年10月13日。
⑤ 《以工代赈暂行办法》北京市海淀区档案馆:2-104-36。
⑥ 中国社会科学院、中央档案馆编《中华人民共和国经济档案资料选编·劳动工资和职工保险福利卷(1949～1952)》,第203页。

工代赈工人的工资，原则上不少于全部工程费用的 80%，一般采取计件制，在工资标准未确定之前，每人每日发给当地主要食粮三市斤至五市斤，作为临时工资；无法计件的工资，每日以三市斤至六市斤粮食作为标准。技术人员与管理人员的工资，由工赈科拟定提交失业工人救济委员会审核通过后决定。工赈的工作时间，一般以每天 8 小时为原则。在参加工赈工程的工人中，进行文化教育、娱乐等活动的安排。[①]

以北京为例，北京的以工代赈工程由市失业工人救济处工赈科专门负责。1950 年北京市共规划了 21 项工赈工程组织失业工人参加，"实际参加以工代赈的约 1570 余人。以工代赈的工程，前一时期大半是修建道路，原来计划了 21 项，现已大部分完工，仅以修筑各区土路一项计算，就已完成了 800 多条胡同的土路。今后，计划利用冬季进行掘挖下水道工程"。[②] 工赈刚刚开始的时候，很多失业人员对工赈不是很了解，甚至一部分人以为是政府"占便宜"，所以北京市最初参加工赈的失业人员仅 789 人。但是，随着以工代赈工程的开展，以及人们对以工代赈的了解，自愿参加工赈的失业者、贫困者逐渐增加。在北京市 1950 年 8 月开始规划举办的 21 项大型工赈工程中，至 10 月底已结束 11 项。"截至 10 月 31 日核定参加以工代赈人数为 5634 人，工地报到共 3402 人，占登记人数的 60.38%，但到工后又先后离去的 1195 人，占报到人数 35.13%，累计受赈工数为 168344 人。"[③] 1952 年，北京市以工代赈救助工作仍然在失业救助中发挥着主要作用。"九月份以来，参加工赈人数逐月增加，现已由九月份 24 个工地 1968 人，增加到 12 月份 25 个工地 3132 人，一年来新参加工赈的失业人数共 10292 人，市民 15176 人，三轮车工人 589 人，外县工人 1600 人，门头沟失业工人 3021 人，拣煤核失业工人 53 人，共完成 1951 年

---

① 中国社会科学院、中央档案馆编《中华人民共和国经济档案资料选编·劳动工资和职工保险福利卷（1949～1952）》，第 170 页。
② 《北京市政报》第 2 卷第 9 期，1951 年 1 月 1 日。
③ 《失业工人、知识分子救济工作报告》，北京市档案馆：1-9-132。

未完成工程 7 项，新开工程 19 项……新修土路 226 条，补修 1864 条……整修郊区土路 604704 平方公尺，挑挖边沟 44209 公尺。"①据统计，1949~1956 年，北京市先后举办了多次以工代赈工程。截至 1956 年初北京市"用以工代赈的方法组织了 4.5 万多人（累计数）参加各种生产劳动"，②以工代赈在救助工作中发挥了巨大作用。

首先，以工代赈是一种双方互惠的救助方式。"组织失业工人参加工赈，不仅可以解决失业工人和其他失业人口的生活问题，而且可以发展各项建设事业，并给予失业工人和其他失业人口以集体劳动的训练和文化政治的教育，实在是一举两得。"③

其次，以工代赈具有见效快、范围广、救助人数多的特点，是救助事业中非常有力的措施。通过以工代赈，一方面政府可以节约成本完成市政工程；另一方面，失业贫困者可以用比较自由的方式，赚取劳动所得，维持生活。例如，1950 年"上海第一批以工代赈的工程，从六月十五日开始，主要是修筑四个公园和三个苗圃。南京在六月二十二日成立失业工人救济委员会，六月下旬发出第二次紧急救济粮五万五千斤，现已组织了两千五百多失业工人参加了浦口一带的修堤工程。中南区的武汉市，从六月十七日起至六月底止已有两千多失业工人参加工程建设。该市目前正进行大规模的工程准备工作，估计全部工程可容三万工人，其中仅武金堤和武青堤的修筑即需六千工人。重庆市准备组织大批失业工人进行成渝铁路的修筑工程。其他如广州、西安、郑州、开封、济南、青岛、杭州、无锡、桂林、昆明等城市也纷纷通过以工代赈的办法解决失业工人的问题。各地参加工赈劳动的工人，每天一般均可得到三斤到六斤米的工资，生活也可维持"。④

---

① 《1952 年救济与工赈工作总结》，北京市档案馆：2-105-124。
② 北京市档案馆、中共北京市委党史研究室编《北京市重要文献选编（1956）》，第 373 页。
③ 北京市档案馆、中共北京市委党史研究室编《北京市重要文献选编（1950）》，第 388 页。
④ 《人民日报》1950 年 7 月 17 日。

当然，以工代赈也有很多不足之处。以工代赈受季节、气候影响较大，多数工赈工程都在春季开工，秋冬季节天气转冷就要结束。这导致参加以工代赈的很多工人，到了秋冬季节没有活干，又不得不重新等待政府救助。而且，以工代赈有些地方订的标准太高，不实行计件工资办法，不分工作的轻重及劳动强度的大小，一律平均按日发给工资，形成"干不干，六斤半"的磨洋工现象。可以看出，以工代赈中存在的问题，都是"缺乏以工代赈的实施经验所导致，经过检查审核，多数能够尽快得到修正"。①

2. 转业训练

转业训练主要是通过对失业人员进行短期的知识或技术培训，将失业人员培养成能够适合一定生产岗位的技术工人。通过转业训练，既能解决失业人员的就业问题，使"失业工人学习了或提高了技术，创造了就业条件，对公私企业缺乏技术工人的困难，也有了帮助"；② 同时，转业训练又为国家建设培养了一定的人才。因此，转业训练也是建国初期失业救助的一项重要救助措施。

新中国建立初期，社会经济的恢复与建设事业的发展需要大量的技术人员，但是很多工作岗位却都招不到合适的技术人员。而多数失业人员都是技术水平低、甚至没有任何技术的人，因此很多失业人员也找不到合适的工作岗位。在这种情况下，举办转业训练是解决这个问题的最有效的办法。通过适当的转业训练，既能够解决失业人员的就业问题，也为国家建设培养了人才，可谓一举两得。1950年6月，毛泽东在《为争取国家财政经济状况的基本好转而斗争》的报告中，也提出了"必须有步骤地、谨慎地进行旧有学校教育事业和旧有社会文化事业的改革工作，争取一切爱国的知识分子为人民服务"，"必须认真地进行对于失业工

---

① 中国社会科学院、中央档案馆编《中华人民共和国经济档案资料选编·劳动工资和职工保险福利卷（1949~1952）》，第201页。
② 中国社会科学院、中央档案馆编《中华人民共和国经济档案资料选编·劳动工资和职工保险福利卷（1949~1952）》，第204页。

人和失业知识分子的救济工作，有步骤地帮助失业者就业"。① 为了更好地落实对失业工人与知识分子的救助工作，转业训练很快作为一个长期有效的救助方法得到了推广。

概括说来，城市中推行转业训练的方法大体上分为四种，即：劳动行政部门自办，与企业部门合办，委托工厂学校代办，或者请技工带徒弟。多数训练时间一般为三个月至一年。按照接受培训的人员的不同，专业训练也采取了不同的侧重方式。

对于失业的知识分子来说，知识分子基本都有一定的文化基础，所以对他们的转业训练更加注重学有所用，使他们发挥自己的长处，更好地为国家建设服务。1951年政务院在颁布的《关于处理失业知识分子的补充指示》中曾指出，"今后处理失业知识分子的基本方针，应该是经过培训或其他方式，帮助他们获得或增加为人民服务的观点和技能，尽可能吸收他们参加国家建设和社会服务的各项工作"。同时要求各级人民政府和有关主管部门采取积极措施，"为失业知识分子创造各种就业机会和条件，并逐步帮助其就业"。② 应该说，这一时期知识分子在就业方面存在着明显不足。

第一，旧教育制度所造成的知识分子，一般存在着学用脱节与缺乏为人民服务观点的严重问题，导致很多知识分子就业困难。这导致很多需要知识分子的岗位找不到合适的人选，出现"一方面有许多工作岗位找不到人，另一方面现有的失业者又不适于工作需要"③ 的情况。例如，"华北军区招考文化教员，介绍去600人，及格的才100人。医务人员、成本会计人员、钳工、车床工人、机器匠、电灯匠、锅炉工，都非常缺乏。"④

第二，很多失业知识分子思想状况和文化程度存在巨大差异。

---

① 中共中央文献研究室编《建国以来重要文献选编》（1），中央文献出版社，1992，第254~255页。
② 《关于处理失业知识分子的补充指示》，北京市档案馆：101-1-188。
③ 北京市档案馆编《国民经济恢复时期的北京》，第857页。
④ 北京市档案馆编《国民经济恢复时期的北京》，第857页。

这些知识分子虽然大都接受过中高等教育,但他们在思想意识上呈现出多样性和复杂性。对于新旧交替的社会变革,他们的思想观念和学识专长都不能很快适应新的形势,但他们所具有的文化知识与专业技能却对于国家建设非常重要。因此,在正确的方针政策引导下,对现有失业知识分子实行转业训练是非常必要的。

根据知识分子所具有的这些特点,对失业知识分子主要采取师资培训、转业训练班和思想教育等方式,尽可能地使他们在工作能力上和思想认识上迅速提高,成为社会主义建设需要的人才。

训练师资是知识分子转业训练的重要方式。一方面,各大城市由于中、小学及扫盲师资匮乏,在经过初步了解及业务测验之后,挑选部分条件较好的知识分子不经训练即分配做教师工作,先行试教,在工作中再进行审查与提高。[①] 另一方面举办中小学师资训练班及其他各种训练班,吸收失业的中、小学教师,施以政治和思想教育,并辅以各种业务教育等。对参加转业训练的人员首先进行政治学习,再进行技术训练,以减少就业时的困难。[②] 按照规定,"缺乏工作人员之政府部门,应计划举办各种转业训练,吸收失业知识分子给予训练后分配其参加工作"。[③] "1952 年 9 月,根据职工业余学校需增加专任教师 1000 人的需求计划,训练了 6000 名兼任教师,并培养了大量学习辅导员。随着专任教师需求的增加,知识分子被广泛动员去作群众教师"。[④] 学校教育的恢复和发展,使大量知识分子在教育系统就业,失业知识分子的数量大为减少。例如,北京市人民政府和人民印刷厂在处理编余人员时,采取了对失业知识分子先训练后转业的办法,非常成功。

另外,举办各种短期专业训练班、补习班及夜校等,吸收大、

[①] 北京市档案馆、中共北京市委党史研究室编《北京市重要文献选编(1952)》,第 386 页。
[②] 北京市档案馆、中共北京市委党史研究室编《北京市重要文献选编(1950)》,第 569 页。
[③] 《政务院关于处理失业知识分子的补充指示》,《中央人民政府法令汇编(1951)》。
[④] 北京市档案馆编《国民经济恢复时期的北京》,第 741 页。

中学失学青年及失业知识分子入学，进行政治文化教育或专业培训，根据"各地教育部门，在开展工农教育及识字教育工作中，可招考失业知识分子担任文化教员及其他适当工作，其他建设工作（如合作、水利等）需要知识分子干部者亦可用同样方式吸收之"[①]的原则，1950年北京市失业登记中"核定参加转业训练人数共1924人，主要是失业知识分子，救济委员会已开始筹办600人以社教为主的训练班，形势集体上大课分组讨论的训练办法……卫生工程局、建设局已筹办初级干部训练班，预计400人"[②]。转业训练的成功经验在失业知识分子救助工作中得到了很好推广。

对于失业工人来说，他们一般都有一定的技术基础，对他们的转业训练就必须注重其自身特点，充分发挥原有的长处给予一定的技术培训。

这一时期对失业工人的救助形式多样，以工代赈、还乡生产、发放救济金和介绍就业等救助方式都发挥了较大的作用。例如，在1950年北京市政府报告中央政务院关于北京市失业工作的情况中说：1950年"本市失业工人救济工作中，贯彻了中央以工代赈为主的精神，截至九月上旬，共登记6951人，其中直接参加工赈的有2275人，还乡生产的有144人，纯救济的共168人，临时救济共914人，介绍就业的共485人"[③]。可以看出，转业训练此时还没有作为主要救助方式加以推广。

1952年随着北京市失业工人的增多，失业情况日益严峻，转业训练开始逐渐成为失业救助的重要形式发展起来。1952年4月，北京市劳动局"据九个城区的汇报，近几个月新增加的救济户，大部分是三轮工人、运输工人、建筑工人及部分摊贩、小手工业

[①]《政务院关于处理失业知识分子的补充指示》，《中央人民政府法令汇编(1951)》。
[②]《失业工人、知识分子救济工作报告》，北京市档案馆：1-9-132。
[③]《报告本市失业工人救济工作的情况》，北京市档案馆：2-2-48。

者"。①

根据北京市劳动局统计:"'五反'以后(从4月初到6月底),本市歇业和缩小营业的私营工商业共2628户,解雇职工共6224户;失业发生的行业不断扩大","歇业和缩小营业在20户以上的共有31个行业,共2073户,解雇职工4911人,占歇业和缩小营业总户数和解雇职工总数的79%。其中,100户以上的有机器金铁工、织染、中西餐、粮食、针织、面食等10个行业,共548户,解雇职工1238人;20户至50户的有文具纸张体育用品、木业、土产食品、砖瓦等15个行业,共485户,解雇职工1012人。其余21%的户数和人数,则分散在80多个行业中,数目都很小"。②

这些失业人员分布行业广泛,且多数是没有什么技术基础的"三轮车工人、运输工人、建筑工人及部分摊贩、小手工业者",以及各行各业的失业员工,等等,不一而足。这些新近失业的工人,"市府劳动局和市、区失业救济委员会,按照市委及彭真同志指示'采取包下来的方针'和'吸收他们参加合作社和国营公司、厂矿工作'等原则,大力进行了安置、救济和组织训练转业等工作"。③很多暂时无力安置的失业工人,就在市、区政府的组织下,参加了各种类型的转业训练,以便提高他们的文化、技术素质,尽快安排就业。据统计,"到六月底止……在市及各区都组织了文化、技术转业学习班,共有失业工人八百八十五人参加了学习"。④西单区组织的失业工人学习班,"先后举办了八个班(高级班、中级班、速成算术班、速成识字班),共吸收了失业工人365人(约占全区失业工人的1/2)。经过80天的学习,提高了工人同志的政治水平、文化水平,获得了比较大的成绩"。⑤

---

① 《关于失业救济问题的报告》,北京市档案馆:1-6-611。
② 《关于劳动就业及失业救济的文件》,北京市档案馆:1-9-244。
③ 《全市生活无着的户及失业人口调查统计表》,北京市档案馆:2-2-48。
④ 《失业职工的安置救济情况》,北京市档案馆:1-9-244。
⑤ 《失业工人学习班工作总结》,西城区档案馆:2-1-416。

表 3-7 北京市各区转业训练现有人数及累计人数统计

	总计		算术班		速成班	
	班数	人数（人）	班数	人数（人）	班数	人数（人）
东单	6	320	4	226	2	94
西单	6	480	3	336	3	144
东四	8	488	3	231	5	257
西四	6	332	3	207	3	125
前门	2	75	—	—	2	75
崇文	9	316	5	187	4	129
宣武	8	538	3	280	5	258
合计	45	2549	21	1467	24	1082
备考	文化程度在小学三年级以上者改入算术班，以算术为主、文化为辅，三年级以下的改为速成班。					

资料来源：《北京市各区转业训练现有人数及累计人数统计表》，北京市海淀区档案馆：2-105-124。

此外，上海、汉口、南阳等地都成立了失业工人学习班，上海失业店员学习班在 6 月 26 日开学，有 3000 多暂时失业的店员参加学习，借以提高工人政治认识，保存工人力量。[①] 可以看出，新中国建立初期，转业训练在全国各大城市的失业救助中发挥了不可替代的作用。客观来看，这一时期各地都推行了丰富多样的失业救助方法，如以工代赈、转业训练、介绍就业、生产自救、还乡生产、发放救济金，以及单纯救济和移民等，也非常有效地缓解了失业人员的就业压力。但是，每一种失业救助的方法，针对的失业人群不同，取得的社会效果也就不同。就转业训练来说，这种失业救助的方法，最适合的是失业的知识分子和部分技术工人，因为他们有文化和技术基础，所以经过短期培训就能够迅速上岗，开始新的工作。而不具备这两个基础条件的失业人员，转业培训的效果则不显著。

① 《人民日报》1950 年 7 月 17 日。

转业训练的有效实施加强了新中国政府对社会的控制。转业培训中很重要的一项内容就是对失业人员进行思想政治教育，进行各种政治学习，这不但使政府意志逐渐取得了民众的支持与认同，而且直接强化了政府意识形态对社会的控制。新中国政府通过举办相应的思想教育、转业培训以及政治学习等方式，使贫困与失业人员总体上增加了对政府的信任度和满意度。最明显的是知识界的教授、教员和大学生思想日益与政府靠拢，"他们态度好转的原因首先是全国的胜利"，以及"他们对金融、物价之稳定甚为钦佩。""二是土地改革采用了稳健的方法和步骤。三是除过早把旧人员'包下来'之外，又对全国失业工人和失业知识分子采取完全负责的政策。"可见，卓有成效的社会救助政策直接关系到民众对新政府统治能力的考察，政府也通过救助政策的有效实施，加强了对社会各方面的掌控。

从转业训练所取得的社会影响来说，政府对城市失业人员实施卓有成效的转业培训政策，不仅对城市居民起到了安定人心的作用，而且使有利于政府的正面社会舆论增加，民众逐渐建立起对政府的信心，失业救助政策也得到了广大人民群众的衷心拥护。一位失业的老教员说："过去历届反动政府统治时期，失了业都没有人理会我，到了冬天，拼命去挤粥厂，只能喝到一碗粥。现在政府不但把救济金送上门来，而且干部还常来拜访我，只有人民的政府才这样关心我。"这也能够看出，转业培训坚定了失业人员的信心，提升了新中国政府在人民心中的地位。

当然，转业训练由于采取集体上课、组织学习班等形式，所以，推广到全社会的失业救助工作中，也有其不可回避的缺点与不足。由于失业者的流动性较大，正规的训练不容易组织。而且，有些人虽然没有固定职业，但也要出门谋生，这就导致受训"受不起"。这实行起来就有了很多的困难，例如有的"一个转业训练班，批准460多人，实际参加的392人，其中，妇女占半数以上"。其次，很多培训班最后转化成了"思想政治教育班"，培训班不能真正培训技术，因为"举办技术训练，困难很多"，涉及懂技术的老师,学习技术的工具和材料等,不能够很方便地准备,所以,很多转业训练班"只能先进行政治学习,并鼓励其自己学习,以减少就业时的困难"。这些缺点与不足都限制了失业救助工作中,转业训练优越性的充分发挥。

综合考察,新中国建立初期在城市中推广的转业训练政策,不失为诸多失业救助措施中的一个崭新亮点。转业训练不但在当时的失业救助方面卓有成效,对当前我国面临的失业压力也颇有借鉴意义。

3. 介绍就业

介绍就业也是失业救助中能够直接、迅速解决失业问题的有效措施之一。介绍就业主要有介绍固定工作与介绍临时工作两种。介绍固定工作即安置了失业人员的正式职业,介绍临时工作即暂时帮助失业人员找活做,或者参加工赈,或者做临时的工人等,为的是先解决生活中的燃眉之急,安定失业人员的情绪,然后再找机会介绍正式工作。例如,1950 年 7~9 月间北京的失业救助"基本上解决了失业工人日常生活问题,直接安定了失业工人的情绪,同时亦安定了无业人员的情绪"。[①] 在此期间统计"已经介绍或自行转业的共 1550 人,计固定工 559 人,临时工 951 人",其中包括"介绍到人民大学、区合作社、被服厂、汽车公司、粮食公司等单位"工作。还有尚在介绍过程中的,如介绍去"华北军区招聘文化教员 500 人"[②] 等。

1950 年 12 月,北京市副市长吴晗在第二届第四次各界人民代表会议上作了《关于失业救济和普遍召开区各界人民代表会议两项工作的报告》中提出:1950 年 7 月 22 日,成立了失业工人救济委员会,从 7 月 24 日起,开始了分区登记失业工人的工作。截至 11 月底止,共登记了 9411 人,其中,失业工人(包括产业工人、手工业工人、店员、搬运工人)约占 7/10,失业知识分子(包括

---

① 《报告本是失业工人救济工作的情况》,北京市档案馆:2-2-48。
② 《失业工人、知识分子救济工作报告》,北京市档案馆:1-9-132。

教员、职员和一部分中等以上学生）约占 3/10……现在登记工作已近尾声，继续来登记的人已经不多了。根据这个统计，到11月下旬的调查，已就业的达 4260 人，约为登记总数的 45%。其中，已经找到固定工作的 3122 人，找到临时工作的 1138 人。除去门头沟复工的矿工以外，据不完全统计，参加工矿企业的有 1100 余人，参加机关学校的有 850 余人，参加商业的有 490 余人，参加交通运输事业的有 200 余人。① 从这个就业统计数据来看，失业救助中介绍就业占有很重要的地位。

1952 年北京的就业形势来看，介绍就业继续发挥着优势。根据"市府劳动局和市、区失业救济委员会，按照市委及彭真同志'对因参加五反斗争而失业的工人、店员，采取包下来的方针'和'吸收他们参加合作社和国营公司、厂矿工作'等指示的原则，大力进行了安置、救济和组织训练转业等工作"。② 据统计，北京市在 1952 年"六月底止，计吸收参加国营厂、矿、企业、合作社和机关工作的共三千一百余人，自行就业的有一百八十一人，回乡生产的五十三人。尚未就业的还有五千三百六十七人，其中，经评定给以原薪救济的三百七十九人，给以一般救济的七百三十七人，组织参加工赈的一千五百四十六人内，有一百五十九人因家庭特殊困难，额外给以补助"。③ 可见，北京市内各区介绍就业工作不断组织开展。

总体来看，介绍就业在城市失业救助工作中发挥了举足轻重的作用。虽然由于"许多失业者还不能适应新的生产要求"，真正成功的介绍正式职业的所占份额还很有限，介绍临时工作还很多。但是，介绍就业还是很好地发挥了解决失业人员日常生活、安定失业人员情绪的作用，并为新中国的建设输送了人才。

4. 生产自救

在城市中，开展生产自救的主要方式为组织失业人员开办加

---

① 《北京市政报》第 2 卷第 9 期，1951 年 1 月 1 日。
② 《失业职工的安置救济情况》，北京市档案馆：1 - 9 - 244。
③ 《失业职工的安置救济情况》，北京市档案馆：1 - 9 - 244。

工工厂、合作社、生产小组、作坊、农场、运输等生产方式,来解决失业与生活困难问题。根据新中国政府颁布的《救济失业工人暂行办法》的规定:"各地失业工人救济处应协同当地的工会组织,根据工商业情况与人民生活的需要,拟具各种生产自救办法,并根据自愿原则,组织失业工人举办。"① 生产自救主要以举办农场及手工业工厂、作坊为主,以不损害当地现有工商业为原则。每个举办生产自救事业的计划,事先都要经过失业工人救济处的审查批准,然后可以提请失业工人救济委员会从救济基金中酌量拨给一定数量的补助资金。

据此,各大城市在失业救助中也发展了生产自救的方式,如建立生产合作社等。在生产自救方面各地分别采取贷款及发给自救金等方式,组织运销或生产小组,其中比较典型的例子就是"上海失业工人所组织的五金生产合作工厂,该厂已由最初的三百人增至一千余人"。② 又如,在1950年9月北京市第七区失业工人救济委员会统计当月救济工作中,以工代赈为主体,以转业训练、生产自救为辅的救济方式,也占据比较重要的地位。其中,生产自救的有下列集中安置:

> 有职业 20 人(被服厂临时工 8 人,私人就业 2 人,合作社作胶鞋 2 人,合线 1 人,装订 1 人,做证章 1 人,另 5 人私人就业);有副业的 11 人(打线 5 人,编书筐 1 人,洗衣服 1 人,合电线 1 人,弹棉花 1 人)。③ 东单区在 1955 年统计的发展生产自救"共有生产组 28 个,其中原有的 22 个组,今年新组织的有 6 个组,组员有 1033 人,其中烈军属 337 人,市民 674 人,工资为每人每月 10 余元,最高工资每人每月 60 余

---

① 中国社会科学院、中央档案馆编《中华人民共和国经济档案资料选编·劳动工资和职工保险福利卷(1949~1952)》,第170页。
② 《人民日报》1950年7月17日。
③ 《北京市第七区失业工人就委分会九月份工作总结》,北京市崇文区档案馆:9-4-349。

元,解决了他们的生活和职业问题"。①

表3-8 北京市第七区失业工人就委分会九月份工作总结

救助方式	已发登记证情况				发出表数(份)	收回表数(份)	未发表数	批驳表数
	人数(人)	救济情况							
		人数(人)	米数(斤)	款数(元)					
以工代赈	325	7	314	307257.5				
转业训练	56	4	324.5	319585				
生产自救	44	5	193	191430	备注无			
还乡生产	6							
单纯救济	15	10	621.5	623068.5				
外地工作	1							
总 计	447	26	1453	1441341	781	464		

资料来源:《北京市第七区失业工人就委分会九月份工作总结》,北京市崇文区档案馆:9-4-349。

客观来看,生产自救这种方式,需要创办者有一定的商业知识,同时生产者要有一定的技术基础。很多领导生产自救的街、区干部并不具备如此条件,多数参加生产自救的贫民也没有技术训练。由此,也造成了很多资金、人力的浪费。

例如,1950年北京市"原核定参加生产自救的1291人,其中绝大多数是仅做过辅助工作的女工,缺乏生产技能,并且,其中真正负担家庭生活的不过十分之二,所以实行组织他们生产很有困难。市合作总社曾组织一百多人打毛袜,结果,有四分之一不够标准,需要返工,不但没有赚钱反而赔了钱。所以,在技术指导和检查方面,还须力求改进"。②

综合来看,生产自救这一失业救助的方式在实施的过程中还存在两个工作特点。

第一,优先照顾烈军属。关于对烈军属的各种照顾问题,在

---

① 《东单区烈军属及贫苦市民生产组的一些情况》,北京市东城区档案馆:11-7-104。
② 北京市档案馆编《国民经济恢复时期的北京》,第856页。

新中国建立初期的很多文件中都有体现,生产自救也是如此。

第二,生产自救办好的少,垮台的多。其中原因复杂,多数是因为很多生产自救的领导人员不懂得如何办理集体工厂或商业组织,如"有些地方举办生产自救,不是把失业工人组织起来搞生产,而是个别的发给不同数量的救济金,结果不是搞生产而是摆摊贩,或吃光了又来要救济金。有的虽然组织起来,但不加以领导与检查,而在产销方面没有很好的考虑当地工商业的具体情况,盲目生产,以致垮台的多,成功的少"。[①] 然而,无论生产自救是否真正有效地起到了扩大就业的作用,它从心理上,确实给了失业、无业贫民一种安慰。一方面,使他们感觉到政府对他们的关怀和帮助;另一方面,也增强了他们渡过困难的决心。

5. 救济金制度

救济金制度是失业救助中的一项重要的救助内容。救济金制度可以说是失业保险的雏形,一方面公私工厂向政府缴纳工人工资的一部分作为失业救济基金;另一方面组织工人平时缴纳一定比例的失业救济基金。如果工人失业,将这部分失业救济基金定期、定额地发给工人,以保障其基本生活。

根据政务院1950年《救济失业工人暂行规定》,全国各大城市要为失业人员设置救济金,由此,各级政府组织开始试行失业救济金制度。以北京为例,1950年开始北京市决定在各大工厂、作坊中试办失业救济与保险制度(年老退休者不在此限)。

> 试行范围,限于10人以上的公私营工场作坊在细则公布后被解雇的失业员工、季节工、流动工以及违规解雇的员工不在内。对年老退休、因公伤残、丧失劳动力者则按劳保办法处理。……关于资方对被解雇员工的负担,根据处理一般解雇时资方发给半个月至三个月解雇费的标准,规定资方于解雇员工后一年内每月须向政府缴纳解雇员工原薪的30%作

---

① 中国社会科学院、中央档案馆编《中华人民共和国经济档案资料选编·劳动工资和职工保险福利卷(1949~1952)》,第202页。

为失业救济金，虽总数累计共达三至六个月的工资，但因分期缴纳，可以使资方在流动金周转上得到便利，避免因一次付出大量解雇费而引起的困难。解雇后的员工，由政府视具体情况发给原薪五至七成的救济金，工人解雇后的生活有了保障。①

对于失业员工救济金的征集问题，规定各工厂作坊，为生产需要解雇员工时，在解雇后一年内，须向政府每月缴纳其所解雇员工原薪（实际工资）30%作为失业员工的救济金，但因违犯厂规被解雇之员工及自动辞职之员工，不在此列。所有各工厂作坊不论其解雇员工与否，政府得每月向其所在员工征收薪金1%，并向厂方征收总工资额的1%作为失业救济金。②

对于救济基金缴纳手续及保管办法规定：各工厂作坊须于发薪前三日内填好《应缴救济金预报表》，送交劳动局审核，并领回《缴纳救济金通知单》，然后凭单制定该收款机关缴纳现款数额。预报表必须由各厂厂长或经理及工会主任签名盖章，如发现虚报情况，由签名人负完全责任。政府制定代管救济基金之机关，凭通知单收纳现款。缴纳救济基金须自原发薪日起三日内按当日小米价格折算现款，每月缴款不得超过两次。小米价格一律按政府发薪之标准计算。

对于领取失业救济金的具体规定及手续，也要按照规定的程序与规章来操作：凡此办法内被解雇之员工，均得向政府按月领取失业救济金。所有被解雇之工人，则由政府按月发给原薪（实际工资）五成至七成之救济金。至于每人应领之具体数目，须按照失业员工之生活困难程度、工龄长短等条件，由原解雇工厂之工会及市总工会提出具体意见，经劳动局审核后发给。领取救济

---

① 北京市档案馆、中共北京市委党史研究室编《北京市重要文献选编（1950）》，第588页。
② 中国社会科学院、中央档案馆编《中华人民共和国经济档案资料选编·劳动工资和职工保险福利卷（1949~1952）》，第167页。

金之员工，须由原厂工会及市总工会填写《领取救济金申请单》，送交劳动局审核批准后，发给《救济金领取证》，每月按指定日期持证到劳动局换取领款单据，由代管救济基金之机关，按当天的米价发给现款，逾期领取仍按应领期限内之米价发给。小米价格一律按照政府发薪之标准计算。领取救济金之员工，有工作机会时，即由劳动局介绍或自行就业，有就业机会而无故拒绝就业者以就业论。同时，失业员工就业后，应立即申报劳动局停止领取救济金，缴销《救济金领取证》，并须于就业后分期交还原救济金之 1/10，凡领取救济金在半年以下者，就业后 3 个月交清；超过半年者，在就业后五个月交清。领取救济金之员工，政府可组织其参加半义务性质之公共工程，并在自愿原则下组织其学习。①

另外，北京为了鼓励员工在失业后能够积极就业或参加转业训练，规定被救济的员工如有就业机会而无故拒绝时便视为就业，停止救济。并且，就业后须分期缴还原领救济金总额的 1/10 作为失业救济基金，以防止员工单纯依靠救济的现象出现。

发给救济金的范围，原则上以原在各国营、私营的工商企业与码头运输事业中工作的工人和职员，以及从事文化、艺术、教育事业的工作人员，在新中国建立后失业，现在尚无工作或其他收入者为限；不能参加以工代赈和生产自救之年老和疾病患者，工龄在一年半以上得享受单纯救济（单纯救济，主要针对少数没有劳动能力、不能参加以工代赈和生产自救的年老或疾病患者所实行的救济方式）。登记之后，以工代赈工人因疾病暂时不能工作者以及生产自救、转业训练工人尚未开始工作，无其他收入维持生活者，发放临时救济金；不够一年半以上工龄，个别特殊困难者及外埠来京找工作的工人生活困难者，经救济委员会批准给予救济。②

---

① 中国社会科学院、中央档案馆编《中华人民共和国经济档案资料选编·劳动工资和职工保险福利卷（1949～1952）》，第 167 页。
② 《失业工人、知识分子救济工作报告》，北京市档案馆：1-9-132。

失业人员的救济金,按照下列标准发给:

(1) 失业工人每月发给当地主要食粮四十五市斤至九十市斤,由工会基层组织根据每个失业工人的具体情况评定,提交失业工人救济处审核;

(2) 失业学徒每月发给三十市斤;

(3) 半失业的工人,所得工资低于失业工人所领取的救济金额而无法维持生活者,得按实际情况酌量予以临时救济。①

发放救济金的手续,要由工会基层组织评定每个失业工人应领取救济金数额,转请上级产业工会组织审查。然后产业工会将审查合格的领取救济金人数,造具名册,送交市总工会,请失业工人救济处批准后,按照名册签发粮票或支票,由失业工人救济处协同原工会组织发给已审查合格的失业工人本人。

1950年6~10月,北京市"共发出35834斤,其中临时救济(1105人),共发出救济米24041斤,单纯救济151人,共发救济米11793斤"。② 救济金制度,为已经失业的工人提供生活救助,为有可能失业的工人提供了失业后的保障。这种救助体制,体现了防患于未然的社会保障思想。同时,通过救济金的征收,也加强了国家对企业的监管,完善了工人的职业保险机制。北京市的救济金制度推行以来,成效很大。"国营事业、生产机关及其他公共事业,已大部分缴纳。私营工商业方面,由于得到工商联合会和工会的帮助,主要行业缴纳的已超过90%。征收救济金时,在得到工人的同意后,由厂方代为扣缴,是迅速简便有效的办法。"③ 这一时期救济金制度成为失业保障的重要内容。当然,救济金在使用的过程中,也存在过掌握不严、浪费等现象。例如,有的单

---

① 《北京市政报》第2卷第9期,1951年1月1日。
② 《北京市政报》第2卷第9期,1951年1月1日。
③ 《北京市政报》第2卷第9期,1951年1月1日。

位把修造房屋的材料费用用在以工代赈的救济费内开支，有的为了以工代赈，做了一些没有必要的工程等。① 这些现象的发生，还是由于在救济金制度管理和使用的过程中，没有完全做到规范化与系统化，这种情况随着社会救助工作的不断改进，逐渐得到了完善。

6. 还乡生产

还乡生产是新中国建立初期为了合理调配城乡劳动力的分配并减少城市就业压力而结合土地改革运动推行的救助方法之一。还乡生产，首先和土地改革紧密联系在一起。经过土地改革，还乡人员可以回到农村，重新分得一份田地，从而真正扎根农村，开展生产。据统计，"1950年7月至1951年10月底，全国共有118699人返回农村"。这些还乡生产人员，多数分到了土地，得到了合理的安置，在农村安家落户。当然，也有因安置不善而重返城市的现象。所以，还乡生产，随着"土改在全国范围内基本完成，动员失业工人还乡生产的办法是难以继续采用的"。②

还乡生产这一措施，主要在北京、上海、广州等几个大城市中重点开展，上海市从1949年7月就开始组织还乡生产，为此，上海市成立了疏散难民还乡委员会，统一领导还乡生产工作的进行。该委员会将全市按二十个行政区分设二十个工作站，由区接管专员兼任工作站长，并成立了三个工作队，分到杨树浦、闸北、徐家汇等区做重点工作，还吸收了上海市联合救济委员会，以及若干慈善团体、福利机关。

上海还乡生产工作开始是从重点调查研究着手，一个保选择一个甲做典型调查，其内容包括地区的特点、难民的数目、生活情况、思想顾虑等，作为进行工作的依据。以徐汇区和闸北区的调查为例，难民最初不愿回家的思想状况有如下几种：（1）认为

---

① 中国社会科学院、中央档案馆编《中华人民共和国经济档案资料选编·劳动工资和职工保险福利卷（1949~1952）》，第170页。
② 中国社会科学院、中央档案馆编《中华人民共和国经济档案资料选编·劳动工资和职工保险福利卷（1949~1952）》，第205页。

回乡后不会种田，生活苦。（2）回乡后是否还能分到田和房子？怕分给远田、坏田，怕政府不管。（3）债务未了结，有的因有三轮车或棚屋不愿抛掉，想卖又卖不出钱来。（4）特务造谣说回去要当兵，补出战勤等。（5）更有一些人说："上海也有田，也有洋房，共产党是代表劳苦人民利益的，将来我也能在上海分一份。"（6）观望，抱着"看看周围邻居都回家去，我也回家去"的思想。（7）原籍逃出来的地主恶霸怕回去要被清算。概括说起来，他们对人民政府的政策、法令还不够了解，或者表示怀疑。这就形成了疏散工作的主要障碍。

因此，要想使灾民积极接受还乡生产，首先要打破思想顾虑，这主要依靠宣传动员，上海疏散难民委员会曾指示各工作队：（1）从体贴难民实际生活困难着眼，用谈家常的方式，彻底了解难民的真实思想情况、生活特点与个性，联系到将来安家立业的长远打算，用算账的方法，打破在上海混一天算一天的糊涂思想；（2）根据各种不同的思想顾虑，在"疏散难民还乡生产"的方针政策下，在各种会议上，广泛深入地反复向难民进行宣传教育，打破其怕"回乡不能安家"等顾虑。例如，在上海市徐汇区开始宣传时，就是采取挨户访问，填登记表的办法。一开头就宣传"还乡"好，引起被访问的群众不满意，发现这种办法不好之后，工作人员改为从了解他们生活上的困难，帮助解决实际困难着手，如调解纠纷、治疗疾病、办夜校识字班、解决吃水困难等，慢慢地和他们的关系亲切起来，当他们有困难不能解决时，就来找工作站的同志，这时就进行宣传，召开座谈会或个别访问，着重宣传人民政府的政策，先从他们生活上的困难谈起，使他们认识过去社会的黑暗、痛苦以及这些痛苦的来源，说明解放后的新社会和从前的不同，说明今天政府的性质，以提高他的阶级觉悟，再进一步引导他从安家立业及子子孙孙的长远幸福上打算，这样使他们认识到工作组是真诚为他们打算，能引起他们在情感上的共鸣。有一位老大娘，49岁了，山东郯城人，全家7口。她从13岁就来到上海，当工作人员初次和她谈话时，她说："我住上海住惯了,在这里住一天混一天,倒也好混!"后经工作人员耐心地从长期打算入手进行劝说:"你儿子一天比一天大了,娶了媳妇生了孙子,家口一天多似一天,你在上海既无地,又无生意,什么东西都得花钱,将来生活如何维持下去?"于是她认识到在上海这样混下去不如回乡建立家业,决定过年开春一定回去。

其次,应该采用通过积极分子带动群众的办法进行还乡动员。徐汇区通过各工会组织(如通过三轮车工会介绍三轮车工人中的积极分子),先交朋友,和他们认识了,提高他们的思想觉悟,再经过他们介绍一些比较好的朋友,和他们建立起一定的关系,供给他们书报看。有的是通过"老乡"的关系,很快把关系混熟,他们有什么话也能向工作人员讲。常熟区在两个多月中,就用这些办法培养和发现了30多个积极分子,专门召开积极分子座谈会进行教育,并成立了临时性的难民回乡生产互助会,研究有关回乡的问题。徐汇区也有积极分子53名,组织了一些生产小组,专门解除难民怕回乡后没办法生活的疑虑,经工作组介绍,先派代表仇筱峰回去打听情况,他回来报告:苏北各种物价都比上海低,纱布便宜,学校多,念书不用花钱,回去的难民每人可分到好地一亩八分,普通棉田每人可分到四亩,还可以分到房子,政府欢迎还乡难民回去生产,于是,全组解除了顾虑。这样使上海与盐城县府取得了联系,互相结合起来,工作非常便利。用这种具体事实动员难民还乡,比一般化的宣传有效得多。①

北京市的还乡生产工作也开展较早,1949年北京解放初期就通过《北平市疏散人口办法》②,鼓励城市失业、无业的贫困人员还乡参加生产。随后,北京市又确定了还乡生产动员工作的原则,即"动员失业工人还乡生产,大都本着自愿的原则",对于因为"惯居城市的人有一部分是很留恋城市的,不愿回乡生产。因此,必须经过很好的宣传说服,尤其要打通家属的思想,才能在自愿

---

① 《人民日报》1949年11月8日。
② 《北平市疏散人口办法》,北京市西城区档案馆:2-2-88。

的原则下,动员他们还乡"。并且,要"事先与失业工人还乡的县区政府取得联系,做好准备工作,使其还乡之后,能确实获得从事农业生产的基本条件"。① 凡由乡村到城市不久或目前在乡村有亲属可以回乡的失业工人,应由工会根据自愿的原则,组织并鼓励他们回乡生产。由失业工人救济处发给本人及其家属所必需的旅费外,并酌量发给救济金作为生产资金的补助。

通过北京市的实践经验证明,动员还乡也是一个解决城市失业问题较新的思路。根据北京市民政档案记载:"根据本市的经验证明,动员失业人口还乡生产也是一个解决城市失业问题的有效办法。……对还乡生产的人,不仅要发给本人及其家属以必需的旅费及一定数目的救济金,还应发给证明文件,使他们还乡之后,能够取得当地人民政府的安置。"② 到 1950 年 12 月北京市"协助还乡生产共 218 人,共发放救济米 29656 斤"。③ 应该说,还乡生产还是得到一部分失业人员的拥护与支持的。

与前几种失业救助的方式对比起来,还乡生产在解决城市失业问题上取得的实际成效比较有限。在城市解放初期,还乡生产还有一定的影响。随着救助工作的逐渐开展,还乡生产的办法逐渐难以推行。动员还乡生产的失业工人在安置上存在一些问题。例如,失业人员由城市返回乡村,有的事先未与还乡当地政府取得联系,并因有的地区已实行土改,致使失业工人还乡后生活无着,造成去而复返的现象。另外,因失业工人长期携眷在外,其原籍无家可归且无生产条件,以致回乡后生活无着落,这样的遣送还乡,不但不能解决问题,反而增加当地政府很多困难,对于失业工人的情绪也有不良的影响。"在工作当中注意,凡是到其他城市的都不批准,因为从这个城市还到那个城市,花了钱,并不能解决失

---

① 北京市档案馆、中共北京市委党史研究室编《北京市重要文献选编(1950)》,第 387 页。
② 北京市档案馆、中共北京市委党史研究室编《北京市重要文献选编(1950)》,第 387 页。
③ 《失业工人、知识分子救济工作报告》,北京市档案馆:1-9-132。

业问题（最近，有些从南方还乡来北京的，我们就很难解决）。"①

上海市在进行正式还乡生产工作时，由于工作上的不细致、不深入、急于求成、任务观点等思想，也引发了很多问题。如有不少无业游民利用疏散机会假冒难民，登记后领了路费和火车票偷偷溜了，或者中途又跑回来；有的跑单帮的也假充难民领路费车票来回做生意，"难民贩子"也利用这个机会骗钱……总之，工作上有很多的漏洞。这些漏洞发生的原因就是对上海的复杂情况估计不足，对登记还乡的难民缺乏严密的审查研究，采取了粗枝大叶的态度，对工作有很大损害。而且，很多遣送失业工人还乡生产，大都未与还乡地区政府取得联系，致使失业工人还乡后生活得不到适当的照顾，去而复返，甚至携带更多的人回返城市。②由此可以看出，还乡生产工作不完善，以及所带来的后续问题也是导致其不能在更大范围内推广的一个原因。

7. 移民屯垦

新中国建立初期，移民屯垦既是一项失业救助措施，也是一种解决生活救助的方法。北京市在 1949～1956 年间，先后动员一部分失业贫民移民察北、绥远、宁夏、甘肃等人口稀少的地区，进行移民开垦并发展生产。客观来看，这一时期的城市移民工作，本意上是为了减少城市失业和贫困人口，使他们通过移民可以自食其力，发展生产。但是，移民之后的一系列严峻问题，给移民工作带来了很多负面影响。

1949 年 8 月，北京市首届各界代表会议确定了北京疏散移民的基本方针。会议提出"凡在北平市谋生困难，而回籍后又有自力更生或安置之可能，且有发展前途，因而资源回籍者，始得疏散回籍"。"凡在北平市谋生困难而原籍无家可归或不能安置的，可以自愿赴察北等地，从事农垦，长期安家立业者，可以组织移

---

① 北京市档案馆编《国民经济恢复时期的北京》，第 856 页。
② 中国社会科学院、中央档案馆编《中华人民共和国经济档案资料选编·劳动工资和职工保险福利卷（1949～1952）》，第 201 页。

民"。① 为此,北京市委组织部长刘仁召集市府秘书厅、市公安局、市民政局、市总工会等单位成立了市疏散人口委员会。1949 年经调查统计,北京"全市人口 1961457 人,失业人口约 40 万,应疏散人口 167784 人(未含丰台、西郊两区)",其中确定疏散对象主要为"逃亡地主、富农,国民党流散党政军人员,被解放的国民党军官兵,失业的工人、店员和苦力,失业的公教人员、知识分子,无业游民和难民等六大类"。在进行疏散城市人口的同时进行安置城市无业人员到外地就业生产。1949 年"报名到外地就业的北京市居民共 7831 人,截至 12 月 9 日,经审查批准疏散到外地就业生产的 5894 人。其中有 329 人(含眷属 13 人)被介绍到河北、察哈尔、绥远等省充任小学教师,5 人到内蒙古任中学教师;864 人到旅顺做矿工,46 人(含眷属 8 人)到东北煤矿;有 155 人到内蒙古参加伐木;有 1168 人去察哈尔和绥远北部地区垦荒;其余遣返回籍"。②

1950 年,北京市的移民工作先后在春、秋两季分别进行,据统计"共迁移 1928 户、7637 人。其中分 10 批移往绥远省 1209 户共 4773 人,主要安置在该省集宁专区的凉城、丰镇、兴和、集宁、陶林、武东、龙胜(现卓资)7 个县。分 10 批移往察哈尔省 719 户、2864 人,主要安置在张家口和大同两地。此次移民工作,在每批移民启程前往安置地区前均以 5~8 户编为一组,明确组长(或副组长)1 人,并由各区干部带队前往"。③

表 3-9 1950 年察绥移民人数职业统计

省份 项目		绥远省	察哈尔省	总计	
				合计	占总数百分比(%)
移民户口(户)	户 数(户)	1206	620	1826	
	总人数(人)	4713	2437	7150	

---

① 《北平市疏散人口办法》,北京市西城区档案馆:2-2-88。
② 北京市地方志编纂委员会《北京志·政务卷·民政志》,第 119 页。
③ 北京市地方志编纂委员会《北京志·政务卷·民政志》,第 119 页。此处数据为应迁户数、人数。——作者注

续表

项目 \ 省份		绥远省	察哈尔省	总计 合计	总计 占总数百分比（%）
移民户口（户）	大 口	3244	1625	4869	
	小 口	677	386	1063	
	幼 童	792	426	1218	
	劳动力	2112	1034	3146	
人数（人）	工 人	750	325	1075	59
	农 民	68	38	106	5.8
	荣 军	7	4	11	0.6
	店 员	36	7	43	2.4
	医 生	6	5	11	0.6
	小 贩	206	140	346	18.9
	公务员	49	43	92	5
	教 员	32	18	50	2.7
	学 生	4	5	9	0.5
	伪军人	26	13	39	2.1
	伪警察	16	15	31	1.7
	反动党团	3	4	7	0.4
	其 他	3	3	6	0.3
	共 计	1206	620		
说明	此次移民除向察、绥两省移送外，并与东北本溪煤铁公司约定移送工人500人。自3月25日至4月12日已经走了两批，计工人249人，家属102人，共351人。因仍继续办理，故未列入表内。 此次移民重点在解决三轮车工人转业问题，按移民职业统计，工人占总数的59%，其中绝大多数是三轮车工人。 此次察、绥移民1826户中，有劳动力的3146人，每户约合劳动力一个半人多，两个人不足，基本上符合了每户需有一个劳动力的规定。 此次移民7000多人，逃回来7人，退回来38人，原因是单身汉及年老无劳动力与有疾病残疾，不符合农业生产条件者。 此次移民经费，计开支小米、火车费141000斤，伙食费30000斤，训练费2500斤，办公费2500斤，共176000斤。				

资料来源：北京市档案馆编《国民经济恢复时期的北京》，第644~645页。表格中数据为实迁户数、人数。——作者注

1951年北京市先后移民3批共795人，他们分别"被安置在宁朔、永宁、灵武、贺兰4县农村，安排到机关、学校、商业等单位当干部、教员、服务员、保姆及到部队参军计145人，其余孤、老、残、弱、无劳动能力的67人在盐池县设立生产教养院一处。该院的经费及入院人员的伙食由北京市民政局拨发，长期供养"。①

1952年，北京市向宁夏地区移送青壮年失业人员200人。1953年先后两次移民宁夏，第一次移送150人，第二次从收容人员中又移送209人。

1954年10月，北京市民政局曾派出工作组前往甘肃省（1954年8月31日政务院批准撤销宁夏省，并入甘肃省，直至1958年10月25日成立宁夏回族自治区）的银川专区、河东回民自治区，进行大规模移民垦荒的可行性调查，并与甘肃省民政厅协商移民安置问题。同时，市民政局与市公安局、劳动局组成北京市人口调查办公室，对全市社会游民及失业人员情况进行调查，再次着手准备部署移民西北的工作。

1955年初北京市民政局制订了移民西北的计划草案，对移民的范围、条件，移民工作的组织领导、干部配备、步骤方法，移民遣送的时间、人数及安置地区做了较为详细的规定。"1955年，北京市计划向甘肃省移民5700人，向青海省移民2000人。实际移往甘肃省1491户、6205人，移往青海省481户、2311人。前往甘肃省的移民分别被安置在银川专区的银川市及贺兰、永宁、宁朔、中卫等县，固原（原西海固）回族自治州的固原县，吴忠（原河东）回族自治州的金积、灵武、同心等县，以及巴音浩特蒙古族自治州的磴口县（在磴口县安置的均为妇女）；前往青海省的移民分别安置在西宁市和乐都、大通两县。该年的移民经费，由中央财政拨款200亿元（旧人民币），地方财政出资50亿元（旧人民币）。中央财政从批准本市的移民经费中分拨甘肃省150亿元（旧

---

① 北京市地方志编纂委员会：《北京志·政务卷·民政志》，第122页。

人民币），用于移民安置的准备工作。"① 北京移民的安置工作受到当地各级政府的重视。省、地、县分别成立了移民安置委员会，并部署了安置工作。乡、村具体落实，为移民盖好住房；划定耕地，购置耕畜、农具；准备好柴禾等必要的生活用品；并动员本地群众先替移民代种上庄稼；移民到达时，组织群众欢迎。

1956年，北京市"计划向甘肃省移民2.6万人，实际仅有8114人移往甘肃省，为计划的31.2%。当年移民经费预算为312万元，实际支出238.6万元，用于甘肃省移民的费用约为207.5万元"。② 但是，由于报名人数显著下降，多数贫民都不愿移民等原因，移民工作进展缓慢。因此，北京市移民办公室1956年7月21日发出《关于移民工作暂行停止的通知》，北京市向西北的移民遂告停止。

统计数据显示，北京市在1949～1956年间（1954年未进行移民）先后共移民约2.68万人。1949～1950年向察、绥移民0.88万人，1951～1956年向宁（甘）移民1.57万人，1955年向青海移民0.23万人。可以看出，北京市的移民生产工作不仅规模大、人数多，而且得到了国家政府的大力支持。

应该说，移民的本义是为了减少城市失业人口，减轻政府救济工作的负担，并且，在居民自愿的前提下，帮助他们开始新生活。而移民工作中最重要的就是移民地的安置问题，如果安置妥当，移民才能在新环境下安居乐业。为此，北京市政府联合各个移民地区在移民安置问题上做了很多准备。例如，"移民察绥，各方面都作了比较充分的准备。移民到达目的地时，干部都召集本地群众举行联欢大会，沿途用汽车、牛车护送到村，当地群众给安置食宿，并介绍风俗习惯和生产的方式。一般移民每户分到二十多亩地，两间房子，按大口、小口平均每日每人垫发粮食一斤。

---

① 北京市地方志编纂委员会：《北京志・政务卷・民政志》，第122页。
② 北京市地方志编纂委员会：《北京志・政务卷・民政志》，第123页。

种子、农具和耕牛问题也都给予解决。对移民来的知识分子做了适当安排，有的当了小学教员，也有的当了村干部"。① 少数移民是失业知识分子，本着"让有一技之长的失业人员能人尽其才，就要想办法予以调剂"的思想，对知识分子尽量按照各自的特长分别安排工作。例如，"军大、革大等革命干部学校和南下工作团，吸收了很大数量的失业知识分子，加以训练后分配了工作"。②此外，北京市也组织了知识分子的移民，分赴各地区工作的有"小学教员和会计人员，如赴绥远的小学教员，经考试后录取32人，另从市府行政干部学校挑选了10人，共42人前往。赴河北的小学教员共登记了1006人，预计通过考试，录取500人前往就职。赴察哈尔小学教员已经登记了175人。赴东北的会计人员，各区登记了294人，经审查合格30余人"。③ 除了移民边区，北京市政府还采取了由都市向乡村疏散人口的政策，动员失业知识分子下乡服务，发展乡村的人民文化教育事业。彭真提出：移民郊区"这是北京这个文化都市应该给予乡村的帮助"。④ 这些移民政府不但"在精神上有所鼓励"，"在生活上也给予妥善照顾"，"在工作上也做了适当安置，有的还当了小学教员，有的当了村干部"。⑤ 这些人员的安置基本符合实际，很多知识分子移民以后安心工作，发挥了自己的知识与潜能。

但是，根据民政方面关于移民的资料记载可以看出，北京市的移民工作并不成功。1953年，市民政局在给中共北京市委政法委员会的报告中确认："送往察绥之移民自遣送后即不断发生返回北京的情形"，"据估计察绥移民可能有大部分人已返回北京"。去西北的移民自遣送后亦不断返京。截至1956年12月15日返京236

---

① 北京市档案馆编《国民经济恢复时期的北京》，第642页。
② 北京市档案馆编《国民经济恢复时期的北京》，第665页。
③ 北京市档案馆、中共北京市委党史研究室编《北京市重要文献选编（1948.12~1949）》，第793页。
④ 北京市档案馆、中共北京市委党史研究室编《北京市重要文献选编（1948.12~1949）》，第666页。
⑤ 北京市档案馆编《国民经济恢复时期的北京》，第642页。

人,至 1957 年 12 月 31 日返京 2030 人,至 1960 年 4 月 15 日返京 4338 人,至 1961 年 5 月底返京已达 10544 人(以上数字均为累计)。① 这些频繁逃回的移民数量,就是对北京市移民工作成效的最好说明。

对真正的贫困市民来说,如三轮车工人以及失业店员、职员等,他们并不是熟练耕种的农民。而且,动员移民的干部为了成功完成移民任务与指标,过分宣传夸大移民地的好处,许诺政府给予他们生活上的保证等,最终动员他们移民。但是,实际情况证明,很多移民到甘肃、青海等地的移民,很快都逃了回来。1956 年,北京市民政局记载:"本市送往甘肃、青海的移民,从去年到今年 4 月 8 日,据不完全统计,已经回京的有 278 户 1107 人(占移民总户数的 7.5%,总人数的 6.2%)。"分析这些移民逃回的主要原因,民政部门也不得不承认:"动员移民时,干部多强调西北移民地区的优点,对那里困难条件讲的少,个别的宣传不实际。"同时,"移民去后,未及时组织相当力量协助当地进行巩固移民工作"。移民当地对移民"管理上强迫命令多,缺乏民主,所规定的规章制度不适当,对移民的实际困难未给予应有的解决"。这种情况直接带来了移民工作的失误,很多移民过去之后发现与政府宣传的完全不一样,所以不远千里的逃回京城,甚至出现"屡送屡逃"的现象。

多数移民到绥远、甘肃、宁夏等地从事农业开垦的城市贫民都逃回了京城。原因主要是当地政府"对移民的安置工作做得不够好",移民到达当地之后,不会农业技术,当地群众也没有给以很好的帮助,他们的生活困难也没有得到很好解决。例如,"六区有个穿花布衫的讨饭妇女哭着说:她是去年移民去西北的,去了以后因无人照顾,把两个小孩都饿死了"。② 因此,"有一部分移民

---

① 北京市地方志编纂委员会:《北京志·政务卷·民政志》,第 122 页。
② 《关于处理回京移民和巩固安置移民的请示》,北京市海淀区档案馆:2 - 109 - 58。

把分得的耕畜和家具卖了之后又回到北京"。① 截至 1956 年 12 月 15 日，返京 236 人，至 1957 年 12 月 31 日，返京 2030 人，至 1960 年 4 月 15 日，返京 4338 人，至 1961 年 5 月底，返京已达 10544 人（以上数字均为累计）。② 这种情况，不但在财政上造成浪费，而且这部分移民对政府很不满意，造成了不良的政治影响，使移民工作开展得越来越难。

1949~1956 年间的城市移民政策并没有达到减少城市负担目的，反而造成民众对政府的不满，浪费了国家财产。逃回城市的移民，很长时间内没有户口、没有住所、没有维生的条件，很多人甚至沦为街头乞丐。直到 1960 年代初，政府才逐渐解决了这些逃回移民的安置问题。

综合失业救助的主要救助措施可以看出，新中国建立初期政府所推行的失业救助政策灵活，救助方法丰富，并且基本实现了失业救助的目的。很多积极的救助政策，在失业救助的实践中取得了较好的成效。例如，以工代赈政策，既有效地建设了很多公共工程，又成为暂时解决失业人员生活的较好办法；转业训练也培养了很多失业人员再就业的本领，为国民经济建设储备了人才；生产自救也是较好的救助方法，很多生产自救的社区工厂，逐渐发展扩大经营，建设成为较大的生产单位，不但扩大了就业，而且解决了很多人的生活问题。

这一时期的失业救助取得了显著的成绩，这里有很多类似的统计数字能够证实这一点。

例如，1950 年 10 月 "广州市已登记的失业工人计三六一四九人，经该市救济失业工人委员会批准经常救济的工人及其家属共六〇七五人，介绍工作的二一五〇人，以工代赈的六〇八七人，借粮帮助生产的四七一人，辅助旅费返乡的外省工人一三七九人。该会并帮助了部分失业工人学习，使其参加救济工作。广东省其

---

① 《北京市社会救济福利工作情况》，北京市档案馆：196-1-88。
② 北京市地方志编纂委员会：《北京志·政务卷·民政志》，122 页。

他各地失业工人,经各地方人民政府拨粮急赈、以工代赈及组织生产自救的共六〇六九人"。①

"武汉市登记的一万八千多失业工人中已有一万七千余人找到职业或得到救济。总计得到人民政府帮助和救济的约有一万三千人,其中参加以工代赈的最多,达四千八百多人,得到补助救济粮的有三千九百余人。武汉市失业工人救济处前后发出的救济粮共二百多万斤。另有四千多失业工人因市场交易好转,已自动找到职业或复工。其余尚未得到安插的少数失业工人已与失业工人救济处保持联系,等待介绍职业。"②

"苏南无锡、苏州、常州、镇江等城市失业工人数量逐渐减少,生活困难也逐渐减轻。这四个城市在三、四两月中失业工人数最高达五万九千二百四十四人,至九月初已减少至二万五千三百人,其中大部失业工人也已找到职业或得到救济。无锡市在五月下旬至九月初,陆续有九千零四十五人在人民政府协助下就业。各地人民政府和工会在这一时期共动员八千四百多户失业工人回乡生产;介绍了二千四百七十九人到东北各公私营企业就业;另有五千七百多人参加了修路、浚河等工赈工程和代织毛巾等生产自救工作。"③

当然,失业救助也并非完善,由于新政权建立之后,对失业救助工作并没有充足的经验,因此,在很多失业救助措施推行的过程,也是失业救助方法的探索过程,是失业救助的经验累积过程,更是发现问题、改善工作的过程。以武汉市的以工代赈为例:"武汉市的以工代赈工作在八月份以前,曾因缺乏健全的组织领导和对工人进行政治教育不够,工作效率不高。有时工人一天只工作三小时,每人每日平均作零点二五方土,仅及普通标准工十二分之一。自八月下旬将计日工资制改为计件包工制后,情况即有改变,特别是运用产业工会的力量,分别成立救济分会,将原参

---

① 《人民日报》1950 年 10 月 13 日。
② 《人民日报》1950 年 10 月 13 日。
③ 《人民日报》1950 年 7 月 17 日。

加以工代赈的失业工人经各产业工会整编，在各产业工会领导下，根据失业工人自愿结合并照顾地区组成包工队，向市建设局包工，签订包工合同。结果使工赈工程的生产效率大为提高，每人每日平均做两方土。工作能力强的工人每天可得到八斤米。为提高工作效率，参加工赈工程的工人均自动订立劳动纪律，秩序良好"。①这一则案例能够生动地说明，在失业救助的推行过程中，工作人员在对方式方法进行探索的同时，要有发现问题、改正问题的精神。此外，还乡生产与移民屯垦等，从方式方法上看存在的问题也很多，甚至救助结果不但没有达到预期目的，反而制造了很多新的问题。

三 贫困救助

贫困救助也称为生活救助，本义是指国家对生活在国家法定或当地法定最低生活保障标准之下的贫困人员进行现金和实物救济的一种社会救助项目。② 新中国建立初期，虽然社会救助这一概念还没有广为人知，但是，这一时期，新中国政府在救助城市贫民生活，缓解社会矛盾等方面所做的工作，今天看来，还是非常值得肯定的。关于这一问题，史学界已有部分研究者给予了关注，③ 一般来说，贫困救助基本上包括临时救助与定期救助。临时救助主要指国家对贫困家庭或人员给予短期的、临时的救济与帮助，如给予临时救济金、给予冬令救济或修房补助等救助方式，都属于临时救助的范畴；定期救助则特指国家在一定期限内（一

---

① 《人民日报》1950年10月13日。
② 钟仁耀：《社会救助与社会福利》，第46页。
③ 相关的研究有：韩勤英：《贫民救助与政府责任》，《北京社会科学》2007年第5期；韩勤英、苏峰：《国民经济恢复时期北京的失业知识分子救济政策及其成效》，《当代中国史研究》2006年第3期；郝先中：《建国初期上海对失业知识分子的调查登记和就业安置》，《上海党史与党建》2003年11月号；谢涛、郑珺：《建国初期中共治理城市失业问题的对策与实践——以1949~1952年的南京市为例》，《当代中国史研究》2005年第3期。

般以半年以上为期限）对特定救济对象依据规定标准，由政府（民政部门办理）定期（按月）发放现金和实物等生活补助的救济方式。无论临时救助还是定期救助，均从实际出发解决了贫民生活中的诸多困难，这一时期的社会救助工作所取得的成效是非常显著的。

（一）城市贫困状况

新中国建立初期是中国社会发生历史巨变的一个重要时期。随着新政权的建立，中国的社会制度、经济体制、文化思想、阶级结构都发生了深刻的变化。急速的社会变迁带来了社会各个方面错综复杂的结构调整，而这一变革时期中国社会所面临的最严峻问题之一就是贫困。国内部分学者已对新中国建立初期的贫困现象给予了关注与解读。从社会学的理论角度来看，贫困可以分为绝对贫困和相对贫困。在本书中以北京为例所论述的建国初期的贫困状况，主要理解为衣物、食品与居住等基本生活要求的困乏，可以说是一种绝对贫困的认识。这种贫困状况不仅有着复杂的社会经济原因，也是新中国建立初期整个中国社会的一种普遍状况。

以北京为视角来看，这一时期城市贫民不仅数量大，而且贫困程度深，很多城市中的贫困家庭，多数是老、弱、孤、寡、残、病者，他们迫切地需要救济，"否则会发生饿死人的现象"。[①]

北京城市解放以后，在市政府的组织下，市公安局对全市人口进行了粗略调查，以当时的北京第十六区（即北京西郊，1952年成为京西矿区）为例来看，十六区地处北京市郊区是遭受战争严重破坏的地区之一。经过调查，区内贫民无法生活的约"占总人数的21.5%"。[②] 或许这个统计数字比较粗略，还不足以说明问题。根据市公安局的统计，当时全市人口约2004807人[③]，其中失

[①] 《第十六区救济灾民难民的工作报告》，北京市档案馆：9-2-96。
[②] 《第十六区救济灾民难民的工作报告》，北京市档案馆：9-2-96。
[③] 中共北京市委党史研究室：《社会主义时期北京党史纪事》第1辑，人民出版社，1994，第132页。

业、无业人口有四五十万，占 20%～25%。这两个数字互相印证，基本上可以确定，这一时期北京城市贫民的大概数量占全市人口的 20% 左右。贫困程度也是衡量贫困状况的一个重要因素。根据对城市贫困居民的调查来看，很多人不给予救助就无法生活下去。例如：

  （1）福长街二条，一家有六七十岁的老两口，老头病着，专靠老婆讨饭为生，讨多少就吃多少，要不到只有饿肚子。（2）在同一胡同内又有一家有五十多岁的老太婆，只有一个十来岁的小姑娘，每天捡煤外，别无可做，终日不得一饱。（3）六条胡同有这样一户，丈夫在外，女人留在家里，女人过去当过教员，现还带着两个孩子，没有职业，生活无法过下去。（4）九保一家七口人，小孩多，过去全靠推排子车为生（兄弟两个），现有一个被车压了脚，卧床数月，女人又生孩子又病的厉害，没奶，小孩要饿死，现大家挤在租来的一间茅房里，房租已经四个月没给，生活非常困难。根据统计，如此情况每一个区都有很多，估计每个区有 150 户到 200 户的样子。①

  很多无法维持生活的城市贫民"是摆小摊贩卖零食的、手工业工人、蹬三轮、开小店、理发等为业，还有一部分是推排子车的，拉洋车出卖零星苦力、耍手艺（匠人）、贩菜、卖报、拾筐、捡煤、变戏法、唱大鼓、耍马戏的，大部分都是过着很贫困的日子，有的因失业终日不得一饱，或因无生产条件，生活无着落而乞食者"。② 以三轮车工人为例，三轮车工人多数是收入低廉、生活困窘的城市贫民。据统计，北京"三轮车工人，原每日收入平均在两万元（旧币）左右"，"现在每日收入平均下降一半，原来收入就少的，只能拉到两三千元（旧币），交了车租，就吃不上饭"。③

---

 ① 《关于市民工作中的几个问题和意见》，北京市档案馆：1-6-238。
 ② 《关于市民工作中的几个问题和意见》，北京市档案馆：1-6-238。
 ③ 《临时救济总结报告》，北京市档案馆：1-9-244。

无法维持生活的城市贫民中不断有人选择自杀。1950年，北京"7、8月份调查城区7个区因生活困难而自杀的有13件"，[①]贫穷、失业、疾病等问题无法解决，使很多人的生活陷入困境。据1952年统计，城市中因贫困而自杀的人数呈有增无减之势，从1952年2月至6月短短4个月的时间内，据不全面统计，北京城市因无法维生而选择自杀的人数达97人。这个数字还不包括非官方统计，并不全面。从表3-10中还可以看出，因生活困难选择自杀的人，占较大比重的是家庭妇女、无业人员，农民、小贩和工人，而受到政治冲击自杀的人数反而不多。

表3-10 北京市1952年2~6月份因生活困难自杀统计

单位：人

性别\职业			共计	家庭妇女	无业	农民	小贩	工人	商人	职员	军警
生活困难	男	死亡	28		4	7	6	7	1	2	1
		遇救	25		9	3	5	5	1	2	
	女	死亡	9	8			1				
		遇救	16	13	1	2					
债务逼迫	男	死亡	4		2	1		1			
		遇救	14		4	4	4	2		2	
	女	死亡									
		遇救	1								
总计			97	21	19	17	16	14	5	4	1
附注			表列债务逼迫系指小贩资本和因生活借债而言。								

资料来源：《1952年2~6月份因生活困难自杀统计表》，北京市档案馆：196-2-215。

这一时期，在北京城市中挣扎在贫困生死线上的家庭究竟有多少，并没有一个全面的统计数字，但是，从这些让人动容的材料中，我们也可以感受到形势的严峻性。可以看出，新中国建立初期城市中所面临的贫困状况，不仅关系着城市贫民的生存，而

[①] 《北京市贫民救济办法》，北京市档案馆：196-2-215。

且影响着社会秩序的稳定,能否有效地缓解贫困稳定社会,也是对新政权的一个严峻考验。

针对这种情况,北京和平解放后,市民政工作人员迅速对城市的贫困群体进行了调查,并暂时给予了紧急救济。从调查的情况来看,导致这一时期北京贫困现象加剧的原因主要是由于经济体制的变革所引起。随着社会主义制度的逐渐确立,经济体制的变革带来的失业冲击在短时期内加剧了城市贫困问题。社会制度的变革在经济方面的影响非常明显,为了体现社会主义经济的特点,许多"非生产的不利于国计民生的行业逐渐被淘汰",[①] 并对旧有社会经济进行了大规模的调整。新的公有制经济逐渐开始建立。在社会经济的变革过程中,很多职员、工人甚至技术人员,都经历了或长或短的失业状况。例如,"三反"、"五反"运动开展以后,对社会经济的冲击极大。由于资本家的工厂、企业纷纷停工歇业,造成工人大规模的失业现象愈来愈严重。虽然民政档案材料的记载对此轻描淡写,"三反"、"五反"运动之后北京市民政局所作的临时救济报告仅仅记载:由于"一部分加工生产停顿,商业交易往来减少,建筑工程未能如期开工,影响到一部分独立劳动者、零散工人和贫苦市民的生活",等等。但是,实际大部分贫民的生活,由于失业,立刻陷入绝境。如部分三轮车工人,在运动(指"三反"、"五反")前每日收入平均在两万元左右,现在每日收入平均下降一半,原来收入就少的,只能拉到两三千元(旧币),很多人交了车租,就吃不上饭。例如,"八区的三轮工人韩起龙,由于无法生活,曾想弄死小孩,自己自杀。摆小摊的有时整天不开张,有的人迫不得已到医院去卖血维生"。大部分建筑工人,亦因"工程迟迟未能开工,生活无着","去年留京的零散工人约四五千人,此时冬粮已尽"。"前门外六区、九区的小店有近千名建筑工人,因无工作,无饭吃,只好卖被子、棉衣,等待开工。平日生活很苦,专靠捡破烂、捡煤渣的城市贫民,因为浪

[①] 《关于市民工作中的几个问题和意见》,北京市档案馆:1-6-238。

费现象减少，废纸及煤渣很少，也不能糊口。甚至抬埋死人的杠夫，也因为提倡节约，被排子车给代替了；郊区农民，原来专砸石子及挖砂土等副业辅助生活，这时也因为沙石没有销路，致无收入。"① 这些暂时的困难，虽然给城市贫民的生活带来很多负面的影响，但这毕竟仅是经济变革中的一个必然过程。随着"一五"计划的顺利实施，国民经济逐渐恢复，民众的生活和就业问题也得到有序的解决。国家对贫困居民的生活救助工作逐渐走上了正常化、制度化的轨道，全新的社会救助模式开始得到实施与推广。

综合来看，这一时期中国社会贫困状况有如下特点。

第一，贫困总量非常大。从现有的关于民政救济的档案资料来看，这一时期城市贫困状况非常普遍，失业、没有生活来源的贫困人数极多。1950年中国人民救济总会统计北京"已经失业的工人人数为11989人……估计将要失业人数应为38365人"，② 这些失业人员无以谋生基本都陷入贫困状态。

第二，贫困分布的领域比较广泛。这一时期城市与农村，职员与工人，老年与青年，生活都普遍陷入贫困状态。由于社会经济崩溃，导致物价飞涨，投机猖獗，社会民众无不身受其害，难逃贫困的厄运。绝大多数民众处于绝对贫困状态。除了物质贫困外，很多人对新政府的救助政策不了解，没有信心。如何谋生已经成为他们生存的第一要务，建立适当的社会救助来缓解贫困也是此时期政府救助贫困的首要选择。

(二) 临时生活救助

新中国建立初期，国家针对贫民所实施的生活救助主要是为了维持社会成员的最低生存需要，由国家在生活各个方面给予被救助人员的粮、款等方式的救济与帮助。生活救助的目的就是要对陷入生活困境的个人或家庭，提供满足其最低生活需要的物质

---

① 《临时救济工作总结报告》，北京市档案馆：1-9-244。
② 《本会关于救济失业工人和为灾民募集寒衣的通知和工作报告》，北京市档案馆：101-1-276。

帮助来维持他们的生存。生活救助的实施既可以稳定社会秩序，又是国家对公民所应尽的义务和责任。所谓临时生活救助是指国家对居民及其家庭暂时陷入贫困时期所给予的短期的生活救助。临时救助带有临时性与非连续性的特征，临时救助主要是通过贫困户的申请，由民政部门调查审批，给予一定数量的款物救济。

在中国历代政权统治下，政府都有对国民的临时救助，如战乱、灾荒来临时，政府对受灾民众的临时救助就显得尤为重要。通常情况下，各地政府会根据救助原因的不同而采取不同的临时救助措施，如北京这一时期所实施的临时救助主要有两种：第一种是由于特殊原因使贫困民众的生活陷入困境，政府为了缓解贫民生活中的紧急困难而采取的一次性的、临时的救助；第二种则是非制度化的、由于季节或者其他外部原因而对贫困民众采取的临时性救助措施，如冬令救济，即冬季来临的时候，给缺少棉衣棉被的贫民发放过冬物资等方式。下面仅以北京为例，简要介绍新中国建立初期中国政府临时生活救助的主要内容与措施。

北京城市解放之初曾对城市贫民实施了急赈。急赈是临时救助的一种方式。北京市规定，对"贫苦之军干烈属、没有生产能力、借贷无门的贫苦孤寡、一般失业的独立劳动者、在战争期间受到严重灾害而无法生活者……"① 都给予急赈。急赈的标准由各区具体掌握，通过呈报名单，调查审核属实后，统一发给救助粮食。一般标准为每户每人发粮 25 斤……对于老而无劳动力的按月救济，每月每户一人发 30 斤。② 这种紧急的救济措施，在当时情况下对恢复北京城市社会秩序发挥了重要的作用。

随着新中国社会秩序的逐渐稳定，临时生活救助也向着制度化、规范化方向发展。北京市于1950年成立了临时救济工作办公室，对临时救助工作制订了具体规范与标准。根据调查，北京市规定临时救助发放的主要对象："一是有劳动力无正常收入无法继

---

① 北京市档案馆、中共北京市委党史研究室编《北京市重要文献选编（1948.12~1949）》，第317页。
② 北京市档案馆编《国民经济恢复时期的北京》，第859页。

续生活的贫苦市民；二是因亏本无法继续经营而生活困难的小商贩、小手工业者；三为特殊灾害如天气变化或生、死、病等情况，致使生活发生暂时困难的贫苦市民。"① 从这一规定可以看出，临时生活救助的主要对象有了明确的分类。

第一类救助对象主要以有劳动力无正常收入无法继续生活的贫苦市民为主。对这些贫困居民，主要从两个方面着手展开帮助。

一方面是给予生活费用的补贴，即发放救济款。北京的临时救济工作办公室按照政务院规定的失业救济办法，每户每月最高救济 9 万元（旧币）。但是，随着救济工作的开展和逐渐深入，为了能够及时发放救济粮款，北京市组织了工会和街道积极分子，用随调查、随发放的办法，保证各区都能在三至五天内按照规定标准完成救济的要求。据统计，从 1950 年 3 月 10 日到 4 月 11 日，全市发放救济金的数额中，城区为"1126621801 元（旧币），18915 户，70758 人"；"郊区为 634203900 元（旧币），8495 户，24858 人（遣送返乡车费、工赈费在外）。其中三轮车工人占 23%，建筑工人占 16.4%，搬运工人占 8.5%，城市贫民占 27.8%，贫困农民占 11.1%，其他小手工业工人、小摊贩、零散工人及遣送还乡生产者共占 13.2%"。②

另一方面是针对部分失业的、有劳动力的工人开展工赈救助。这种方式主要是使他们通过工赈劳动，能够有所收入，从而维持基本的生活需求。临时救济期间，北京市先后举办过三项大型的工赈工程。第一项"着重解决三轮工人问题，计开龙须沟、前三门等七处疏通河道、卫生防疫工程，自 3 月 21~30 日，共计陆续参加工赈人员 1850 人，现已完工。"第二项"为修理便道工程，参加共 977 人"。第三项"为陶然亭挖海工程，预计可用 3500 余人，工作现已上工 1903 人，这次主要是以失业建筑工人，劳动市民为主，并吸收一部分无车的三轮工人和道远不便遣送的外来散

---

① 《北京市贫民调查登记办法》，北京市东城区档案馆：11-7-54。
② 《临时救济总结报告》，北京市档案馆：1-9-244。

工参加，正继续进行"。① 这样既帮助无法谋生的城市贫民维持基本生活，又减轻了城市的就业压力。

　　第二类救助对象主要以无法继续经营而生活困难的小商贩、小手工业者等人为主。1952 年，北京市"由于一部分加工生产停顿，商业交易往来减少，建筑工程未能如期开工，影响到一部分独立劳动者、零散工人和贫苦市民的生活"，② 以三轮车工人为例来看，三轮车工人多数是收入低廉、生活困窘的城市贫民，他们是干一天活赚一天的生活费，基本属于毫无保障的脆弱群体，很容易受到社会经济变动的负面影响。据统计，三轮车工人原来"每日收入平均在两万元（旧币）左右，现在每日收入平均下降一半，原来收入就少的，只能拉到两三千元（旧币），交了车租，就吃不上饭"。③ 建筑工人生活同样艰苦。大部分建筑工人，因工程迟迟未能开工，生活无着，陷入贫困。"1951 年在北京做工的零散工人约四五千人，现在无工可作生活已经陷入困境。外地的工人如河北、平原、热河、东北等地的农民，滞留北京寻找工作。平日生活很苦专靠捡破烂、捡煤渣的城市贫民，因为浪费现象减少，废纸及煤渣很少，也不能糊口。摆小摊的有时整天不开张，难以维持最低生活。郊区农民，原来专靠砸石子、挖砂土等小收入辅助生活，此时也因为沙石没有销路，基本上处于毫无收入的境地。近千名建筑工人，因无工作，无饭吃，只好卖被子、棉衣，等待开工"。④ 针对因工商业萎缩而失业的职工、失去生活来源的小商小贩、三轮车工人、部分手工业和建筑业的工人等城市贫民，北京市政府给予了临时生活救助。根据统计，1952 年京市自 3 月 10 日起至 4 月 11 日，通过工会与街道组织对 27410 户、95652 人发放了 176000 多万元（旧币）的救济金，经过救济解决问题的占 70%，需要继续救济的占 20%～25%。这一救助工作收获很大，

---

　　① 《临时救济总结报告》，北京市档案馆：1-9-244。
　　② 《临时救济总结报告》，北京市档案馆：1-9-244。
　　③ 《临时救济总结报告》，北京市档案馆：1-9-244。
　　④ 《临时救济总结报告》，北京市档案馆：1-9-244。

群众普遍反映"政府救济真解渴"。①

第三类救助对象以特殊灾害,如天气变化或生、死、病等情况,致使生活发生暂时困难的贫苦市民为主。这种救济方式,主要是指由于季节变化、特殊节日或者疾病灾害等特殊情况而对贫困家庭或个体,给予临时的、非连续性的救助措施。根据1949~1956年间的北京民政档案资料来看,这一时期北京的季节性临时救助工作,已经基本上步入正轨。季节性临时救助的主要措施有:冬令救济、春节救济、中秋救济、房屋雨季救济等,其中最主要的就是冬令救济。冬令救济即每年寒冷的冬季来临之际,北京市政府都会组织临时救济,发放棉衣、棉被,补助冬令救济款,帮助贫困的市民度过冬季。春节、中秋救济是指过春节和中秋两个中国传统节日之前,民政部门组织临时救济,帮助贫民度过传统节日。房屋雨季救济主要集中在夏季雨涝天气之时,对房屋因雨而倒塌的贫户,给予修房补贴救济。

下面仅以冬令救济为代表,谈谈北京季节性临时救助对城市贫民生活的帮助与影响。冬令救济,也是北京市临时救助政策中的一个主要内容,北京地处北方,冬季来临气候寒冷,贫民没有冬衣、冬裤或者棉被、棉褥,势必会冻馁而死,绝大多数的城市贫民,生活状况非常不稳定。很多生活贫困无法维持贫困家庭和个体,不断地有人选择自杀道路。1950年,北京"7、8月份调查城区7个区因生活困难而自杀的有13件",② 贫穷、失业、疾病等问题无法解决,使很多人的生活陷入困境。1952年统计因生活自杀的市民呈有增无减之势,据不全面的统计,1952年2月至6月短短4个月的时间内,北京城市因生活困难自杀的人数达97人。这个数字还不包括非官方统计,并不全面。因生活困难选择自杀的人,占较大比重的是家庭妇女、无业人员,农民、小贩和工人居中,而受到政治冲击的商人自杀的人数反而不多。这似乎说明

---

① 《临时救济工作的反映》,北京市档案馆:1-9-244。
② 《北京市贫民救济办法》,北京市档案馆:196-2-215。

了两个问题：第一，真正选择自杀的，多数是生活困苦难以维持的，如部分无业人员、农民、小贩和工人等；第二，很多非正常因素自杀的人员并没有被完全的统计进来。基于此，北京市对贫苦市民的冬令救济工作一直非常重视，除了发给必要的救济金之外，主要就是发给棉衣棉被等物品，帮助他们顺利渡过寒冬。

冬令救济一般从每年的 12 月份开始组织发放，基本持续到第二年的 3 月份为止。这期间，各个区所属的民政科要经过详细的调查，对生活困难、难以过冬的贫困家庭掌握详细情况。当冬季来临时，根据这些贫民的不同需求，发给他们棉衣、棉被、粮食以及过冬的燃料费用等。冬令救济在全年的社会救助工作中占据非常重要的位置。例如，第一区（东单区）人民政府民政科对 1950 年的社会救济工作总结盘点时提到："全年（1950 年）的社会救济工作基本特点是两头大，中间小"，即"在冬季全区共有贫民 500 户左右需要救济，三月份以后天气逐渐暖和，首都的建筑工程大量发展，凡是有劳动力的贫民差不多都参加了生产，摆脱了对政府的依赖，贫户逐渐缩减到 67 户"。但是，入冬以后，"很多工赈工程停工了，小生意也不好做了，因而情况逐渐回转"，到 10 月份调查，"全区需要救济的贫户又增加到了 292 户"。[①] 1950 年东城区发放的冬令救济共"发放救济粮给了 55 户（189 人），约 4240 斤"，"发放救济款 414 户（1018 人），共发了 18566250 元（旧币）"。[②] 此外，还发放了 162 户"棉衣 153 套，价值 7675000 元"。可以看出，全年救济户增多的时间多数集中在冬季，大概因冬季寒冷不易谋生。北京冬令救济的实施，非常符合贫民生活的需要。另外，冬令救济发放多少，也随着社会经济形势的不同而不断的灵活变化，如 1952 年的社会失业现象增多，贫民生活更加

[①] 《第一区人民政府民政科 1951 年社会救济福利工作总结》，北京市东城区档案馆：11-7-13。

[②] 《第一区人民政府民政科 1951 年社会救济福利工作总结》，北京市东城区档案馆：11-7-13。

困苦,所以冬令救济相应的就增加了人数,增加了补助的粮款数额。1953年以后社会经济相对好转,冬令救济也相应地减少。

表 3-11 北京市冬令救济粮所救济之户数、人数统计
(1952 年 6 月 13 日)

区公所 \ 户、人	12月份 户数(户)	12月份 人数(人)	1、2月份 户数(户)	1、2月份 人数(人)	3、4月份 户数(户)	3、4月份 人数(人)	合计 户数(户)	合计 人数(人)
第一区公所	264	485	69	142	55	189	388	816
第二区公所	300	808	120	254	296	4400	716	5462
第三区公所	327	1065	269	982	72	159	668	2206
第四区公所	342	798	48	48	393	655	783	1501
第五区公所	540	1559	16	68	172	389	728	2016
第六区公所	181	359	39	76	24	28	244	463
第七区公所	146	425	131	438	55	148	332	1011
第八区公所	130	399	100	329	76	130	306	858
第九区公所	169	460	138	343	87	172	394	975
第十区公所	1406	3962	19	39	209	502	1634	4503
第十一区公所	368	894	18	58	186	552	572	1504
第十二区公所	431	1147	64	125	471	1203	966	2475
第十三区公所	—	—	390	726	140	210	530	936
第十四区公所	—	—	—	—	777	1885	777	1885
第十五区公所	—	—	160	323	335	802	495	1125
总 计	4604	12361	1581	3951	3348	11424	9533	27736
备注	总共发粮422196斤,共救济27736人,其中工人占15%,1、2月份主要救济对象为三轮车工人。							

资料来源:《北京市冬令救济粮所救济之户数人数统计表》,北京市档案馆:1-9-244。

综合来看,这一时期季节性临时救助实施效果显著的原因,一方面是由于中华人民共和国建立初期,多数民众生活普遍贫困,家庭经济基础脆弱,防范季节、气候变化等问题的能力还很薄弱;另一方面,实施这种临时救济,使贫苦市民不致因为冬季寒冷而面临生存危机,也是政府的义务,冬令救济的及时发放,充分体

现了政府的主体救助思想。

北京市对城市贫民的临时救助考虑比较周密，采取随时调查随时发放的形式，辅以多种救助办法，充分调动群众力量进行翔实的审查、复核。这种临时性的生活救助，不仅为城市贫民暂时缓解了窘迫的生活困境，也使他们成功地树立起对新政府的信心。归纳起来，临时生活救助主要包括几个方面内容。

首先，北京市颁布了基本的生活救助标准，即按照政务院规定的失业救济办法，每户每月最高救济9万元。随着救助工作的开展和逐渐深入，又对发放救济金的上限9万元做了灵活变动，对残、病及特殊贫困家庭予以适当的照顾。为了能够及时发放救济粮款，组织了工会和街道积极分子，用随调查、随发放的办法，保证各区都能在三至五天内，按照规定标准完成紧急救助的要求。据统计，从3月10日到4月11日，全市发放救济金的数额中，城区为"1126621801元，18915户，70758人"；"郊区为634203900元，8495户，24858人（遣送返乡车费、工赈费在外）。其中三轮工人占23%，建筑工人占16.4%，搬运工人占8.5%，城市贫民占27.8%，贫困农民占11.1%，其他小手工业工人、小摊贩、零散工人及遣送还乡生产者共占13.2%"。[①]

其次，外地务工农民需要遣送返乡的，发给贫民乘车介绍信，换取车票，并发给每天3000元的饭费。外地来京的农民须遣送还乡的数量很多，如"十四区第一次救济时遣送56人，第二次为120人"；"十一区遣送1000多人还乡，都是窑业工人。因等工等不起，纷纷要求车票回去"。这些各地介绍到京做工的工人、农民和小部分复员军人，普遍是村人民政府介绍的。如"沧县风化店村介绍来京180余人，到京150人都遣送回乡了，车费开支很大，同时耽误农村生产，造成公私损失甚巨"。[②]

再次，开展工赈救助。这种方式主要是针对部分失业的、有

---

① 《临时救济总结报告》，北京市档案馆：1-9-244。
② 《临时救济总结报告》，北京市档案馆：1-9-244。

劳动力的工人,使他们通过工赈劳动,能够有所收入,从而维持基本的生活需求。临时救济期间,北京市先后举办过三项大型的工赈工程。第一项"着重解决三轮工人问题,计开龙须沟、前三门等七处疏通河道、卫生防疫工程,自 3 月 21 日至 30 日,共计陆续参加工赈人员 1850 人,现已完工"。第二项"为修理便道工程,参加共 977 人"。第三项"为陶然亭挖海工程,预计可用 3500 余人,工作现已上工 1903 人,这次主要是以失业建筑工人,劳动市民为主,并吸收一部分无车的三轮车工人和道远不便遣送的外来散工参加,正继续进行"。①

由于临时救济所面临的情况紧迫,对全面情况很难准确地把握,所以,北京市临时救济办公室事后对救济情况进行了重点与典型检查,目的在于对临时救济中的不足进行及时纠正。

绝大多数应该救济的贫困市民都受到了及时的救济。抽样调查了"十二区丰台、长辛店、卢沟桥、看丹、大井等五个村镇,共救济了贫苦市民和石场工人 425 户,经检查 366 户是应该救济的,占总数的 86.1%";调查"第八区共救济了 3406 户,检查了 2508 户,其中 2269 户是应该救济的,占检查户的 90.5%;七区共救济了 1548 户,其中 1504 户是应该救济的,占 97.2%;四区共救济了 2990 户,检查了 2883 户,其中 2352 户是应该救济的,占检查户 81.6%;平均应救济户占 90.2%"。② 从抽样调查的结果显示出,对城市贫民的救济绝大部分是没有偏差的,仅有少数家庭所得到的救济不够合乎条件,有的应该救济的没有得到足够的标准救济。经过调查发现情况后,都及时做了补偿。

少数不该救济而救济了的市民,占 8%~9%,经过调查也退回了救济粮款。这些偏差,有的是因为紧急救济的意义没有正确及时传达和领会而导致的;如"内四区临时救济办公室主任因在'三反'中有问题,本身背了思想包袱放松领导,会议的精神不传

---

① 《临时救济总结报告》,北京市档案馆:1-9-244。
② 《临时救济总结报告》,北京市档案馆:1-9-244。

达，以致使个别派出所及基层干部不能领会急救意义，盲目的证明介绍，当时区上也失去检查，因而发生了一些偏差"。有的是因为调查不严谨而发生偏差的，如"第八区派出所从救济户中检查了 32 户，其中有 16 户是不应救济的。管制分子赵立昆家有四口人，住在岳父的房子一小院，收四间房租，家里有手风琴，盖着缎子被，也救济了四万元"。还有弄虚作假的，借助救济粮款牟取私人利益的，如"三区三轮工人于德顺，有房八间出租，小组长李兆全住他的房子欠了房租，就介绍他领了七万元转了账"。"八区三轮工会街道主席周森五口人，与其弟有两辆三轮车（自己的），生活无问题，以其弟名义（因其弟的名字没人知道）开了条，骗去了救济金，后被李俊荣、翟春秀发现，周怕他二人反映，便给了李、翟二人开了条领了救济，该两人也是不须救济的"。[①] 这样的偏差，都在发现后及时纠正了。在调查发放时遗漏的，或在发放救济金时生活尚可勉强维持，检查时认为需要救济的，全市共有 694 户，占"第一次救济户数的 5.6%"。"郊区遗漏较多，十二区检查 425 户，有 53 户遗漏，占 12%，城区的七区检查 1600 户中，有 43 户，约占检查户总数的 2.6%。八区检查 2508 户，有 42 户遗漏仅占 1.7%。"[②]

总体来看，这一时期北京市的临时救助主要分两次进行，第一次是范围大、覆盖面广的行动主体，第二次救济是对第一次的补充和修正。据调查，经过第一次救济已经解决了生存问题的，占贫民总体的 70% 左右。例如，第四区救济 3354 户，有 2842 户基本解决了问题，占总数的 84.73%；七区救济了 1548 户，有 1311 户基本解决问题，占总数的 84.69%。三轮车工人及搬运工人在部分工程开工后，轮班做工，平均每人六七天可做一次，解决了部分困难。有的小贩、贫民把救济金当做了本钱，卖米糕、卖梨、卖白薯、土豆，收入即可周转维生。也有一部分困难户经过

---

① 《临时救济总结报告》，北京市档案馆：1 - 9 - 244。
② 《临时救济总结报告》，北京市档案馆：1 - 9 - 244。

一次救济后,又参加了工赈,生活也勉强过得去了。

当然,也有部分非常贫困的家庭,经过第一次救济后不解决问题,需要继续救济,这样的贫民在全市平均占总救济户的 20%~25%。"第七区检查 1548 户中有 202 户需要继续救济,占救济户总数的 13%;二区检查 123 户,有 32 户需要继续救济,占总数的 26%;第四区检查的 152 户中有 30 户需要继续救济,占总数近 19.74%;第十三区检查的 23 个村(靠副业维生的)1120 户中有 462 户需要继续救济,占总数的 41%。"① 这些需要继续救济的主要原因是人口多,本人或家属有病,而救济金最高可以补助 9 万元,解决不了他们的实际困难。例如,"第四区西(泰)胡同鲍麟止一家九口人,三月十五日发给八万五千元买四万元粮食,四万五千元的梨做买卖,粮食吃完后每日卖梨赚四五千元,只够勉强吃一顿"。三轮车工人的"老牛破车",救济一次也解决不了问题,如"第七区黄宝成是三轮车夫,四十一岁,一家四口人靠他劳动,破车还是租的,老婆一冬没有盖上棉被,穿上棉衣,病成了残废"。人口多又没有主要劳动力的家庭,也很难一次救济成功。如"第一区杨宝珍(女),救济后生活仍然困难,总想自杀"。②

多数劳动人民的生活经过救济已开始好转。如朝外三轮车工人普殿华五口人,半月前每日赚三四千元,白薯都吃不饱,现在每日能拉一万多元,妻子也有了零活做,生活马上好转。他说:"政府救济真解渴,不然顶不到现在的日子。"对于小手工业工人一时尚难恢复生产者,主要是组织他们参加工赈。对小商小贩,因为他们的商品普遍在穿衣吃饭方面和劳动人民相依为命,所以他们的生意已经有了转机,也可说明劳动人民的生活情况好转。例如,"顺治门刘老头,卖饭、大饼、豆腐为生,'五反'前每日卖七八万元,'五反'后一般三轮及其他工人小贩都不在摊上吃饭了(自己能带的带在身上,赶得回去的就赶回去凑合吃),每日只

---

① 《临时救济总结报告》,北京市档案馆:1-9-244。
② 《临时救济总结报告》,北京市档案馆:1-9-244。

能卖一二万元；近几日来已可卖上六七万元"。① 此外，第十区吉市口卖大碗面的说："半月前买卖稀薄得很，三轮工人都不上门，这两天来吃大碗面的增多了。"第七区估衣摊郑老太太说："'五反'前每日还卖五六万元，'五反'后每日只卖五六千元（虽因冬天淡季，但往年不像这样），近来已见转机，每天可卖四五万元。"天桥粗衣摊马瑞祥给出营业队劳动人民粗衣及工作服等的流水账："十一月400万元，十二月300万元，一月至三月十五日100万元，三月底到现在每日10万到20万。"虽然比不上去年的春天旺季，但也有好转。② 建筑工人除了在职长工，和已由各建筑公司收留安置的预约工人外，据城区各建筑工会工作委员会统计，尚有本地建筑工人20638人没有正式上工，其中有4314人约20.9%得到过临时救济，2130人约10.3%目前只能做一二日零活，大部分尚须继续救济或者组织参加工赈。③

这一时期的临时救济工作，采取随时调查随时发放的形式，辅以多种救助办法，充分调动群众力量进行翔实的审查、复核，最终取得的救助效果非常明显。很多群众反映，这次"救济很解渴"、"不救真不行"。例如，第十四区曹八里村老大娘说："真是我们的政府，就像知道我们的事一样，救济了我们，不只为我们找生活、不耽误生产，有生活好安心耕地、压地。"第六区建筑工人徐宝柱说："我平时节省，生活还可以维持几天，政府这样爱护工人……虽然有些小困难，小困难也是暂时的，过了这一下以后永远事幸福的日子。"④ 可以看出，多数贫民对政府的临时救助工作还是非常满意的。当然，在实际救助工作中也存在工作方式粗糙、工作态度僵硬等问题。例如，很多工作人员单从贫户家中是否有无劳动力来决定是否给予救济，导致一些非常贫困的家庭反而没有得到救济。例如，"十一区马家铺'三反'前全村没有闲

---

① 《临时救济总结报告》，北京市档案馆：1-9-244。
② 《临时救济总结报告》，北京市档案馆：1-9-244。
③ 《临时救济总结报告》，北京市档案馆：1-9-244。
④ 《临时救济总结报告》，北京市档案馆：1-9-244。

人，三反后全村四百多户，一百六十多青壮年无工可作已在挨饿，但竟因为'有劳动力'群众评议不上"。① 出现这种问题的原因主要就是办理救助工作的人员工作态度简单僵硬，没有真正理解政府的救助政策。

（三）定期生活救助

定期生活救助也称定期定量救济，是指在一定期限内（一般以半年以上为期限）对特定救济对象依据规定标准，政府（民政部门办理）定期（按月领取）发放现金和实物等生活补助的救济。定期救助的标准由国家和地方政府规定，其经费来源于财政拨款，即民政部门掌握的救济事业费。救助的主要对象，是指对无劳动力或丧失劳动力、无依无靠、无法维持生活的贫困市民，救助的目的是使他们能够维持最低生活，维持生存。定期救助，是一种救助对象稳定、救助标准依法确定、政策性极强的社会救助。②

为了切实有效地发挥救助的作用，北京市相继制定了《北京市贫民救济方案》、《北京市贫民救济方法》、《北京市贫民调查登记办法》等规范制度，逐渐制定了比较全面的救助制度，为无法维生的贫民提供相应的救助措施。能够享受定期生活救助的贫民基本是"老弱残废、鳏寡孤独、能自立生活而无任何收入亦无亲友帮助者；二是人口众多无劳动力或因丧失劳动力无法维持生活者"。③ 1950 年北京市规定定期生活救助发放的主要对象为："一是老弱残废、鳏寡孤独、能自立生活而无任何收入亦无亲友帮助者；二是人口众多、无劳动力或因丧失劳动力无法维持生活者。"④

可见，新中国建立初期在社会普遍贫困的前提下，区分长期

---

① 《临时救济总结报告》，北京市档案馆：1-9-244。
② 于长泉：《救灾与社会救济工作》，中国社会出版社，1996，第132页。
③ 《北京市贫民调查登记办法》，北京市东城区档案馆：11-7-54。
④ 《北京市贫民调查登记办法》，北京市东城区档案馆：11-7-54。

救济与临时救济的一个主要判断标准,就是是否有劳动能力。能够享受定期生活救助的贫民,基本都是丧失劳动能力的老弱病残,没有独立生活能力无法维生的人。对他们来说,没有能力谋生,没有亲友可以依靠,除了依靠政府给予救助之外,没有任何办法。1950年调查,北京城区内无法维生的"赤贫户"有4259户12733人。(见表3-14)

1951年,北京市将《北京市贫民救济方案》加以修正补充,根据此救济方法,北京市1951年5月统计,城市中"赤贫户"有所减少,大体为3861户10520人,人口相当于1950年的82.6%。其中共有"长期救济户3716户,9006人,包括类型可分为以下六种:老弱孤寡无人抚养者;家庭人口众多、收入不能维持生活者;零散工作收入不足生活者;家庭无主要劳力;贪污分子因判处徒刑追缴罚款后,以致其家属无生活来源者;反革命分子因判处死刑或劳动改造,而其家属无生活来源者"。[①]

根据这个救助标准进行调查,以外一区为例,抽查的外一区两个派出所管辖下的贫户救助对象与救助标准(见表3-12)来看,定期救助的范围与救助程度仍然非常有限。

表3-12 外一区(前门区)第二派出所社会救济名单

姓名	人口	户主职业	经济状况	每月补助费	备考
李育春	4,无劳力	无	本人扛粮食每天赚1万元	临时补助7万元	有时吃不饱
车永兴	7,无劳力	无	本人卖烤白薯,每天赚五六千元	长期补助8万元	不能养7口人
丁有信	3,有劳力	无	本人帮助人推车下乡换货	临时补助5万元	仅能维持自己生活
杨杨氏	1,无劳力	无	孤身一人有哮喘	长期补助4万元	靠亲戚给吃的

---

① 《北京市贫民救济方法》,北京市档案馆:196-2-215。

续表

姓名	人口	户主职业	经济状况	每月补助费	备考
韩谭氏	1，无劳力	无	孤身一人，有时做点活	长期补助3万元	否则靠邻居给吃的
赵田氏	1，无劳力	无	能拆洗衣服	临时补助3万元	冬季活少不能维持
傅戴氏	2，无劳力	无	本人年老，次子病，母子乞讨为生	长期补助4万元	—
常德山	5，有劳力	无	本人拉排子车，有时赚1万元	临时补助7万元	经常吃不饱
叶鸿翔	6，有劳力	无	小工，每天赚9千元	临时补助6万元	

资料来源：《区政府贫户救济表》，北京市档案馆：39-1-301。

客观地说，这一时期国家对城市贫民所给予的定期救助其实是非常有限的。以前门区为例，1950年前门区的人数一共139247人，其中失业无业的人数占据了24.5%，但是他们得到的救济并不多。由表3-13可以看出，家庭妇女所占比例为19.8%，有劳动力无职业的占人口总数的4.67%，而总体来看，无职业无收入的占家庭人口的24.5%。从这些简单的救助统计中可以看出，政府对贫困救助的力度其实是很小的，很多只是给予简单的衣服或被褥等生活用品的补助。从列表的救济人数与户数统计中，可以看出，享受定期生活救助的人数远少于享受临时生活救助的人数。

表3-13 前门区户数人数统计

	全区总户数		37839户	说明
区总人数	有劳动力有职业	男	84771人	—
		女	20392人	
	有劳动力无职业	男	3954人	包括无固定职业不包括家庭妇女
		女	2542人	
	家庭妇女		27588人	
	合计		139247人	

资料来源：《区政府贫户救济表》，北京市档案馆：39-1-301。

表 3-14　北京市城内各区 1950 年与 1951 年救济户数人数统计

类别	1950年赤贫户调查	1951年冬季贫户调查									
^	^	共计		长期救济			临时救济				
^	^	合计	相当于1950年贫户百分比	合计	老弱病残鳏寡孤独	每日收入不足维生	合计	无收入人口众多	补助生产	免费治疗疾病	修房	单补棉衣
户数(户)	4259	3861	90.6	1846	1216	630	2015	1106	383	138	4	384
百分比	—	100	—	47.8	31.5	16.3	52.2	28.6	9.9	3.6	0.1	10
人口(人)	12733	10520	82.6	4341	2046	2295	6179	4509	1253	402	152	
百分比	—	100	—	41.3	19.5	21.8	58.7	42.8	12	3.8	0.1	
附注	有 842 户既领救济金又领棉衣，未统计在内，实际领棉衣的（384 + 842）1226 户。											

资料来源：《北京市城内各区 1950 年至 1951 年救济户数人数表》，北京市档案馆：196-2-215。

定期救助的标准主要是根据当时国家的基本救助思想来制订的。依据现代社会救助的思想理念来看，政府对城市贫民实施定期的、有规律的社会救助措施，是政府不可回避的责任和义务。但是，新中国建立初期，囿于客观历史环境与社会经济条件等原因，这种定期救助显然并非社会救助的主体，也不是受到政府所提倡的方法。针对城市贫民所制订的基本救助特征仍然是以生产自救为指导思想与救助准则。因此，无论是从救助的数量还是从救助的水平来看，定期救助的标准都很低。

1949 年中华人民共和国成立之后，面临的是极其严峻的国际国内形势。千疮百孔的社会经济，是民众普遍贫困生活根源。在此情况下，国家确立的社会救助的方针是"在自力更生的原则下，动员和组织人民实行劳动互助，实行自救、自助、助人"。1954 年以后，社会救助的方针修改为"生产自救，群众互助，辅之以政府必要的救济"。[①] 由此，在有限的条件下，利用政府有限的资金来实施对贫民的有限的救助，是客观形势所决定的客观事实。

根据这一救助指导思想，北京市对城市贫困的定期救助就更

[①] 于长泉：《救灾与社会救济工作》，第 132 页。

加有限。因为根据生产自救的原则，国家对贫困社会成员的救助不仅仅帮助贫民解决生活困难问题，这只是治标的方法；还"扶助劳动能力弱的贫困户自力更生，发展生产"。因此，这一时期北京城市贫民的定期救助不但享受救助人数少，而且救助的标准也非常低（可参照表3-12）。1950年北京统计"全市需要救济的贫户共6802户，18975人。此18975人中贫苦情况不同"，其中，"老弱残废、鳏寡孤独需要收养的730人；童丐需要收养的300人；极贫户需要按月救济的4550人；无正常收入需要一次救济的9123人；小商贩、小手工业者及贫苦劳动市民、农民需要贷款扶助的1795户"。① 在这几种类型中，"极贫户需要按月救济的4550人"就需要给予定期救济才能维持生活。在定期救济中，也根据被救助人的不同情况，给予不同程度、不同种类的救助，帮助这些贫民尽快脱离贫困，能够维持自己的生活。辅助给予各种临时性的救助措施（见表3-15），如救助衣物、棉被、袜子，以及简单的药物等。

表3-15 1950年前门区发放的救济物资摘录

姓名	住址		领发物品数							贫苦情况
	胡同（街）	门牌	衣裤	棉被	毯布	鞋	袜	皂	药品	
白延喜	东河沿小红阁	—	4	—	—	1	—	—	—	摊贩，生活无法维持
侯瑞亭	前营	5	4	—	—	—	—	—	—	家只有1人，失业；子参军
孙瞿氏	五斗斋	12	1	—	—	—	1	—	—	无劳动能力，1人生活无依靠
李恺辰	炭厂胡同	1	4	—	—	—	2	—	—	军属，无职业，生活极困难
阎徐氏	小麻线胡同	3	1	—	—	—	1	—	—	依靠亲友接济，生活无办法

① 《北京市贫民救济方案》，北京市东城区档案馆：11-7-6。

续表

姓名	住址			领发物品数						贫苦情况
	胡同（街）	门牌	衣裤	棉被	毯布	鞋	袜	皂	药品	
杨福林	取灯胡同	2	3	—	—	—	—	—	—	逃难到此，连床铺亦无，拉排子车为生
王鸿升	骡马市	257	6	—	1	—	1	—	—	户主卖白薯，其子拉车，生活困苦
刘当山	羊肉胡同	26	6	—	—	—	—	—	—	本人有病，子女5人，生活异常困苦
赵春章	羊肉胡同	1	6	—	—	—	—	—	—	老者3人无依靠
李玉堂	五斗斋	18甲	1	—	—	—	—	—	—	无劳动力老者1人极困难
金阑坡	大耳胡同	3	2	—	—	—	—	—	—	该人是刻图章手，现在无生意生活极困难
梁朱氏	蔡家胡同	15	2	—	—	—	2	—	—	68岁以卖臭豆腐为生，生活极困难
许林氏	樱桃斜街	101	1	—	—	—	2	—	—	年老无依靠，向街坊邻居要着吃

资料来源：《前门区政府1950年发放救济物资领取清册》，北京市档案馆：39-1-296。

1951年北京市在原有的《北京市贫民救济方案》基础上加以修正补充，更加细化了城市贫困人员定期救济的标准：

对于老弱残废、鳏寡孤独不能维持自己日常生活者，予以收养（郊区一般不收养），其有亲友照顾或者能够自理生活者，每人每月补助二万五千元至三万元（旧币）。

对于无法谋生的极贫户，如捡煤核者或其他劳苦终日不能维持最低生活者，每人每月补助一万五千元至二万元（旧币）。

对于无正常收入或人口众多,难以维持生活的次贫户予以一次性救济,每人一万至二万元(旧币);家中五口人以上者救济八万至十五万元(旧币),如冬季缺少棉衣、煤火者予以补助。

对于虽有劳动力,因人口众多不能维持全家生活者,主要包括劳苦市民,小商贩小手工业者及郊区贫苦农民,按照生产自救的原则,给以适当补助,扶助其生产,以解决其生活问题。

反革命分子之家属生活确实困难者,酌情予以救济,其救济的标准应低于一般市民。

被遗弃之婴儿,应首先查出遗弃者带回抚养,如家庭确实困难,按其贫困程度给以三万元至六万元(旧币)的补助。无法追查者可在群众中找缺少子女者收养,如确系无人收养时可送回慈善机构抚养,如患严重疾病者,应先送医院免费治疗。同时,"无论本市或外籍之贫苦市民,自愿去西北从事农垦者,由政府设法遣送之",[①] 并在有限的定期救助范围内,积极提倡其他的多种救助方法。

可见社会救助的根本准则仍然是以实现被救助人能够参加生产、不依赖政府救助为准。

根据这种救济标准,除了按照规定给予贫困居民一定金额的生活救济金之外,各个区县民政机构也根据被救济人的不同情况,给予不同种类的物质补贴,帮助他们维持生活。例如1950年统计前门区对定期救济的家庭给予衣物、棉被、袜子,以及简单的药物等帮助,见表3-15。

从表3-15中可以看出,虽然这些城市贫民能够领取固定的救济金,但是政府还是给予一定的物质补助,如鞋、衣裤等。综合定期救济的标准来看,在新中国建立初期政府给予的生活救助的

---

① 《北京市贫民救济方案》,北京市东城区档案馆:11-7-6。

有几个明显特点。

第一，标准比较单一。这一时期区别定期生活救助与临时救助的一个主要判断标准就是是否具有劳动能力。能够享受定期生活救助的贫民，都是丧失劳动能力的老弱病残，且不具备独立生活能力的人。

第二，救助水平有限。这一时期国家对城市贫民所给予的定期生活救助是非常有限的。以前门区为例，1950年前门区的人数一共139247人，其中失业、无业的人数占据了30.5%，但是从统计中可以看出，政府对贫困人员的救助，多数只是给予简单的衣服、被褥等生活用品的补助，其总体救助水平还是很低的。

第三，生产自救为主，单纯救助为辅。依据现代社会救助的思想理念来看，政府对城市贫民实施定期的、有规律的救助措施，是政府不可回避的责任和义务。但是，新中国建立初期，囿于客观经济条件等原因，这种定期救助显然并非社会救助政策的主体，也不是受到政府所提倡的方法。生活救助的根本原则是以实现被救助人能够参加生产、不依赖政府救助为标准。因此，无论从救助的标准还是救助的水平来看，这一时期的定期救助都是非常有限的，而且在实践过程中仍然存在很多问题。

首先，此"救济办法所规定之标准，系根据'不饿死一个人'为原则而制订的，较实际需要为低"。① 即办法虽然较好，无奈标准过低，被救助的贫民在此标准下，维持生存的程度以"不饿死"为标准，较之生活所需仍然距离很远。分析这种情况的原因，除了与当时整个社会的贫困条件有关之外，还与政府的救助思想有关系。政府救济的原则，是为了"维持最低生活"，② 希望贫民能够达到生产自救的能力，避免依赖政府。发展生产才是国家救助机构所提倡的消除贫困、实现自救的根本措施，也是国家对贫户家庭的根本救助目标，这样"不仅可以减轻国家负担，增加社会

---

① 《北京市贫民救济方法》，北京市档案馆：196-2-215。
② 《北京市贫民调查登记办法》，北京市东城区档案馆：11-7-54。

财富,还可以使被救济者增加自强自立的信心,从根本上解救自己,摆脱贫困,走向富裕"。① 甚至对于很多无法生活的老弱病残贫困人员,也并不给予收容供养,仅仅给予少量的、仅够维生的救济金。这主要是由当时条件所限而决定的。

其次,真正发放救济的粮款数目,受到市财政预算的制约,各个区也因为"本年预算数目较小",而"不得不降低救济标准",所以,很多"贫户虽领到救济,仍不能彻底解决生活问题"。② 这样的救助必然导致被救助的贫民不得不依赖于政府。因为一旦没有了救助就等于断炊,生活马上重新陷入贫困。

另外,现代市政的发展,不但没有带给贫民更好的生活空间,反而取缔了很多贫民赖以生存的条件。由于"市政建设的发展,垃圾待运场应予取消,将垃圾径运城外"。所以,很多"贫民中依靠捡煤核、烂纸为生的即发生困难"。③ 这不仅反映了贫民生活的困苦,更折射出社会救助的程度过低,对贫民的保护还非常不够。根据北京市1951年2~6月的调查统计,因"生活困难与久病不愈而自杀身死者73人,自杀遇救者91人"。④ 这种无奈的情况就是有限救助的折射表,充分展现了这一时期社会救助的基本情况。

四 住房与医疗救助

随着对贫民救助内容的不断发展,救助方法也逐渐得到了丰富。其中,重要的内容就是逐渐推行了住房救助和医疗救助。

住房救助即对于住房倒塌、房屋缺漏,以及无房、少房的贫民,给予住房救助。衣食住行本是居民生活的最基本因素,其中"住"更是维持生活安定的必然所需。新中国建立初期,北京、上海、广州等大城市的地方政府对城市居民的住房救助问题给予了

---

① 于长泉:《救灾与社会救济工作》,第134页。
② 《北京市贫民救济方法》,北京市档案馆:196-2-215。
③ 《北京市贫民救济方法》,北京市档案馆:196-2-215。
④ 《北京市贫民救济方法》,北京市档案馆:196-2-215。

高度重视。这一时期的住房救助主要以帮助贫民免费修理房屋为主。例如，东单区是北京的老城区之一，该处住房有很多已经年久失修，破败不堪。1950年北京市东单区"两次大雨后的统计，漏房933户，1994间半"，经过政府帮助修缮，"除了现已修缮的外，还有66间未修，明春修缮工作仍应继续进行"。① 据统计，东单区1951年上半年"给47户贫民934000元的房屋修缮费，使他们的106间房屋得到了修缮"。② 同年11月，东单区统计"本年房屋调查情况"，"估计明年可能有150户劳动人民因房屋倒塌失去住所，影响生活，需要救济，每户按100斤计算共需小米15000斤"。③ 东单区属于北京的老城区之一，从东单区对城市贫民住房救助的情况来看，在新中国建立初期，北京市对城市贫民的住房修缮补贴方面的救助，覆盖面广，住房救助的投入也较大。

医疗救助，主要指对无力治病的贫苦市民给予免费治疗的救助措施。其包括多种内容，例如，因临时疾病不能劳作而影响全家生活者，可以介绍医院免费治疗外，还要酌情给予救济；遇到家有死亡者而贫困无力埋葬者，每一尸体酌情补助其埋葬费6万~9万元；还针对贫苦市民治病困难问题，推行了免费住院及免费接生等。截至1950年年底，北京各个医院共接待免费门诊17万余人，住院3300余人，接生2100余人。并且，政府委托私营医院免费为贫苦的劳动人民治病，政府予以一定补助，例如，"免费为贫民预防接种注射防疫疫苗，1950年全市接种牛痘80余万人，卡介苗8万余人，伤寒预防注射42万余人。1950年比1949年人口的死亡率降低2‰，因贫苦无力治疗而死亡人数由8.5%下降为5%，婴儿死亡率减少了23.4‰，产妇死亡率减少了4.6‰"。④

从北京市免费门诊分布医院的情况（表3-16）来看，免费医

---

① 《1951年民政科工作计划草案》，北京市东城区档案馆：11-7-12。
② 《第一区人民政府民政科1951年社会救济福利工作总结》，北京市东城区档案馆：11-7-13。
③ 《1951年民政科工作计划草案》，北京市东城区档案馆：11-7-12。
④ 张友渔：《解放以来北京市社会救济工作的报告》，北京市档案馆：196-2-327。

疗为主的医疗救助在此时期得到了一定的推广。但是也应该看到，就北京市各区的人口比例以及贫困程度来说，其免费医疗的名额与数量有限，需求远大于可能的供应，① 且不能从根本上解决贫困者看病的困难。

表3-16　北京市各区市民门诊免费医疗分区医疗单位

区　别	医疗单位名	每日门诊人数	地　址
第一区	第一卫生所	10	米市大街
	第三医院	10	东单三条
	妇幼保健院	10	东单楼凤楼
	协和医院	10	帅府园
	妇婴医院	10	东单孝顺胡同
第二区	第二卫生所	25	什八半截
	第二医院	15	油坊胡同
第三区	第三卫生所	20	钱粮胡同
	第一妇幼保健所	15	钱粮胡同
	工人诊疗所	15	香饵胡同七号
	道济医院	15	交道口二条
第四区	第四卫生所	15	西直门内大后仓胡同
	工人诊疗所	10	护国寺麻花胡同21号
	中央人民医院	10	西四羊市大街
	第五卫生所	15	东不猷桥
	工人医院	10	鼓楼东大街
第五区	北大医院	10	西安门大街
	第一产科医院	10	养蜂夹道
	工人诊疗所	10	惜新同西岔一号
	儿童医院	10	府前街
	法国医院	10	东交民巷
第六区	同仁医院	15	崇内大街
	性病防治所	10	骡马市大街

---

① 严镜清：《解放初期北京市的医疗工作》，《北京文史资料》第39辑，北京出版社，1996。

续表

区 别	医疗单位名	每日门诊人数	地 址
第七区	第四医院	25	柚分厂
	第二妇幼保健所	20	上国强胡同四号
	工人诊疗所	20	
第八区	回民医院	30	牛街
	工人诊疗所	15	（筹备成立中）
第九区	第一医院	35	香厂路
	工人诊疗所	15	四圣庙 22 号
东郊区	东郊卫生所	20	东郊日坛
	工人诊疗所	15	朝外神路街甲 82 号
南郊区	南郊卫生所	20	永外安乐村
	医药合作社	10	南苑
第十五区	丰台卫生所	20	
	长辛店卫生所	20	—
	什方院保健院	15	
西郊区	西郊卫生所	20	西郊海甸
	青龙桥医药合作社	10	青龙桥
	门头沟医药合作社	10	门头沟
北郊区	医药合作社	10	德胜门外
特科暂不分区	传染病医院	10	三区大佛寺街
	牙科医院	10	一区锡拉胡同
	巡回医疗队	326	
合 计	共 44 个医疗单位，976 个免费门诊		

资料来源：《北京市各区市民门诊免费医疗分区医疗单位表》，北京市东城区档案馆馆藏档案：11-7-6。

综上所述，新中国建立初期新政府所推行的生活救助工作，虽然以现在的眼光来看，救济标准较低，救济覆盖面也不够广，存在的问题很多；但是，从总体来看，这一时期对贫民的生活救助还是取得了显著的成效。经过临时生活救济，多数贫民的生活开始好转。例如，朝外三轮车工人普殿华家 5 口人，半月前每日赚三四千元（旧币），白薯都吃不饱，现在每日能拉 1 万多元（旧币),妻子也有了零活做,生活马上好转。他说:"政府救济真解渴,不然顶不到现在的日子。"为了准确掌握被救助贫民的生活状况是否得到改善,民政部门领导各个区县进行了多次临时调查,或把居民中的被救济户以挨户访问的方式进行了复查,对救济粮款发放的情况有切实的掌握。一般来说,经救济解决了生活问题的,占被救济户的70%;而虽经救济但不解决问题,仍需连续救济的(包括长期救济户)约占被救济户的26%;救济不适当的约占4%。可以看出,生活救济不仅初步解决了城市贫民的吃饭问题,还使他们无论在心理上还是在生活中都逐渐建立起对新政府的信心,客观上安定了社会秩序,为新中国政权的稳定发展奠定了基础。

从对贫民实施的生活救济的政策、措施和方法来看,政府的生活救济在实施过程中都非常灵活。这一时期,政府对城市贫民除了发放生活补助的粮款之外,还积极提倡多种救济方式和丰富的救济办法。

对有就业条件的贫苦市民,尽量介绍他们就业。经过几年的统计可知,"随着各项建设事业的发展,烈属、军属有就业条件的现在已全部就业",共"介绍烈属、军属就业的人数计10800多人"。贫苦市民有就业条件的也基本上就业。

对有劳动力和半劳动力、可以参加生产的贫苦市民,政府出面组织他们参加各种小型的、合作性质的手工业和服务业的生产。几年来,"共组织了缝纫、装订、洗衣、糊纸盒等42种,168个生产小组,参加生产的贫苦市民共5494人"。① 这些最初的生产小组,后来绝大部分已转为手工业生产合作社,参加劳动的贫苦市民,最终都在生产合作社解决了工作和生活难题。

推行贷款扶助生产也是一项卓有成效的救助办法。有的贫苦市民,虽然有劳动力,但缺乏必要的生产工具或资本,因而不能就业赚钱养家,这就需要政府扶助。例如,"福长街二条王少亭是

---

① 《北京市贫民救济方案草案》,北京市档案馆:196-2-215。

个泥水匠,因无人雇用,现只替人做些零星事情,生活困苦"。这种情况的救助办法主要有三种:"(1)组织运输,贷出资本。(2)组织小商贩,吸收原资本外补给贷款。(3)组织小手工业,靠放贷款组织合作。"① 少数贫困居民,本人有某一方面的工作经验或者技术,政府帮助贷款提供生产条件,使他们能够自力更生,找到谋生的出路,也是一项很好的救助方法。

当然,北京城市所推行的生活救助工作,也存在着明显的时代局限性。这一时期的救助工作,是由政府包揽的全方位的救助,这虽然有效率高、见效快的优点,但是,不借助任何社会力量而包揽全方位的救济工作,不仅要帮助被救济人摆脱困境,还要妥善安置他们今后的生活;虽然有利于政府的宏观调控,但也造成了政府投入过多、负担过重等新的问题。这种被部分社会学家称做"大政府,小社会"的救助模式,逐渐发展演变为新中国建立初期中国社会救助的唯一模式,并为后来的社会救助事业带来了多种负面影响。另外,北京市对城市贫民的生活救助,也反映了新政权给社会带来的深刻变化:所有的社会资源都为政府掌控,任何社会救助都无法游离于政府管理之外。不难看出,新中国建立初期北京市政府对城市贫民的救助工作中,高效地整合了社会各方面资源,充分体现了新政权的控制力已扩展社会的各个层面。

五 小结

社会救助是一个多维的概念,根据救助的内容、方式、对象以及类型的不同,可以将社会救助划分为不同的层次。本章以社会救助的方式为视角,通过对新中国建立初期的灾害救助、失业救助、贫困救助、住房及医疗救助的考察,思考当时的社会救助工作的实效。通过资料可以看出,这一时期国家所推行的社会救助具有如下几个显著特征。

---

① 《北京市贫民救济方案草案》,北京市档案馆:196-2-215。

首先,这一时期的社会救助工作,无论是救助制度的选择还是救助方法的发展,均有其历史必然性,即社会救助的创建与发展是受到当时特定的时代与社会各方面因素制约的。正如马克思所说的,人们自己创造自己的历史,但是他们并不是随心所欲地创造,并不是在他们自己选定的条件下创造,而是在直接碰到的、既定的、从过去继承下来的条件下创造。① 社会救助制度的创设也是如此。新中国建立初期的社会救助制度,发轫于旧中国贫穷困破败的国民经济,以一穷二白的社会经济为基础,在资源紧张、人力匮乏、管理缺位、制度空白的困窘条件下,为了稳定社会秩序,救助灾民、难民于水火之中,紧急推行了灾害救助、失业救助、贫困救助等多种救助方式,这可谓是"被迫的选择"。在这样的时代背景下,社会救助的发展走上这样的道路,具有历史必然性。

其次,这一时期的社会救助工作,从救助方式上看,采取了多种灵活的救助措施,并取得了显著的成效。从对贫民实施救助的政策措施来看,无论临时生活救助还是定期生活救助,都采取了非常灵活的救助措施。生活救助的救助对象不是一成不变的,而相应的救助措施也因为救助对象的变化而变化。例如,某个定期救助的对象,身体康复后又通过生产自救增加了家庭收入,就不再需要政府定期救济了,给予临时救济就可以解决其生活的问题;反之,某个临时救济的对象突然遭遇不幸,家庭主要劳力发生疾病或猝死或者丧失劳动能力,政府给予的救济也就要相应地由临时转为定期或长期救济。对于无依无靠但自己尚能照料生活的贫困老弱残废者,以及家庭人口多、不足维持生活的贫苦市民,给予定期定量的救济;对因水火灾害、生育、疾病、死亡导致生活发生困难的贫苦市民,给予临时救济,使他们都能够维持最低生活;对于无依无靠不能料理生活的老弱残废贫苦市民分别加以收养。这种救助措施,既体现了政府救助政策的灵活性,在有限

---

① 武力编《中华人民共和国经济史》(上),中国经济出版社,1999,第45页。

的条件下，充分发挥"以人为本"的救助思想，调动各方面的智慧与资源，更好地解决贫困民众的生活问题，成为新中国建立初期社会救助工作的写照。

为了更好地解决贫民的生活问题，除了发放生活补助的粮款之外，政府还积极提倡多种救助方式和丰富的救助办法。第一，对有就业条件的贫苦市民尽量介绍她们就业，在同等条件下，烈属、军属就业有优先权。经过几年的救济，据统计，"随着各项建设事业的发展，烈属、军属有就业条件的现在已全部就业"，共"介绍烈属、军属就业的人数计10800多人"。[①] 同时，贫苦市民有就业条件的也已基本上就业。第二是组织参加生产劳动，即对于有劳动力和半劳动力、可以参加生产的贫苦市民，政府出面组织他们参加各种小型的、合作性质的手工业和服务业的生产。几年来"共组织了缝纫、装订、洗衣、糊纸盒等42种，168个生产小组，参加生产的贫苦市民和烈属、军属共5494人"。这些最初的生产小组，后来绝大部分已转为手工业生产合作社，参加劳动的贫苦市民，最终都在生产合作社解决了工作和生活难题。第三是贷款扶助生产。有的贫苦市民，虽然有劳动力，但缺乏必要的生产工具或资本，因而不能就业赚钱养家，导致生活困难，需要政府扶助。例如，"福长街二条王少亭是个泥水匠，因无人雇用，现只替人做些零星事情，生活困苦"。这种情况的救助办法主要有三种："（1）组织运输，贷出资本。（2）组织小商贩，吸收原资本外补给贷款。（3）组织小手工业，靠放贷款组织合作。"[②] 由此，帮助贫困市民自力更生，找到谋生的出路。另外，移民开垦也是一项尝试性的措施。即针对有劳动力而自愿到外地从事农业生产的贫苦市民，将他们送往人口稀少、土地肥沃的地区从事农业生产。据统计，几年来北京市曾"先后四次移民27356人到青海、甘肃、内蒙古等地参加农业生产"。[③] 移民开垦，"不但从根本上解

[①] 《北京市贫民救济方案草案》，北京市档案馆：196-2-215。
[②] 《北京市贫民救济办法》，北京市档案馆：196-2-215。
[③] 《北京市贫民救济办法》，北京市档案馆：196-2-215。

决了贫民的生活和职业问题,而且扩大了国家耕地面积,增加了粮食产量,对支援国家经济建设有积极作用"。①

再次,社会救助的规范性与实施中的随意性二者矛盾并存。贫困救助或失业救助的申请均有一套规范程序,如个人申请、机构受理、立案调查、社区证明、政府批准等程序。这一规范性程序保证了生活救助的相对公平与公正。其选择性表现在对贫困人员的准确调查基础之上。为了准确掌握被救济贫民的生活状况是否得到改善,民政部门领导各个区县进行了多次临时调查,临时抽调出行业工会的干部,以三轮、建筑、搬运三行业为主,对工会系统全部救济户进行复查,或者主要依靠街道积极分子对居民中的被救济户以挨户访问的方式进行了复查,对救济粮款发放的情况始终有切实的掌握。一般来说,经救济解决了生活问题的,占救济户的70%;而虽经救济但不解决问题,仍需连续救济的(包括长期救济户)约占救济户的26%;救济不适当的约占4%。②而很多贫民经过救助之后,逐渐摸索出新的谋生之路,能够自力更生,就不再需要政府救助。

但是,在这种规范性的社会救助的背后,也存在着明显的随意性特征,如在给予救助之前,需要经过民政干部的调查,而民政干部本身对救助的意义如没有正确又及时的传达和领会,则容易导致实际错误。例如,北京"内四区临时救济办公室主任因在'三反'中有问题,本身背了思想包袱放松领导,会议的精神不传达,以致使个别派出所及基层干部不能领会急救意义,盲目的证明介绍,当时区上也失去检查,因而发生了一些偏差"。③ 也有民政干部调查不严谨而发生偏差的,如"第八区派出所界内从救济户中检查了32户,其中有16户是不应救济的。管制分子赵××家有4口人,住在岳父的房子一小院,收4间房租,家里有手风琴,

---

① 《北京市贫民救济办法》,北京市档案馆:196-2-215。
② 《第九区救济工作复查情况报告》,北京市档案馆:41-1-11。
③ 《临时救济总结报告》,北京市档案馆:1-9-244。

盖着缎子被，也救济了4万元"。① 还有弄虚作假的，借助救济粮款牟取私人利益的；如"三区三轮工人于××，有房八间出租，小组长李××住他的房子欠了房租，就介绍他领了七万元转了账"。"八区三轮工会街道主席周××五口人，与其弟有两个三轮车（自己的），生活无问题，以其弟名义（因其弟的名字没人知道）开了条，骗去了救济金，后被李俊荣、翟春秀发现，周怕他二人反映，便给了李、翟二人开了条领了救济，该两人也是不须救济的"。② 这样的偏差，均反映了社会救助实施过程中由于人为因素导致救助工作存在明显的随意性特征。

总之，以救助方式为视角来看，新中国建立初期社会救助工作以灵活机动的救助政策、谨慎细致的救助情况调查、丰富有效的多样救助方法，共同构筑了成效显著的社会救助系统，这对安定社会、缓和社会矛盾具有重要意义。

---

① 《临时救济总结报告》，北京市档案馆：1-9-244。
② 《临时救济总结报告》，北京市档案馆：1-9-244。

第四章　社会救助实践考察之二
——以救助对象为视角

社会救助的类型是和救助内容紧密相关联的，不同的国家或地区，社会救助的类型和内容不尽相同，而同一国家或地区，也可以从不同的角度，依据不同的标准来划分社会救助的类型与内容。本章即根据社会救助对象的不同，将新中国建立初期的社会救助划分为儿童救助、老弱救助、游民救助、妓女救助、城市农民工救助等几个类型来加以剖析。笔者通过第三章救助方式的纵向考察，结合这一章节救助对象的横向分析，试图对新中国建立初期的社会救助构建相对立体、全面的分析与思考。

一　儿童救助

儿童救助教养是现代救助体系中的一个必不可少的组成部分。儿童的收容与教养，不仅仅体现的是人道主义救助和关怀，更体现了一个国家救助机关、救助思想、救助政策是否完善。同时，儿童的救助，也是一个国际共同关注的内容。新中国的儿童救助组织机构，基本上是在对旧有的儿童救助机构的改造与重组的基础上创建起来的。

（一）儿童救助机构的整合

儿童救济组织，主要是指近代以来中国社会由政府或者民间团体办理的、各种涉及儿童救助与教养业务的慈善类团体或机构。从其从业范围来看,儿童救济组织属于慈善组织中的重要组成部分,中国传统的孤儿院、育婴所、慈幼院、贫儿习艺所,以及民国以来出现的新式、专业化的儿童救济机构,如中华慈幼协会等,都属于儿童救济组织。新中国建立初期,在政府公开的文件中将慈善组织统一称为"社会救济福利团体",而儿童救济组织则被称做"儿童福利团体",[①] 名称虽然不同,但是其本身的内涵却是相近的。

关于新中国建立初期儿童救济组织的发展与变迁情况,目前史学界关注尚少。学者们的研究目光多集中于新中国建立初期党和政府在城市中所推行的社会改造工作。[②] 而对于新中国政府推行社会改造与重建的这一过程中,儿童救济组织如何进行机构调整与组织改造等问题则鲜有涉及。

1. 机构概况

新中国建立初期,为了尽快地稳定社会秩序,重新恢复社会生产,对民国时期留存下来的多数单位、组织,都暂时地采取了"包下来"的政策,即原封不动地接收,迅速恢复秩序,并未进行大规模的调整。因此,民国时期留存下来的大量的慈善团体,依然维持着原来的经营模式。

从数量上看,旧慈善团体中以儿童救济组织为最多。以北京为例,1949 年后北京尚存的慈善团体一共 31 个,其中儿童救济机构就有 20 个之多(表 4-1)。[③] 在新中国建立前夕,上海市共有各种性质的慈善团体 117 个,其中婴幼儿童和残老收容教养机构

[①] 伍云甫:《关于旧有社会救济福利团体的团结改造问题》,北京市档案馆:196-2-13。

[②] 关于这方面的成果很多,李洪河:《建国初期的鼠疫流行及其防控》,《求索》2007 年第 2 期;韩勤英:《贫民救助与政府责任——以 1949 年~1952 年北京(平)市的贫民救济为例》,《北京社会科学》2007 年第 5 期;李小尉:《新中国成立初期城市贫民的生活救助研究——以 1949~1956 年北京市为例的考察》,《教学与研究》2009 年第 8 期;《新中国成立初期北京乞丐的救济与治理》,《北京社会科学》2007 年第 5 期等文章。

[③] 北京市地方志编纂委员会:《北京志·政务卷·民政志》,第 299 页。

41个，此外还有很多慈善团体兼营儿童救济的业务。[①]

表4-1　1949年后北京儿童慈善机构调查统计

单位：个

名别	孤儿院				
设施类型	共计	外国教会办	中国宗教会道门办	私立	市立
数目	20	10	5	4	1
收容人数	2599	1208	106	896	389
管理人员	380	142	65	162	11
备注	经济来源：市立由政府供给，私立多靠剩余救济物资及慈善人士捐助房地产收益。宗教团体办的多由其领导方面供给、房地产收益、本院生产及社会捐助。 生产方式：大多数有小手工业，如织毛巾、编蒲草、纺毛、制牙刷、织布、水工、刺绣等，另有一部分有土地者兼耕种土地。 组织形式：孤儿院有董事会的有8个。 教育情况：在孤儿院中实行学校教育的有9个，完全是工厂性质的有5个。				

资料来源：北京市地方志编纂委员会编《北京志·政务卷·民政志》，第299页。

从实际情况来看，新中国建立初期留存下来的儿童救济机构有几个特点。

（1）由教会主办或接受外国资助的儿童救济机构占据很大比例。从表4-1可以看出，1949年后北京儿童慈善救济机构中，外国教会办理的占50%，而上海则占80%多，此外，天津、广州、武汉都存在一定数量的外国教会主办的育婴堂、慈幼院等组织。

（2）国内民间团体办理的儿童救济机构多数设施落后，经费困难，且规模有限。例如，上海浦东同乡会设立的浦东第一儿童教养院，由于经费困难，救济儿童的数目逐年减少，新中国建立之后虽然"为了响应政府号召"，"收留新来的街头流浪儿童，努

[①] 上海市地方志编纂委员会《上海通志》（8），参见上海市地方志网站：http://www.shtong.gov.cn/node2/node2247/node4569/node79185/node79189/userobject1ai103447.html.2011-4-6。

力扩充收容名额……"同时，院方还发展农田生产，力谋自力更生……但是，仍然是"儿童的书籍、文具以及员工的薪给问题都不知怎样解决"。① 这种困难困扰着多数的儿童救济机构。

（3）儿童救济机构多数分布在人口稠密、经济相对发达的北京、上海、广州、武汉等大城市，这虽然方便为需要救助的儿童募捐和教养，但地域分布不均衡导致儿童的救济资源分配不均的现象一直存在。

2. 整合的进程

新中国建政初始，百废待兴，社会各个方面亟须处理的事务千头万绪，因此，对慈善组织的社会改造并未立即提上日程，最初接收慈善团体采取的是"不承认、不取缔"的冷处理方式。经过一段时间的情况调查之后，新政权与部分慈善机构建立起合作关系，并适时推出了"团结与改造"的政策。直到1950年12月中国中央人民政府政务院通过《关于处理接受美国津贴的文化教育救济机关及宗教团体的报告》为起点，慈善领域才真正掀起了对"旧有救济福利团体"进行调整与改造的高峰期。到1956年社会主义改造完成之际，儿童救济组织基本形成了完全由国家办理的儿童救济教养体系。

（1）1949年至1950年12月国家政权与儿童救济机构的团结改造阶段

新中国建政初期，对国际性慈善团体暂时采取的是"不承认、不取缔"的临时政策。这些国际性慈善团体，如新中国建立初期在北京、上海的联合国国际儿童急救基金会、中华救济团、华北国际救济委员会、万国红十字会，再加上天主教系统的、基督教系统的大约十几个，由于牵涉国际影响，同时他们也有很多剩余的慈善物资，因此，新政权决定，"不管其为官方的还是非官方的，一律采取不予承认的政策"。②

---

① 《救济福利团体调查表》，上海市档案馆：B168-1-796-1。
② 伍云甫：《关于旧有社会救济福利团体的团结改造问题》，北京市档案馆：196-2-13。

对于国内的慈善团体,新政权则陆续采取了初步的调整,努力把"旧有救济福利团体"组织起来,这从两个方面可见。

第一,陆续建立了整合管理儿童救济团体的组织机构。中国人民救济总会上海市救济分会成立后,除吸收一些慈善界人士参加工作外,还组织了协商性质的各种专门委员会,如妇婴工作委员会、儿童工作委员会、一般救济团体工作委员会等。委员会的委员是聘请的,多数是各重要慈善团体的负责人,救济分会通过这些专门委员会联系和领导各慈善团体,有事共同协商,分工合作。① 由此,上海市原有的儿童慈善救济团体,均接受了上海市救济分会领导下的妇婴工作委员会、儿童工作委员会等组织的领导,为建政初期上海市的儿童救济工作继续服务。

第二,新政权与旧有的慈善团体之间,则以团结合作为主,改造为辅,共同构筑了特殊时期国家政权与慈善组织之间的良性互动,这可以从部分慈善团体的表现中看出。例如,创建于1912年的上海闸北慈善团,新中国建立以后,该团将下属房产交由新政府使用,"原有旧式洋房(即惠儿院原址)上下九间,交由闸北区政府使用","前育婴堂楼房上下五幢二厢房除由本团自用一部分办公外,现由卫生局诊疗站使用","附属本团之霄云坛楼房上下五间,楼下大部分由闸北区政府使用"。而德本善堂,则将自身储备的大米、棉衣等物资交给上海市救济分会,1950年,"交冬令救济会大米七十石,棉衣三百五十套,大小旧衣服四百六十件;并担任政府办理难民收容所妇产分娩费用",② 在多方面积极参与建政初期上海市人民政府领导的各种救济活动。

这一时期国家对慈善团体的改造,主要是指在慈善团体中建立民主领导的管理体制,如成立院务委员会集体议定慈善救济活动,或积极接受地方政府的儿童工作委员会的领导。例如,上海的一心教养院,新中国建立后马上成立了院务委员会,并接受上

---

① 伍云甫:《关于旧有社会救济福利团体的团结改造问题》,北京市档案馆:196-2-13。
② 《救济福利团体调查表》,上海市档案馆:B168-1-796-1。

海市儿童工作委员会的领导。土山湾孤儿工艺院,原是1894年由法国天主教徒创立儿童收容机构,新中国建立以后,"积极响应政府号召,加紧生产,谋保本自给,故添设纺织部,内有木机四部(人力),并成立院务委员会,采取民主集议制度"。1943年由上海浦东同乡会设立的浦东第一儿童教养院,在新中国建立之后积极响应政府号召,努力扩充收容名额,收留新来的街头流浪儿童,并实施民主领导和民主管理。①

可以看出,这一时期国家政权对儿童救济组织的改造并非剑拔弩张的强迫改造,而是团结为主,改造为辅。一方面,新政权刚刚建立之时需要团结社会各方面力量,迅速巩固政权,安定民生,发展经济。坚持"团结改造旧有的救济福利团体"政策,通过各种适当的委员会的组织,不仅能够将这些慈善团体团结在新政权的周围,使它们在统一领导下积极参加社会救济福利事业,而且还能"充分吸收救济福利团体中的进步分子,团结中间分子,教育争取个别有群众基础的落后分子参加工作",最终争取达到"依靠人民力量建设新中国救济福利事业"的重要目标。② 另一方面,对于不同类型的慈善团体来说,通过各种适当的组织走向联合与同业合作,不仅能够壮大慈善救助的力量,而且延续和扩大原有慈善业务。因此,这一时期形成了国家政权与慈善组织的良性互动。

(2) 1951~1956年儿童救济组织整合改造的高峰期

随着中国国际、国内形势的发展,国家政权与慈善团体的关系也发生了变化。以1950年12月中国中央人民政府政务院通过《关于处理接受美国津贴的文化教育救济机关及宗教团体的报告》为起点,慈善领域掀起了对"旧有救济福利团体"进行整合与改造的高峰期。这种整合与改造和中美政治上的对立,以及中国志愿军抗美援朝运动直接相联,也属于这一时期全国掀起大规模的

---

① 《救济福利团体调查表》,上海市档案馆:B168-1-796-1。
② 伍云甫:《关于旧有社会救济福利团体的团结改造问题》,北京市档案馆:196-2-13。

清除美国文化影响的系列行动之一。在这样的历史背景下展开的对慈善团体的改造，不仅包括对慈善团体的组织、人员、业务、管理等方面的整合，还包括对普通民众的慈善思想、观念的彻底颠覆。

对于影响较大的国际性儿童救济组织，基本以结束业务、接收财产为主。1950 年 12 月统计，新中国建立以后延续下来的国际儿童救济组织主要有基督教世界服务委员会中国分会、全国天主教福利委员会、基督教门诺会互助促进社、美华儿童福利会华北区办事处、中华慈幼协会。这些团体的业务早已结束，于 1951 年全部并由中国人民救济总会负责接收。

对各城市中接受外国津贴的或外资经营的儿童救济组织，则由民政局与当地救济分会联合接收。以北京为例来看，从 1951 年 3 月 28 日开始，北京市民政局与救济分会先后接收了有外国津贴资助的慈善机构 16 个，包括由美国经营的 3 个（迦南孤儿院、大常育幼院、甘雨胡同养老院）；受美国津贴的 3 个（北京私立育婴堂、香山慈幼院、华北协会养老院）；法国经营的 4 个（宠爱堂孤儿院、仁慈堂孤儿院、万乐安老育幼院、东堂养老院）；其他国家资助的 6 个⋯⋯总计收容儿童 2524 人，老弱人员 145 人。[①] 再以武汉为例来看，武汉市在 1951 年陆续接收汉口张公堤慈幼院等外资津贴单位 14 个，并将原教会办的武昌花园山育婴堂改名为武汉市育幼院，作为专门收养社会弃婴、流浪儿童的社会福利单位。[②] 如 1951 年 11 月 30 日，北京市救济分会接管了法国天主教仁爱修女会在北京开办的仁慈堂孤儿院，将其正式改名为北京市儿童教养院，将其内部儿童按照具体情况分别给予不同类型的养育和教育培养。新中国建立初期，北京市民政局先后接管的外国津贴或外资经营的救济机构达 30 余个，收容的人员 3191 名，其中有很大一部分是儿童。

---

① 北京市地方志编纂委员会：《北京志・政务卷・民政志》，第 299 页。
② 武汉市地方志编纂委员会：《武汉市志（1840 – 1985）》，参见武汉市地情文献网站：http：//www.whfz.gov.cn：8080/pub/dqwx/dylsz/mzz/. 2011 – 5 – 6。

表 4-2　北京市接管外资津贴或外资经营的儿童救济机构情况一览

单位：人

名称＼项别	经营性质	处理日期	收容人数	接管后情况
迦南孤儿院	美国经营	1951年3月28日	114	改为北京市儿童教养院一部
香山慈幼院	接受美国津贴	1951年3月28日	185	自1951年3月起由北京市救济分会每月补助2000万元（旧币），兼办教育事业
大常育幼院	美国经营	1951年4月7日	49	合并于儿童教养院一部
北京私立育婴堂	接受美国津贴	1951年4月7日	55	改为和平保育院
仁慈堂	法国经营	1951年11月30日	559	改为北京市第一儿童教养院
宠爱堂	法国经营	1952年4月28日	20	改为北京市儿童教养院分院
守经育幼院	接受外国津贴	—	10	自动申请撤销登记，经批准停业
怀仁孤儿收养所	荷兰天主教经营	1952年12月26日	18	并入北京市第一儿童教养院（原仁慈堂）
救世军培贞院	英国经营	1953年	26	撤销，因儿童有家或在院外读书
救世军培德院	英国经营	1953年	26	撤销，因儿童有家或在院外读书
母佑儿童工艺院	意大利经营	1954年3月14日	129	改名为北京市儿童工艺院
启明瞽目院	英国津贴	1954年		改由中国政府补贴

资料来源：北京市民政志编纂委员会：《北京志·政务卷·民政志》，第299页。

上海市的儿童救济组织也被分类处理。有的由救济分会接管，例如，新心堂、爱育堂、一心教养院、基督教门诺会儿童工学团等；有的由救济分会接办，如儿童教养所、上海慈幼教养院、基督教布道会儿童乐园、上海怀幼院等；有的被救济分会改组，如若瑟孤儿院；有的被协助结束，如上海儿童行为指导所、仁善育婴堂等；有的被接管后转交其他单位，如伯特利孤儿第一院、伯特利孤儿第二院分别被接管后转交上海市教育局办理，基督教世界服务委员会下属的托儿所及闸北儿童福利站，均由救济分会接管后转交中国福利基金会办理。1951年上海市总计处理了接受美国津贴、外国津贴的慈善机构与团体46个。[1] 并且，从1952年9月起，民政部门着手全面整顿和处理旧的公益慈善团体。除了一部分名存实亡予以取缔外，也有一部分业务性质相同又零星分散的慈善团体，被予以合并重组，到1956年1月，在社会主义改造的高潮中，上海市所有的慈善团体全部由国家接办。

对于其他的慈善救济组织兼营的儿童救济机构，则根据具体情况分别予以处理。例如，在国内规模较大的慈善组织世界红卍字会中华总会，在新政权建立初期，其下属分会也积极参加地方政府领导下的救济、慈善事业，但是，由于世界红卍字会发源于道院组织，宣扬"五教合一"等迷信思想，并且，新中国建立以后"有些分、支会实际已陷于停顿，只有诵经打坐等迷信活动，靠寄存祖先牌位收香火钱勉强维持"，[2] 因此，最终该组织被作为封建迷信团体而被取缔，其兼营的慈幼与济贫事业，则被中国人民救济总会全部接收。此外，规模较小的慈善组织，也有兼营儿童救济事业的，例如，分散在全国各地善会、善堂，以及地方同乡会和会馆等，这些团体有的负责人"选择出逃"，还有的由于经济来源断绝，慈善事业多数"废弛停办"，或业务陷于停顿而自行解散。[3] 因此，在改造慈善团体的大潮中，这类团体属于"封建色彩较为浓厚，所办业务多是消极的临时性质的"，虽然它们"在社

---

[1] 《美津、外津登记机构处理情况》，上海市档案馆：B168-1-84-43。
[2] 伍云甫：《关于旧有社会救济福利团体的团结改造问题》，北京市档案馆：196-2-13。
[3] 《浙江省民政志》，中国社会出版社，1994，第218页。

会上仍有一些作用"，①但是由于不适合新政权的需要，多数被陆续取缔。

除了从组织上逐渐接管、改造儿童救济组织之外，新政府还配合建政初期清除美国文化影响的一系列措施，注重从社会文化层面清除城市居民的"亲美、崇美"思想基础。通过抗美援朝运动的宣传，以及对美国在中国办理的各种慈善事业"侵略本质"的揭露，不仅通过报刊媒体传播给大众，还通过树立典型、召开群众大会或批判大会的形式来扩大影响。广州的圣婴育婴院、南京的慈爱育婴院、南京的圣心儿童院、北京迦南孤儿院、福州仁慈堂、九江仁慈堂、杭州仁慈堂育婴院、天津育幼院与仁慈堂等单位，都是这一时期搜集整理的、反映帝国主义在中国如何"伪善地"利用"慈善机关"的名义，残害中国儿童的典型案例。②在宣传中，既有精确的统计数字，例如，"广州圣婴育婴院的婴儿死亡率竟高达百分之九十八，其他各地最低也在百分之六十以上"。③也有亲历者的血泪控诉，例如 1951 年 4 月 28 日出席处理接受美国津贴救济机关会议的代表刘翠英，就现场控诉了武昌花园山天主堂若瑟善功会修道院育婴堂虐杀婴儿的罪行；代表常铮，控诉山西大常镇大常育幼院院长司提芬（美国教士）虐待儿童的罪行；上海盲童学校学生盛全森，控诉了该校校长傅步兰（英国）借办救济事业的名义赚钱的罪行。④继控诉大会之后，又陆续对部分外籍教士做出处理，例如，1951 年 11 月 30 日，中国人民救济总会北京市分会召开的仁慈堂会议决定，立即"由北京市公安局代表宣布逮捕虐杀中国儿童的仁慈堂前院长、帝国主义分子雷树芳（法籍修女）"。⑤这种宣传，从舆论上、思想上成功地改变了普通民众对儿童救济事业的态度，"慈善"成了帝国主义公开地

---

① 伍云甫：《关于旧有社会救济福利团体的团结改造问题》，北京市档案馆：196-2-13。
② 中国人民救济总会编印《帝国主义残害中国儿童的罪行》，1951，第 4 页。
③ 《人民日报》1951 年 5 月 5 日。
④ 《人民日报》1951 年 5 月 5 日。
⑤ 《人民日报》1951 年 12 月 1 日。

"侵略和劫掠"中国人民时所戴的"伪善"的面纱、"仁慈"的假面具，成了人人避之唯恐不及的"裹着糖衣的毒素"。① 经过一系列工作，国家政权基本上从组织与人事、业务与观念等方面建立了对儿童救济事业的统一领导。直至1956年社会主义改造全面完成时，国家对各种慈善团体的改造也基本结束。

（二）儿童救助工作的开展

新中国的儿童救助事业是在接管、改造原有救济福利机构的基础上逐步建立起来的。新中国建立前，上海婴幼儿童和残老收容教养机构共有41个，残老孤幼等各类收容人员6500多人。正如上文所述，经过一系列的组织整顿之后，上海原31个儿童救助教养机构进行了大规模的机构合并与组织整合。至1955年底，全市私办公助性质的社会福利机构共有11个，1956年全部由上海市人民政府接管。② 可以看出，经过几年细致的机构整合，新中国的儿童救助工作掀开了新的一页。这些救助机构经过力量整合之后，基本上根据业务种类不同而重新予以划分，以上海市儿童福利院（新普育堂）为例，新中国建立初期，该院收养对象主要为弃婴和孤儿，后来也收容部分残疾人员。1956年3月，按照内务部规定，凡是游民、残老、儿童混合在一起的教养机构，应该本着分开设立的精神，确定该院主要收养对象为弃婴、孤儿和案犯子女。1949~1958年上海市儿童福利院共收养婴幼儿童21334人，其中弃婴10282人，孤儿和案犯子女11052人。③ 经过机构调整与力量整合的救助机构，在儿童的救助、教养等社会福利方面发挥了更加重要的作用。

新中国建立初期，中央和地方人民政府积极创办起新的儿童

---

① 《人民日报》1951年4月27日。
② 上海市地方志编纂委员会：《上海通志》(8)，参见上海市地方志网站：http://www.shtong.gov.cn/node2/node2245/node65977/node65991/index.html。
③ 上海市地方志编纂委员会：《上海通志》(8)，参见上海市地方志网站：http://www.shtong.gov.cn/node2/node2245/node65977/node65991/node66021/userobject1ai61594.html。

福利院和社会福利院，并且，为了建立全新的儿童救助体系，儿童福利机构对儿童养育与教养的方式方法进行根本的变革。这种变革包括对孤儿、弃婴的广泛收容，然后按照儿童的年龄、身体健康状况，分别设立幼婴部、小学部和疗养部给予不同程度、不同层次的抚育。① 此外，部分地区还开始推行对孤儿、弃婴的家庭寄养和领养方式，通过使儿童沐浴家庭的温暖来促进其身心的健康发育。下面以儿童福利院为例简述儿童教养方法的变革。

一般情况下，各地的儿童福利院均由当地的救济分会直接领导，救济分会负责各个儿童教养单位的改进方法、重建秩序的工作。救济分会制订了很多新的规定，如废除体罚，让孩子们吃饱穿暖，废除定量配饭的制度；规定12岁以下儿童必须接受小学教育，不参加劳动；星期日放假；允许家长领回孩子等。具体有如下几个方面。

第一，建立了全新的救助规章制度。将6岁以下儿童集中在育婴堂，增加保姆人数，改善营养，加强保育工作，进行幼稚教育，向正规托儿所发展；6岁以上的儿童开始学习，并改革课程，逐渐向正规小学过渡；原来由孤儿院送入市立或私立中学读书的孩子，仍然继续上学，由救济分会供给一切费用；对年龄大的儿童，在其自愿的原则下，介绍到职业学校学习技能，使其逐渐自谋生活。有家的儿童，采取去信或孤儿院书面通知等方式，与其家长取得联系，在家长要求和儿童自愿的原则下，允许家长领回孩子。在生活上保证吃饱穿暖，严禁打骂，废除不应由儿童做的劳动，加强文娱活动，经常以讨论会、座谈会的形式启发诱导，充分地让儿童自觉地考虑自己的问题，不禁止宗教信仰和进行宗教活动。②

第二，为了加强学生的爱国主义思想教育，很多新的干部陆续担任了各班语文、历史、地理等课程的教员，宣布了学生守则。③ 并且，由工作人员不断对儿童进行反帝爱国主义教育，丰富

---

① 北京市地方志编纂委员会：《北京志·政务卷·民政志》，第300页。
② 北京市地方志编纂委员会：《北京志·政务卷·民政志》，第301页。
③ 《接管母佑儿童工艺院情况综合报告》，北京市档案馆：14-2-47。

他们的文娱活动，使儿童们的思想认识不断得以充实和提高。① 对儿童的救助，不仅要努力帮助他们学习或者找到工作，而且注重他们的精神娱乐，培养他们健康的思想。例如，为了培养儿童热爱劳动和树立劳动观点及鼓励学习文化，举办了儿童的"劳动成绩和文化成绩"展览，以及庆祝"六一"国际儿童节举办联欢大会等。②

第三，对学龄儿童帮助安置学校接受教育，如其家庭困难，就由福利院继续发给一到两个月的伙食费，并将其家庭经济情况介绍给所属政府，请予以救济。③ 对于年长儿童则尽量介绍儿童就业，对儿童要详尽介绍职业情况，由儿童自愿参加；如有处理不好或发生其他问题时，将儿童接回另行介绍就业。对于有劳动能力、身体健康的儿童，则"试行了半工半读，使文化教育与劳动教育相结合，以养成儿童们爱劳动的习惯"。④

第四，在制度上加强了对收容儿童的审查工作，制订了较为严格的审查办法，建立了收容人员的卡片登记制度，对各地区的孤儿、幼儿进行统一管理，并慎重安置。如"对有就业条件的被收容人员及年龄较大的儿童，尽量找门路，予以介绍就业；对于孤儿，允许无子女人员领养；有家的收容人员一般都经调查了解清楚后安置回家；外地的资助回籍；有特殊困难的暂缓处理，对个别家庭条件好的令其缴纳一部分或全部（收容）费用"。⑤ 这些制度的确立进一步加强了对儿童教养机构的管理。

儿童是民族的未来，国家的希望。新中国建立初期政府对儿童的救助工作是非常重视的，不但对儿童注重"养"，而且还注重对儿童的"教"，注重对儿童的思想教育、精神熏陶。儿童时期正是人生观、价值观初步形成时期，对这些儿童的思想教育，如对

---

① 《北京市救济分会三周工作汇报》，北京市档案馆：14-2-48。
② 《北京市救济分会三周工作汇报》，北京市档案馆：14-2-48。
③ 《整顿生产教养工作总结报告》，北京市档案馆：14-2-47。
④ 《整顿生产教养工作总结报告》，北京市档案馆：14-2-47。
⑤ 《北京市救济分会1953年1月至1954年3月处理收容人员统计表》，北京市档案馆：14-2-47。

他们进行的反帝爱国主义教育,就取得了很大的成效,很多儿童"要求看进步小说《牛虻》、《普通一兵》及看《实践论》"。① 这种思想上的进步,使儿童们逐渐革除封建主义、接受共产主义思想,也为他们成为新中国建设中的一分子奠定了基础。

二 老弱人员救助

不同的社会背景下收容机构的情况不同。新中国建立初期,收容救助是为了救助那些无劳动能力、无力维持生活、无亲友可以依靠的孤老、残疾、幼儿等人而设置的特定收容机构,如北京市的收容机构主要包括中国人民救济总会北京市分会下属的生产教养院、劳动教育所、临时收容所等。

(一) 救助组织变革

正如前文所述,新中国建立初期多数的收容机构兼有收容与劳动改造的作用,这主要是为了应对解放初期城市大量的难民、游民所带来的社会秩序压力,随着新政府对灾民难民的救助、对失业人员的救助和对贫困家庭的救助工作陆续开展,民政机关逐渐明确了收容单位的发展方向:其一,为解决城市"三无"(无劳动能力,无亲戚朋友,无谋生能力)人员和孤老病残的救助问题;其二,努力变收容为生产,实现自给自足,减轻政府负担。

下面仅以北京为例,从几个方面介绍这一时期收容机构的大体情况。新中国建立初期北京的收容机构有很多,主要包括原国民政府时期遗留下来的救济院、平民习艺所、安老所、育幼院、妇女教养院等。也有根据救助政策临时成立的收容机关,如针对城市内的乞丐问题,一些城市由民政、公安两局负主要责任,财政局、工务局、卫生局、纠察队及各群众团体等有关部门合作组成乞丐管理处,并在原有救济院或其他大型救济机构基础上建立

---

① 《北京市救济分会三周工作汇报》,北京市档案馆:14-2-48。

乞丐收容所，作为专门收容乞丐的常设机构。针对城市中收容改造妓女的工作，一般由妇联组织、民政局和卫生局共同成立妇女生产教养院，专门收容救助妓女，这类收容单位则具有临时性、临事性的特点。

（二）救助的措施及特点

1. 成分复杂

新中国建立初期，由于社会运动与社会改造并行，收容机构内部人员成分非常复杂。1952年统计，"北京市救济分会劳动教育所共收容334人，计有游民、乞丐、小偷163人，伪军警34人，反革命家属、刑事犯家属3人。其中35人是因偷窃教育后送往宁夏移民生产又跑回来的，有10人是收容后逃跑，逃跑后又被收容的，最多前后跑了8次"。① 分析收容人员的被收容原因，大致有以下几种。

（1）大多数为游民。很多被收容者都是没有工作、没有收入、无法用正当手段谋生的人，如乞丐、游民、小偷等。他们在民国时期的社会中，原也是流落城市中的边缘群体，中华人民共和国建立以后，为了整肃社会环境，打击反对分子，对城市流动人口进行严格控制的情况下，这些城市游民，必然要被收容处理。

（2）游离于新的政治环境之外的部分群体。北京解放以后，随着接收城市管理的进行，对旧人员、旧官吏也进行了一轮筛选。由此，才有"伪军警34人，反革命家属、刑事犯家属3人"等各色人等，都沦为新收容群体。

（3）还有人虽然有家可归、生活并不困难，也愿意在收容所不走，"如沈××原系新华印刷厂工人，现银行有存款200万，北京天津有亲戚朋友可以帮助，但借口咳血病找不到工作不肯走。刘××系河北武清县人，家有土地和房屋，都租给别人，自己却

---

① 《市救济分会劳动教育所部分收容人员经常捣乱》，北京市档案馆：14-2-88。

在劳动教育所不走……"①

可以看出,此时收容机构并不仅仅是解决老弱病残或无劳动能力人员的生存救助机构,而是成为各色人等逃避劳动、逃避运动,甚至逃避改造的特殊之地。分析起来,导致这种情况的主要原因,是新中国建立初期对于收容救助的法律法规尚处于空白,没有一定的管理之规,因此,很多管理人员觉得只要是穷人,原来受剥削、受压迫的贫苦大众,他们想进收容所就应该让他们进来,认为这也体现解放了穷人翻身当家做主人的意味。有的收容机关,对被收容者审查过于宽容,导致盲目救济现象屡屡发生。如对游民、乞丐不加区别的收容,也在一定程度上助长了他们不劳而获、占国家便宜的心理。这些都从侧面体现了新中国建立初期救助思想的局限与救助法规的欠缺。

2. 高标准救助

新中国建立初期,由于对救助机构的管理还非常不规范,各个收容机构中收容供给水平很不平衡,部分收容救助机构的供给一开始就比较高。例如,北京"救济分会所属各收容单位,大半原来是接受外资的救济机关,接管前,收容人在帝国主义分子的压迫下,生活很苦。接管后,为了积极抢救儿童及老人遭受帝国主义的残害,逐渐恢复他们健康起见,伙食供给一般吃的较好。1952年规定儿童每人每月80斤米,老人60斤。后虽稍降,但仍较其他各收容单位较高"。尤其是1952年以后,随着国民经济的逐渐恢复和好转,收容机构的"收容供给水平得到提高","很多收容机构的生活待遇比普通贫民还要高,这就导致有的本来不符合收容条件的人,来到收容机构要求收容,并且来了就不走。有的外地农民认为教育所生活比农村好的多,说:乡下哪有这里吃的好!""这里有吃有穿,说什么也不回去。"②

另外,1952年北京市救济分会统计档案中也提到,"本会所属

---

① 《市救济分会劳动教育所部分收容人员经常捣乱》,北京市档案馆:14-2-88。
② 《北京市救济分会所属收容机构降低伙食标准初步计划》,北京市档案馆:14-2-88。

各教养单位的收容人员供给,自1952年以来,质量日益提高,据了解,目前其生活标准已超过一般贫苦市民的生活水平。其中,原生产教养院所属各单位从1952年起,伙食供给实发数增高,自1949年收容乞丐时规定是每天每人二斤米,口粮、菜金、医药杂费都在内,完全发粮,至1950年降低到一斤半,因供给标准低,于1951年又提高到30两小米,把医药杂费另造预算,只保持口粮、菜金、烧煤,还按1055元发给八两米的款子。至1952年8月以后,30两米完全按1180元发给款子,每人每月平均合6.7万元"。① "经过'三反'、'五反'运动以后,各单位清除了内部的贪污现象,改善了伙食的管理,因此,伙食的质量更显著地提高了","老人儿童每天都能吃到一顿或一顿以上的细粮,每月吃四五次肉,青壮年吃的多,每月也能吃十顿细粮。西部疗养所的病人伙食供给每人每月六万五千元,另外还补助五万元,每月全吃细粮,还能吃两顿鸡,两次糖包子,但仍有节余"。"很多贫困人民甚至主动要求被收容,附近的农民有的说:我也放下锄头到这里去养老吧!"有的收容人遣送回籍后又马上跑回来,说:"家庭生活困难,不如所里吃的好。"这或许在一定程度上可以了解为什么收容机构备受青睐。

由此,收容机构的收容政策也一再调整,"为了正确的掌握救济政策",北京市救济分会提出要适当地降低收容人的伙食标准,在"降低过程先由劳动教育所青壮年着手试行,用实际的生动的例子说明现在一般贫困户的生活情形,讲解救济政策以逐渐的打通收容人的思想。在降低的同时,对收容人的生产劳动奖金应当提高以鼓励他们的劳动热情",力求做到与贫户生活水平的拉齐。同时,加强收容管理,不该收容的人员一律不得收容,严格把握收容标准,避免贫苦人民争进收容所的现象再次发生。

3. 寓教于养

显然,单纯收容并不能达到对被收容人经过改造,使其重新

---

① 《北京市救济分会所属收容机构降低伙食标准初步计划》,北京市档案馆:14-2-88。以下引用均出自此处。

做人的目的，只有在收容中辅助适当的教育内容，才能寓教于养，起到良好的收容改造的效果。从北京市救济分会所属的救助机构的管理资料来看，新中国建立初期救助机构的管理，从无到有，从一片空白到初成体系，基本都是从实际工作中逐渐总结经验教训，摸索出了一套寓教于养的收容管理方式。

应该说，对收容救助机构的管理有两个方面内容。其一是收容机构工作人员本身的管理，其二是对被收容人员的管理。收容机构的工作人员需要掌握国家救助政策，熟悉救助业务，对被收容人员要有一定之规，根据不同情况分别处理。被收容人员也要了解收容内容与国家收容政策，遵守收容纪律等。例如，针对收容机构干部不熟悉业务、不掌握救济政策，被收容人员不懂收容标准与收容内容的情况，北京市救济分会"组织干部有系统的学习救济政策和管教办法，加强了劳动教育"。同时，根据收容对象不同，采取了分别对待的方法："对老人以养为主，体力矫健的组织他们糊纸盒、编包等农业等轻微生产"。[①] 从1950年中期开始，劳动教育所组织收容人员参加劳动生产，使他们从实际劳动中得到改造。并且，在劳动中实行有效的奖罚机制，争取调动收容人员的生产积极性，使其主动参加劳动。1952年北京市救济分会所属的救济机构的调查中统计，"在334个收容人中，从事制鞋、纳鞋底、缝纫、糊火柴盒等劳动的255人，不从事劳动的有79人"。[②]

在全市普遍降低收容人伙食标准的情况下，收容机关采取了劳动奖励的机制，"将参加学习缝纫、制鞋的收容人员的最高奖金由五万元提高到七万元，将参加糊火柴盒、纳鞋底的收容人员的奖金，由占所得总数的40%提高到70%，以鼓励收容人员的劳动积极性。这样实行之后，过去长期不参加劳动的已有20多人参加了纳鞋底等劳动"。[③] 有的收容人员不愿意参加劳动，在所内干部

---

① 《整顿生产教养工作总结报告》，北京市档案馆：14-2-47。
② 《整顿生产教养工作总结报告》，北京市档案馆：14-2-47。
③ 《市救济分会劳动教育所部分收容人员经常捣乱》，北京市档案馆：14-2-88。

多次批评教育都无效的情况下，为了贯彻"自食其力"的方针，救济机构把不愿意参加劳动的收容人员，降低了生活供给。另外，提高了参加劳动的收容人员的生产奖金。两相对比，鼓励收容人员参加生产，自食其力，并很快收到了显著的效果。

4. 建立民主制度

各个收容机构刚刚建立起来的时候，很多方面没有规章制度，无论是工作人员还是被收容人员，都没有一定的标准来检查工作。所以，导致各个工作人员对政府救助政策的理解多种多样，被收容人员也纪律性很差，不但不服管教，而且与工作人员发生冲突，给收容救助工作造成很多麻烦。

被收容人员游民习气严重，根据1952年北京市救济分会收容教养单位的调查材料来看，被收容人中，表现极坏、不愿从事劳动、不服从管教纪律、自由散漫的人，如习艺所的被收容人李××、张××、王××、范××等7人，他们共同的表现是："屡次收容，屡次逃跑，寄生思想严重，不愿从事劳动生产。李××逃跑过11次，张××逃跑9次；而且他们逃跑时，都拐带公家所发之衣物，在外卖掉挥霍。陈××自1950年1月至今，基本上是依靠串住北京、石家庄、烟台三地生产教养院过活。在习艺所时，两次介绍其参加劳动，均因不好好工作而被退回。范××先后遣送回籍，又返回北京流浪，介绍去长辛店工地当壮工，也被辞退。在所内不遵守制度，不服管教，甚至打人。"[1] 针对这种情况，收容机构的工作人员根据实际情况，制订了一定之规，逐渐严格了管理。

收容机构中工作人员也存在很多问题，有的干部不了解掌握国家的救助政策和应该使用的救助措施，对待收容人员态度粗暴，将收容人员当做罪犯一样对待，甚至有利用手中职权，殴打、虐待收容人员的现象发生。例如，北京市西郊疗养所，该所干部违

---

[1]《北京市民政局救济分会关于所属生产教养院的情况报告》，北京市档案馆：14-2-88。

法乱纪的现象非常严重，被收容人员中的队长、班长也常利用职权，殴打收容人员；医师漠视病人健康玩忽人命，因此，造成被收容人员轻易死亡。

1953年2月，民政局在北京市府领导下，也曾组织检查组对原生产教养院所属生产教养单位进行了普遍而深入的检查，发现在收容救助工作中主要存在下列问题：

  首先，很多收容机构的干部对工作不安心，认为教养工作不光荣没有前途；

  其次，干部的政策观点模糊，对教养工作存在单纯的"仁政"观点，只着重改善被收容人的物质生活等表面工作，而忽略了劳动教育的重要性；

  第三，由于干部政策观点模糊，对业务钻研不够，缺少办法，因而对被收容人的调皮捣乱、不服管教的现象，采取简单粗暴的方法去制止，所以发生了很多违法乱纪的事件。[①]

针对收容机构工作人员和被收容人员的具体情况，在民政局的大力检查纠正后，各单位均建立了民主管理制度。随意打骂被收容人的现象已经没有了，废除了收容机构中的队长、班长制度，撤换了重大失职的干部，并建立了民主管理制度。定期召开全体收容人员会议，听取群众反映。让被收容人员自己选举产生生活、学习小组长，代替了过去的队班长，明确了组长的职权范围。这样密切了管教干部与被收容人员之间的联系，也削减了队长、班长欺压被收容人员的现象。例如，第一养老院在1954年6月3日至23日进行了改选收容人员生活学习组长的工作。[②] 在医疗方面，调整了病房，使病人按病类分房疗养，建立了医师的会诊制度及病室规则，明确了医师必须深入病房进行诊治。此外，又设了护理员，加强了病人的疗养。对收容人员更加严格掌握收容标准，

---

 ① 《整顿生产教养工作总结报告》，北京市档案馆：14-2-47。
 ② 《救济分会两周工作汇报》，北京市档案馆：14-2-48。

民政局负责成立了临时收容所,该所依据《北京市游民、乞丐收容处理办法》,负责对收容人员统一审查,确实符合收容条件的人员,才能进入各个收容机构。这样,就基本上防止了错收、滥收的现象。

另外,在对被收容人员的审查处理工作上,订立了审查处理办法,在各教养单位建立了收容人员的卡片登记制度,对各处被收容人员进行了统一的审查和清理,并采用了各种方式慎重负责地给予安置。[1] 经过一段时期的处理,被收容人员的数量与构成逐渐得到了有效的控制,据北京市救济分会1954年统计,"经过一年多的审查处理工作,及对收容标准的正确掌握,现在我会所教养单位的被收容人员共有2497名,较1953年减少了三分之一"。[2] 具体的安置情况可以从救济分会的统计档案中有所了解:

> 移民150人,结婚17人,考中学44人,领养166人,处理回家1058人,送公安局23人,送精神病院146人,送启明瞽目院5人。给予介绍工作的:儿童共196人,如志愿军文工团10人;军委文工团7人;华北区文工团2人;人民印刷厂32人;人民大学印刷厂14人;北京市制药厂12人;北京市火柴厂10人;北京市邮政局8人;华北局1人……青壮年介绍就业58人:如矿工31人;木工1人;保姆9人;工友6人等等。[3]

据1954年统计:

> 劳动教育所中收容人员被介绍到东郊水利部基地作壮工的先后有6批,共去了129名,中间有开除的逃跑的及自谋职

---

[1] 《北京市救济分会1953年1月至1954年3月处理收容人员统计表》,北京市档案馆:14-2-47。
[2] 《北京市救济分会1953年1月至1954年3月处理收容人员统计表》,北京市档案馆:14-2-47。
[3] 《北京市救济分会1953年1月至1954年3月处理收容人员统计表》,北京市档案馆:14-2-47。

业的22人，现实有人数107名……其中29人因工作表现好而被编入技术工种中去。他们的工资，原定为每人每日11000元，开工后由劳动局统一规定为每人每日4.12分，合人民币10.139元。从6月中旬起，又改为三级制（5.53分、4.7分、4.1分），其中70%归本人，30%收集体作为生产收益。①

从这些被收容人员的安置处理情况来看，当时的救助工作还是值得称赞的。虽然个别人员在救助思想上还"存在恩赐观点和单纯的救济思想"，但是，在救助制度没有完善、救助思想还不清晰的状况下，当时的救助措施基本上贯彻了"劳动生产与教育改造相结合"的方针，在救助手段和对收容人员的安置上，也取得了很大的突破。

5. 附设生产单位

救助性质的生产单位，是新中国救助体系中最明显体现"养教结合"救助思想的一个环节。最初，设立这种带有救助性质的生产单位的主要目的，就是为了培养被收容人员的生存能力，使他们能够不依赖政府而自己学会一些技术或本领，来谋取生活必需之资。实践证明，这种办法是非常有效的。很多最初由被收容人员或者残疾人员参与的生产单位，最后逐渐发展并壮大了规模，成为通过生产来发展救助事业的典范。

新中国建立之初，北京市为了合理救助城市贫困人员，帮助被收容人员谋取生存之道，先后在各个城区设立了多个带有救助性质的生产单位。例如，第一区（东单区）就"建立了洗衣组、被服厂、煤球厂和豆制品合作社等单位，生产人员多时达308人"。1950年第一区又建立了"挑花组和磨面厂，有887人参加……发放工资折合小米12万多市斤，年终盈利30多万市斤"。②第三区（东四区）建立了"鞋厂、缝纫厂、草绳厂、煤球厂和消费合作社各一个，共有223人参加"。1950年第三区增设"装订

---

① 《救济分会两周工作汇报》，北京市档案馆：14-2-48。
② 北京地方志编纂委员会：《北京志·东城区志》，第329页。

厂、营造厂、袼褙厂、洗衣组、织布组、香油坊和擦铜片组，年终发放工资折合小米 7.9 万市斤，盈利 10 万多市斤"。1952 年发展为定型的订书厂、被服厂、草绳厂和织布厂，其生产人员有固定的 447 人，其中多数都是贫苦市民和烈军属等人。

据统计，1951 年第二区（西单区）先后建立 7 个"带有社会救济性质的缝纫、拆洗、糊盒、挖沙、修路生产自救小组"，帮助烈军属、残疾人和贫困市民 259 人，工资总额达 23 万斤小米。[①] 1955 年"东单区建立了 28 个社会福利生产单位，1033 人参加，其中贫苦市民 674 人"，东四区"建立 18 个社会福利生产单位，406 人参加，其中贫苦市民 218 人"。[②] 这些带有救助性质的生产单位，很多发展成为比较正规的福利工厂，成为帮助被收容人员学习谋生本领、重新融入社会的重要资源。这种养教结合的思想与方式，也逐渐在各个救助机构中推广，在给予被救助人员基本生活保证的同时，引导他们做一些力所能及的劳动，既可以发挥自己的劳动能力，也能够减轻国家的负担。可以说，这种救助方式的推广，直接带来了新中国社会救助思想理念的更新与发展。

三　游民救助

游民，是指"平日居民有不农、不商、不工、不庸者"，实际多指混迹于城市与乡村、无固定职业的流动人口。[③] 学界对游民的界定与理解有很多不同看法。归纳起来，游民主要包括失去土地无以为生的农民，失去工作无力维生的工人，散兵游勇，以及游手好闲之人，还有流落城市乞讨为生的乞丐，等等。中华人民共和国建立以后，通过对城市治理工作的分析和总结，对游民问题提出了独具特色的界定。1956 年 3 月召开的全国城市游民改造工

[①] 北京地方志编纂委员会：《北京志·西城区志》，第 347 页。
[②] 北京地方志编纂委员会：《北京志·东城区志》，第 329 页。
[③] 池子华：《中国流民史》（近代卷），安徽人民出版社，2001，第 3 页。

作会议上通过的《关于城市游民改造工作的方案》，正式提出了对游民的界定：

> 游民是指：不愿从事劳动或者以不正当手段为生，危害社会秩序，又不够判刑条件的人。具体包括以下五类：
> 一、流氓、赌徒和以偷、骗、乞食、卖淫等为生的分子；
> 二、没有职业也不从事劳动，生活困难并有造谣生事等不正当行为的伪军、政、警、宪人员和流散在城市的地主阶级分子；
> 三、因为行为恶劣被机关、部队、团体、企业、学校、厂矿开除清洗出来而没有职业，不从事劳动、生活困难、到处流浪的人员；
> 四、刑事犯罪和五种反革命分子刑满被释放出来而没有职业、不从事劳动、生活困难、到处流浪的分子；
> 五、其他因为有不良行为、经当地党政领导决定必须加以改造的分子。①

并且，该方案中还提出了对游民的救助与改造方针，即"要在三年内，本着改造与安置相结合的方针，采取集中安置改造和分散安置，由群众监督改造等方式，把游民安排到劳动生产岗位上去，以便使他们在劳动生产中得到彻底改造"。②

从这个游民概念来分析，游民所涉及的范围很广，流氓、赌徒、小偷、乞丐、妓女，以及种种不务正业、不从事劳动、生活困难而到处流浪的人都可以作为游民来管理。这个界限的划定，范围很宽，只能说是特定历史条件下的产物，并非科学的、客观的界定。新中国建立初期城市游民除了乞丐，还有一部分由于失业而沦为游民的人，如旧政府的职员、军官、地主等，他们失业后"多数是做小工、摊贩、行商或者投亲靠友、借贷过活，陷于

---

① 《关于进行本市游民改造工作的请示》，北京市档案馆：196-2-49。
② 《关于进行本市游民改造工作的请示》，北京市档案馆：196-2-49。

失业、半失业状态，有些老弱生活确实困难"。① 以上海为例来看，上海解放之初，聚集在上海的各省难民，加上小偷、惯匪、"黄牛"、乞丐、游方僧道、逃亡地主、流浪儿童等各类无业游民，将近 60 万人，约占当时上海总人口的 1/10。② 因此，政府决定，对这些人要"根据国家建设需要与个人工作能力，全面地、积极地、分期分批予以改造和安置，使他们能够参加一定工作或生产，从劳动中改造自己，成为建设新中国的一份力量"，③ 对他们以"教育、改造、使用"为主，给予适当的救助措施并安置合适职业，这是对他们救助的指导思想。

根据掌握的资料情况，笔者认为，这一时期城市游民救助工作中，对乞丐的救助与改造是最具代表性和典型意义的。

乞丐，是困扰社会发展、扰乱社会秩序的严重社会问题之一。近代中国盛产乞丐，"世界列邦皆有之，而中国为独多"。④ 民国时期，国民政府针对城市乞丐问题，多次颁布法律规章，但都无济于事。中华人民共和国成立初期，从 1949 年至 1956 年这短短的几年间，通过采取收容处理、思想教育、劳动改造、移民生产等救助措施，不但帮助乞丐重新从事社会生产，融入社会，而且达到了根治乞丐的目的，对城市的乞丐问题进行了卓有成效的治理。这些对乞丐的救助与治理政策，体现了中国政府救助理念的时代性特征。

（一）城市乞丐肆虐

近代以来，北京、上海、广州等大城市里的乞丐数目多，残存年代久。民国时期，虽然对城市乞丐问题进行过多次处理，但是，他们对待乞丐的方式是"把抓到的乞丐拘留起来，每天每人

---

① 中国社会科学院、中央档案馆编《中华人民共和国经济档案资料选编·劳动工资和职工保险福利卷（1949~1952）》，第 199 页。
② 庞松：《中华人民共和国史（1949—1956）》，人民出版社，2010，第 138 页。
③ 中国社会科学院、中央档案馆编《中华人民共和国经济档案资料选编·劳动工资和职工保险福利卷（1949~1952）》，第 230 页。
④ 〔日〕长野朗著《中国社会组织》，朱家清译，光明书局，1930。

发给玉米面十两八钱,乞丐们吃不饱,穿不暖,甚至还遭到苦打恶骂"。① 可以看出,对乞丐的处理,仅是为了市面观瞻,并没有把乞丐当做一个重要的社会问题来从根本上解决。所以,最终政策流于形式,没有达到对乞丐的根治目的。

新中国建立初期,一度对乞丐遍地的现象疏于管理,以致乞丐们横行市面,乞讨成风。"据初步估计,城市里乞丐的数量极多,天津约有一万五千,北京有八千以上,因乞丐种类繁多,又无固定居住地点,故很难统计……乞丐、流氓、失业游民约有五万。"② 北京市区遍布乞丐,尤其在繁华区域,成队的乞丐逢人便讨,让行人避之不及;店户商家对乞丐更是无可奈何,北京城内的商人反映,商家对乞讨开支,每天最多达到四百元,最少也百元以上。乞丐,已经成为扰乱城市秩序、阻碍社会生产的重要问题。

这个时期,导致城市乞丐日益增多的原因很多,情况复杂。频繁的自然灾害连年肆虐,导致灾民流离失所,纷纷涌入城市沦为乞丐一族。据统计,1938~1949年,全国发生水灾、旱灾、地震疠疫的大小受灾县次达到4319次。③ 北京、天津城市中,也有很多"附近乡村之灾民、残废、不愿劳动者,闻风入城行乞"。④ 除此之外,新中国建立初期有很多国民党的散兵游勇,流落城市街头,沦为乞丐。有的是城市农村贫民,由于国民党及其爪牙长期剥削压榨沦为乞丐。有的是一部分逃亡地主。还有的一部分是苦力工人,"维持不了生活叫女人和孩子在大街乞讨"。⑤

城市街头遍布乞丐,社会影响极坏。

北京的职业乞丐,以行乞方式强硬,引起市民普遍不满。"有唱数来讨的,不给就骂人;有手拿石头的,不给就打破玻璃窗;

---

① 《收容乞丐工作汇报》,北京市档案馆:196-2-191。
② 《乞丐问题材料》,北京市档案馆:196-2-191。
③ 夏明方:《民国时期自然灾害与乡村社会》,中华书局,2000,附表1。
④ 《乞丐问题材料》,北京市档案馆:196-2-191。
⑤ 《收容乞丐工作总结》,北京市档案馆:196-2-20。

有拿大粪的,有数人拦阻买主,使商店无法经营的;有四人成队入门,非要五元不走者;有成队乞讨,并说:是红军叫我们干的;特别有人头戴红缨,手持牛骨,开口就要五元,给迟了不行,说:耽误了工夫,得加五元。"①

还有很多乞丐打着共产党的旗号,强讨恶乞,造成市民对新政府的误解。乞丐们认为共产党来了,乞丐也该大翻身了,甚至有些乞丐自称无产阶级,强乞恶讨的事件,层出不穷。商人因一时不了解共产党的政策,也不敢加以干涉。据统计,"一个乞丐每日最多竟然讨到二三百元,约合小米 15 至 20 斤",② 比一个劳动工人赚钱还多。东安市场乞丐,集体将大小商号定出乞讨官价,金店每家四十元,普通商店十元,轮流乞讨,收入非常丰厚。

乞丐助长了社会上不劳而获的恶劣风气。新中国建立以后,城市乞丐增多的原因之一是"要饭不受干涉,得钱容易"。一个小孩,拜一个乞丐师父,拿两块木板敲敲,一天可挣三百元人民券,分给其师父一百五,自己挣一百五。因此,一个乞丐师父,有的徒弟多至三十多人。这种不劳而获巨利的现象,带来极坏的社会影响。例如,"有的三轮车夫转行做乞丐了;有的人打算行乞数月,积累资本以便经营小生意;也有的人虽然自己有职业,但还是派出其子弟、家人当乞丐乞讨赚钱;还有人半日拾破烂,半日行乞,两不耽误"。③

可以看出,乞丐问题如果继续发展并蔓延下去,将直接破坏社会安定,妨碍正常工商业的发展,且有碍市面观瞻,给城市生活带来不便。因此,如何有效的治理城市的乞丐问题摆在了新生的人民政府面前。

(二) 救助政策与措施

针对城市内的乞丐问题,一些城市由民政、公安两局负主要

---

① 《乞丐问题材料》,北京市档案馆:196-2-191。
② 北京公安局党史公安史办公室:《公安史资料》第 4 辑,1988,第 108~110 页。
③ 《乞丐问题材料》,北京市档案馆:196-2-191。

责任，财政局、工务局、卫生局、纠察队及各群众团体等有关部门合作组成乞丐管理处，协调展开对城市乞丐的收容救助工作。

在具体分工方面，公安局主要负责收容、集中、遣送、管理；民政局除了以安老所、育幼院、习艺所、妇女教养所等为基本收容单位外，还负责处理甄审与分配。卫生局、财政局、纠察队、法院各有主要负责的任务，以后即由各单位分别召开会议，进行布置工作。如公安局方面即召集各分局长开会，讨论步骤、方法，以及在收容、管理、解送当中可能发生的问题及解决的办法等，以确保在收容当中不发生大的问题，尽量避免引起穷人的恐慌。①

在收容乞丐工作展开之前，地方政府于 1949 年 4 月组织了对城市乞丐的详细调查，从而对乞丐的种类及成因、乞丐的讨要方式及讨要对象、乞丐的生活状况及希望，以及市民的意见有了系统的了解和掌握，并形成了基本的收容救助乞丐的处理意见。在收容乞丐的政策上，国家民政部门较早地制定了《处理乞丐暂行办法（草案）》，对于各大城市的乞丐治理问题进行了统筹规划，并率先在北京、天津两市开始实行。

首先，把现有的救济院或其他救济机构加以整理扩大，成立乞丐收容所，并且作为一个常设的社会福利机关。对待乞丐采取一面收容一面处理的方针，将消除乞丐作为一个长期的社会改造与救助工作。同时，为迅速肃清城市未解放前所聚集的大批乞丐，各地区可以根据客观需要，设临时收容所数处，作为临时处理乞丐机关。

其次，通令附近各县，安置残废，管教游民，或分地生产，或强迫劳动，一律禁止入城行乞，并由公安局、纠察队于入城处盘查阻止，劝其返回生产。并且，利用报纸广播、街头宣传，公布限令乞丐登记入所日期，逾期仍行乞讨者，由公安机关、纠察队随时强制收容入所，予以改造。同时，将政府对乞丐的救助政策公告市民（例如，首先处理有劳动力的乞丐及职业乞丐等），使

---

① 《北京市公安局对于收入乞丐工作总结的意见》，北京市档案馆：196 - 2 - 191。

市民对正在处理范围之内的乞丐，应不再施舍，并应劝其入收容所登记。

再次，对于收容入所的乞丐，依照不同情况分别处理：

1. 家在城市以外者动员起返乡生产，组织成队，遣送回籍，由沿途各县招待食宿（各县就军人招待所或俘虏招待所设临时粥厂，每人每日两餐，每餐以十二两米报销，每日行程六十里），并派民兵率领转送至原籍县份，或其他制定安置地点，有劳动力者强制从事生产，无劳动力者交由其家人亲戚予以安置教养。

2. 查明为散兵游勇者，由纠察队径送流散人员处理委员会处理。

3. 无家可归有劳动力之男子编成劳动大队送工务局参加劳动，劳动大队组织办法另定之，但以工代赈为原则。

4. 无家可归之老幼残废或妇女，送救济院之特设部门（如安老所、育幼所、苏女教育所）安置进行教育，参加适当劳动。

5. 无家可归之青年可以学习技艺者，施以较长期之技艺训练，使能有一技之长自谋生活。

6. 业经改造，有谋生能力者，可以准其自由就业，各市政府得予以就业之便利。

7. 家在本市内居住者，经短期教育后，交由其家人取保领回从事生产。

8. 职业乞丐及乞丐行业授徒者，严加管教，强制劳动。[1]

最后，对乞丐收容所的管理，制定纪律教育乞丐，树立自食其力最为光荣的思想，并养成劳动习惯，学习生产技能。乞丐收容所的卫生及医疗问题，由市卫生局负责；乞丐在收容所期间的生活费用，供给标准每人每日以一斤十二两小米（市称）计，凡

---

[1]《处理乞丐暂行办法（草案）》，北京市档案馆：196-2-191。

住留较久者，均应按其体力从事各种生产，以求自给；乞丐收容所及救济院的经费，由财政开支，由市政社会事业费内报销。①

从对乞丐的救助政策可以看出，北京、天津城市治理乞丐采取随时收容，随时安置，以达到逐渐肃清的目的。② 这一时期，收容处理的对象基本分为三种：第一种为职业性乞丐，及老弱残废、幼童，无依无靠等一齐强制动员，送入救济院，然后分别甄审处理。第二种为外籍有家可归的乞丐，要确实调查明白其籍贯，将有关材料送至救济院，以便遣送回籍。第三种为乞丐头子及小偷扒手，过去以此为生，现在又有确实证据的，要带有详细调查材料，送交人民法院以资处理。这一时期收容了大部分的乞丐。如安老所收容了516人，平民习艺所收容了144人，妇女教养所收容了93人，习艺所收容32人，育幼所收容了69人，总体计算这次突击收容乞丐共854人之多。③

这种救助的政策虽然考虑全面，但是由于城市内的乞丐人数众多，如要马上解决城市乞丐问题，消灭所有的乞丐，事实上是不能达到的。因此，对不同类型的乞丐给予不同的改造与救助措施，帮助他们重新融入社会才是根本救助之道。

1. 收容改造

收容处理，是治理城市乞丐的重要措施。它主要是由公安局、民政局，以及纠察队等单位统一出动，对城市乞丐突击收容，集中在城内的各个收容场所，然后由民政部门负责甄审，详细考察各个乞丐的身份、背景、知识程度，以及对改造的认识和态度等诸多内容，从而对不同年龄、不同性质的乞丐，给予恰当的安置。

收容入所的乞丐，都在严格的组织纪律管理之下，合理妥善地安排好在收容所的改造生活。在组织纪律方面，对乞丐就采取

---

① 《处理乞丐暂行办法（草案）》，北京市档案馆：196-2-191。
② 《对于华北人民政府处理乞丐暂行办法草案之意见》，北京市档案馆：196-2-191。
③ 《5月27日~6月2日各所收容乞丐详细情况统计表》，北京市档案馆：196-2-191。

随收容、随编班的方法,每 12 人编为一班,选择表现较好的乞丐,暂任班长,每三班为一个分队,共同组织学习教育。经过一段时间的了解后,发现积极分子,就加以培养,帮助带领其他乞丐提高思想认识和组织纪律。

在收容所管理方法上,采取以教育为主,结合强制改造的办法。为了克服乞丐自由散漫的生活习惯,收容所订立了作息时间表及生活规则,作息时间表与生活规则的制定,因各收容单位收容之对象不同,所规定的制度也不一,如平民习艺所作息时间表如表 4-3。

表 4-3　平民习艺所作息时间

起床 5：00	内务、洗漱 5：30	早操训练 5：30~6：00
学习 6：30~8：00	讨论会 8：00~9：00	早饭 9：00~9：30
休息 9：30~10：00	上课 10：00~12：00	午睡 12：00~2：00
讨论 2：00~4：00	晚饭 4：00~4：30	娱乐 4：30~7：00
讨论 7：00~9：00	点名 9：00	熄灯 9：30

资料来源:《收容乞丐工作总结》,北京市档案馆:196-2-20。

为了防止少数不良分子捣乱破坏,由纠察队负责武装看守,并利用原有收容人员轮流值夜班,或找几个表现较好的旧收容人和新收容的乞丐放在一起,一面探听消息,一面起模范带头作用。挖掘思想问题,树立批评和自我批评的制度,以便顺利完成管理任务。对收容的乞丐制定了相应的生活纪律,如不调皮,不捣蛋,不逃跑,服从组织领导;上课听讲,不乱讲话,认真学习;注意公共及个人卫生,爱护公物;不准吸烟;不准造谣生事煽惑群众,做事说话要老实;不打架、不吵嘴,互助互让;改正乞讨和小偷思想,今后努力生产;等等。①

乞丐在收容所里的生活待遇,除了保证吃饱穿暖之外,主要是稳定乞丐的思想,使其专心接受救助改造。

乞丐"每日每人小米二十二两,菜金二十二元,大家集体吃

---

① 《收容乞丐工作总结》,北京市档案馆:196-2-20。

饭……吃的是窝头、高粱米，菜是菜汤和咸菜，每隔七八日改善伙食……还能吃到大米、白面和猪肉"。例如，平民习艺所在端午节吃两顿大米饭，五人发给牛肉罐头一筒。①

乞丐收容居住的地方，因各个收容单位客观环境不同，有的较好，有的稍差一些。但是，基本保证了乞丐的生活。

在疾病治疗方面，乞丐管理处内设之诊疗室，遣派医务人员，由卫生局和巡回治疗队巡回治疗，所需医疗器械及药品材料均由北京市政府拨发。② 同时，为了防止疾病传染，卫生局在各个收容所喷DDT，消毒灭菌，给收容的乞丐创造了清洁卫生的环境。

无论是在收容所的管理纪律方面，还是在乞丐的收容生活安排方面，无不体现着人民政权对乞丐们的救助、改造思想。要想从根本上治理乞丐问题，就要彻底改变乞丐不劳而获的思想认识，帮助他们树立劳动光荣的理念，在新社会中重新找到自己的位置。为了妥善安置这些收容的乞丐，北京市政府着重从思想上、行动上对乞丐予以改造教育，并妥善安置他们今后的生活。

2. 思想改造

在治理乞丐问题上，思想改造是重要内容。如何改造乞丐们的思想状况，使他们重新建立对社会、国家的热爱，重新找到自己在新社会中的地位，这是消除乞丐思想劣根性的重点。

乞丐的来源与背景各不相同，其思想情况差异很大，被收容之后的表现也不一样。一部分被抓送来的乞丐，起初情绪非常不安，害怕这次收容，会像日本、国民党统治时期一样，被抓后拘留起来，忍饥挨饿，遭受虐待。因此，部分乞丐装痴作傻，企图逃跑。另一部分乞丐，或因为过惯了寄生散漫生活，或者有的乞丐因讨饭本领较高生活优裕，现在吃不下收容所里的小米饭，仍想外出乞讨。还有一部分被抓到的流散军人，他们多数文化程度较高，自高自大，认为自己曾受过许多训练，现在不需要再受了。

---

① 《收容乞丐工作汇报》，北京市档案馆：196-2-191。
② 《收容乞丐工作总结》，北京市档案馆：196-2-20。

例如,平民习艺所收容的伪军陈亚伦说:"老子抗战八年,啥都明白,你们还训我干啥?"①

针对乞丐不同的思想情况,收容所的干部们采取了不同的对策来感化、教育和改造乞丐们的思想认识。

在生活上,干部和乞丐经常生活在一起,无拘无束的,有什么说什么。安慰乞丐,教育乞丐,替乞丐解决问题,帮助乞丐写家信,并督促乞丐洗澡、理发,养成讲卫生的好习惯。干部们不断深入群众,经常和乞丐聊天或谈论问题,在实际行动中,逐渐改变了乞丐对收容政策的认识。由于干部们一视同仁,表现出对他们的团结和帮助,凡事热心相待,感动了不少顽固不化的不良分子,使他们在思想上、感情上逐渐有了改变和提高。

在教育方面,除了每日给乞丐们定时上课之外,还天天组织讨论会。在教育方针上,以改造教育,使其脱离寄生生活,积极主动参加劳动为目标。并且,启发他们的思想觉悟,使他们对过去的专制统治带来的痛苦生活有深刻的认识。

在教育方法上,第一,对中国共产党的收容救助政策进行系统的介绍,说明收容的原因主要是为了帮助他们脱离颠沛流离的生活,使他们重新从事生产,融入社会,从而使他们情绪稳定并配合改造;第二,诉苦教育,使乞丐们对自己的乞讨生活或者沦为乞丐的原因重新思考,回忆旧社会的痛苦生活,结合新社会的帮助和改造政策,从而使他们认识到痛苦的根源。根据乞丐们的切身经历,找出导致他们各自穷困流离的原因,启发其觉悟,指出正当的出路与前途。

经过大量细致的思想教育,绝大多数乞丐都有了思想上的转变。

在学习方面,起初乞丐大部分不愿学习,现在经过启发引导,逐渐改变了学习态度,小组讨论时发言也较热烈。"树立生产劳动自食其力及劳动是光荣,不劳动是耻辱"的思想理念,使乞丐思

---

① 《收容乞丐工作汇报》,北京市档案馆:196-2-191。

想逐渐转变,绝大多数愿意从事劳动生产。

在生活方面,他们绝大多数都不愿意出去乞讨了。他们情绪很高,每天定时学习讨论,并有各种娱乐活动,干部们和小偷、乞丐生活在一起,表现着一团和谐气氛。乞丐的情绪由恐惧转为安定,由痛苦转变为快乐。①

3. 劳动改造

比较之下,思想教育是从思想认识上对乞丐加以改造和帮助,劳动则是从行动上彻底转变乞丐们好逸恶劳的恶习,从根本上树立劳动光荣的人生观和价值观。

对乞丐劳动改造,既是安定社会秩序、减少寄生人口的重要措施,又是实施一面收容、一面处理以达逐渐肃清目的的重要方式。对于组织乞丐的劳动改造,也是按照不同年龄、不同性质的乞丐分别处理的。"市委收容、教育市区乞丐,经召集有关机关商定组织劳动大队,由各区调查界内青壮年乞丐,予以发动,送平民习艺所,编组训练。十四岁以下者送育幼所,老年残废送安老所,扒手小偷、散兵游勇及精神病者,由法院、公安局及卫生局分别负责,另行处理。"②

1949年4月28日,为"修理黄河工程",北京市"动员组织劳动大队,定额五百人,先施以短期训练"。③根据各区调查统计情况,将已收容的、有劳动能力的乞丐组织起来,加入第一期劳动大队。同时分令各区政府,5月1~3日,将收容的有劳动力的青壮年乞丐,及公安分局所抓的小偷、扒手,由各区强制送入集训地点共同训练。有劳动能力的无业贫民及失业工人无家庭顾虑者,进行动员志愿参加,限5月1~8日报名,随时赴各区政府报到集训地点组织训练,训练完毕将开赴黄河工程处参加劳动。

1949年7月23日,组织了第二期劳动大队。为"继续解决城市乞丐问题,根据各区近期调查报告,流散北京青壮年乞丐数目

---

① 《收容乞丐工作汇报》,北京市档案馆:196-2-191。
② 《为通知收容青壮年乞丐组织劳动大队由》,北京市档案馆:196-2-192。
③ 《为通知组织劳动大队由》,北京市档案馆:196-2-192。

约有 200 名","兹决定继续收容成立劳动大队,由七月二十二日起施以一个月的训练,灌输劳动观点,以便从事劳动生产"。① 此后,又组织了第三次和第四次劳动大队,不但收容的人数多,从"七月二十八日开始收容,截至九月八日上午计 42 天半,第三次劳动大队收容累计总数为 6971 人","组织的第四批劳动大队 156 名",而且,取得了有效清理街头流窜乞丐的成效,"在 1949 年大量收容乞丐并作为重点工作之后,街头乞丐渐次绝迹"。可以看出,政府治理城市乞丐的政策,以及对于乞丐的分别处理方法,取得了显著的成效。

当然,由于频繁的自然灾害是导致人们流离失所的主要原因之一,在原有的乞丐得到治理的同时,也有新的灾民、难民流落为新的城市乞丐。1950 年,由于"各地灾情甚重,兼受物价影响,复以时趋严冬,其生活困难及逃来本市之难民,又多沦为乞丐,在各娱乐场所繁荣区域活动"。对此,政府多采取继续收容并组织劳动的办法加以安置。由于逃荒避灾而流入城市市区的难民,多数是附近各省的逃荒农民,中共中央内务部指示,对待逃荒农民"各地必须好好照顾或使之就地参加生产",要以"不能允许有一个逃荒的人饿死"为原则,将收容乞丐列为经常工作,继续收容。据此,北京、天津市政府于 1 月 23~25 日又组织进行了一次突击收容工作,共收容 594 人,其中包括有劳动能力者 150 余人,连同原收容人数目总计达 2819 人。由于收容的人数众多,无力全部安置,所以按照 1949 年处理乞丐的办法,将生产教养院等处的被收容人员,审查有劳动能力的共计 300 余人,组成劳动大队,开始训练,以备送往各地垦殖或从事建设工作。② 自 1953 年开始,北京市救济分会"开始组织青壮年及游民 262 名到各基建工地充当临时壮工,48 名到矿区背煤。经过锻炼,他们都表现很好,个别的

---

① 《为继续成立劳动大队造送食粮预算表转饬财政部拨发呈请鉴核由》,北京市档案馆:196-2-192。
② 《为减少本市寄生人口拟组织劳动大队遣送各地参加工作编造预算表希核见复函》,北京市档案馆:196-2-192。

还被吸取为长工或预约工；背煤的也有31人被吸收为正式矿工"。"现在该所的被收容人员参加劳动生产的有304名（缝纫41名，制鞋92名，壮工117名，其他劳动54名），占全所人数的93%，其中半数以上已经完全自食其力。"①

4. 移民屯垦

移民屯垦，是治理和解决城市无业游民问题的一个重要步骤。很多被收容的乞丐，经过短期教育改造，思想有了提高，但是回到社会上之后，由于无法谋生，常常又重新沦为乞丐流浪街头。为了妥善安置乞丐们今后的生活，使他们经过收容改造之后能够重新回到社会，从事生产，做一名新社会中自食其力的劳动者，政府有计划、有步骤地组织部分收容人员，按照自愿的原则，移民边疆从事当地的生产建设。②

从1949年开始，北京市政府已经制订针对贫苦市民、按照自愿的原则有计划的向边疆移民的政策。例如，1949年10月颁布的《北京市移民察北办法》中规定：凡在北京市生活困难而自愿赴察北移民者，必须具有劳动力及长期从事农垦安家立业之决心。③ 这为政府继续组织收容人员移民生产积累了经验。1950年3月，上海市各界代表会议通过了《疏散难民回乡生产救济方案》，将长期以偷盗、抢劫、敲诈、乞食、贩卖违禁品、赌博维持生活的游民强制疏散离开上海市，送到农村去参加生产劳动。上海市第一批移民屯垦的无业游民7500余人，主要安置到苏北垦区，以后陆续输送了多批游民，分别安置到苏北、皖北等黄泛区开垦。北京市针对收容乞丐的移民安置问题是从1950年11月开始的。在移民之前，先组织了改造乞丐的游民训练班，在取得卓有成效的短期训练之后，再确定相关的移民去向。

在游民训练班中，受训学员的思想非常复杂。如何改造好他们的思想认识，是决定移民生产成效的重要方面。这些乞丐多数

---

① 《整顿生产教养工作总结报告》，北京市档案馆：14-2-47。
② 《训练游民乞丐工作总结》，北京市档案馆：196-2-20。
③ 《北京市移民察北办法》，北京市档案馆：9-1-75。

都好逸恶劳,有些带有浓厚的流氓习气,思想多样化。对于移民生产,开始都抱有反对的情绪。有的说:"原籍居住北京城,西北开垦哪能行";还有的说:"一九、二九怀中插手,三九、四九奔回所里头,五九、六九棉衣到手,春打六九头,去他娘个球。"也有个别的逃荒难民反映:"冬天里无事城里游,习艺所里去栖存,等到棉衣发到手,春暖花开奔家走。"① 这些想法,充分说明了他们的寄生思想非常严重。要想改造他们这种不劳而获的思想认识,对他们实行严格管理,加强教育,强迫他们学习和劳动是非常必要的。

根据学员的思想情况,游民训练班的管理人员制定了学习制度,严格管理。

针对他们的寄生思想,对他们进行了初步的阶级教育,并说明为什么收容他们,以及训练的目的和人民政府对乞丐的政策等。安定了他们的情绪之后,按小组、中队、分队把他们组织起来,选择较好的学员担任队、组长,使他们自己管理自己,以便自上而下地反映意见,解决问题。

在全部教育过程中,分为两个阶段。第一阶段着重进行爱国主义教育,强调参加生产是他们最好的出路;经过反复教育有些人理解了政府的救助政策。但是,还有一部分人,理论上接收了,思想上却害怕吃苦。第二阶段就是为了进一步提高他们的思想觉悟,训练班的管理人员有计划地培养了诉苦对象,掀起了诉苦运动,控诉日寇、美帝、蒋匪的暴行,明确了旧社会对他们的剥削和压迫,指出新社会对他们的救助、培养和安置。同时,指出政府对乞丐们的收容处理、思想教育、劳动改造和移民生产等政策,正是帮助他们重新回归社会,自食其力地开始新生活的重要措施。

经过训练班短期的培训,在乞丐的思想认识上有了较大的提高,积极主动地开始移民。1952年2月1日和5月7日,北京市"分别遣送两批共657人移民宁夏,从事农业生产",② 1950~1953

---

① 《训练游民乞丐工作总结》,北京市档案馆:196-2-20。
② 《训练游民乞丐工作总结》,北京市档案馆:196-2-20。

年,"曾先后四次,移民27356人(其中北京移民2080人)到青海、甘肃、内蒙古等地参加农业生产。这样,不但从根本上解决了这些人的生活和职业问题,而且扩大了国家耕地面积,增加了粮食产量,对支援国家经济建设有积极作用",[①] 并且,为逐步地使游民乞丐走向长期安家立业的道路提供了又一个新的选择。

(三)救助成效

1949~1953年期间,城市对街头乞丐的收容改造工作取得了显著的成效,使"街头乞丐渐次绝迹",基本上达到了对城市乞丐的有效治理。在收容处理方面,工作人员本着认真负责的态度,对不同年龄、不同情况的乞丐分别给予妥善救助。

对老人以养为主,在不影响他们身体健康的原则下,组织他们参加一些轻微的劳动生产,不仅能调剂他们的生活,使他们的精神有所寄托,而且,他们可以用自己的生产收益作为自己的零花费用。

对残废和长期患慢性病的人员,以疗养为主,帮助其尽快恢复身体健康。

对学龄儿童,施以半工半读,一方面进行小学教育,同时又进行劳动生产的教育。对小学毕业年龄大的,介绍其就业;对年龄小而成绩优良的升入中学继续深造。

对青壮年采取的方针是劳动生产与政治思想教育相结合,改造与安置相结合。劳动生产的方式有两种:一种是组织壮工队,参加各项基本的建设工程;一种是组织其参加手工业生产,如制鞋、缝纫等。同时,在收容期间,对他们实行自食其力的办法,即多劳多得,少劳少得,以鼓励他们积极生产。经过一段劳动生产的教育,改变了他们的游惰习气或学到一定生产技术之后,即分别进行安置。

对有就业条件者就积极介绍他们就业,"这几年中,介绍到工

[①] 《北京市社会救济福利工作情况》,北京市档案馆:196-1-88。

厂、机关工作的共有4182人"。例如，在移民宁夏的第一批204名学员中，有50名被分配到宁夏政府机关工作，其他参加了农业生产，有的还评上了劳动模范，① 还有的人加入了手工业生产合作社，例如，制鞋生产组已经转为生产合作社，其中组员共20人，基本都是介绍工作而参加劳动的。

政治思想教育对于乞丐游民的改造是非常重要的，经过系统的学习教育，很多乞丐不但一改过去好逸恶劳的寄生思想，而且，重新树立起生活的信心，成功地融入社会主义建设中。例如，在移民宁夏的第一批204名学员中，有50名被分配到宁夏政府机关工作，其他参加了农业生产，有的还评上了劳动模范。② 一般市民也反映："这些人在人民政府领导下，都变成好人了，参加劳动生产……共产党真有办法，使流氓小偷也能变成好人。"③ 这些对乞丐的救助与安置措施，体现了新中国政府对他们的根本救助思想是帮助他们重新回归社会，自食其力地开始新生活。

新中国建立初期，新政权对游民乞丐的救济与治理工作，不但使旧社会遗留下来的游民乞丐走向了长期安家立业，而且有效地治理了城市中备受困扰的社会问题，为整顿社会秩序、加强社会控制开辟了一条新途径。当然，这种游民救助模式也存在着明显的时代局限性。首先，强制性措施贯穿于对游民救助工作的始终，忽视了社会主义制度下的法制与人权，造成了群众对政府救助工作的不满。其次，新政权不借助任何社会组织或社会力量，全权包揽了对游民的救助工作，不但帮助他们摆脱生存困境，而且还要妥善安置他们今后的生活。这种行政命令主导下的救助模式，加速了中国社会救助"非社会化"的进程，这虽然在短期内有利于政府安定社会秩序、巩固新政权，但从长期来看带来了社会救助事业中的多种负面效应。

---

① 《训练游民乞丐工作总结》，北京市档案馆：196 - 2 - 20。
② 《训练游民乞丐工作总结》，北京市档案馆：196 - 2 - 20。
③ 《收容乞丐工作总结》，北京市档案馆：196 - 2 - 20。

四 妓女救助

妓女，既是一种复杂的社会现象，也是一种病态的文化现象。[1] 中国自宋元以降就开始限制妓女，直至晚清民国时期都曾实施过多种形式、不同内容的禁娼废娼，但都没有取得明显的效果。新中国建立之后，中国共产党领导下的禁娼废娼成效非常显著，北京、天津、上海、广州、武汉等城市，均采取了卓有成效的禁娼废娼工作。在此过程中，对妓女提出了救助与改造的多种方法，其根本目的是帮助妓女找到生活的出路，使她们回归社会并重新做人。

1949年初，北京宣布和平解放之后，市人民政府即将妓院列入了"特殊行业"加以管理。自此开始，逐渐展开对妓院管制、调查、封闭、改造等一系列对策，从而集中力量一举消灭了罪恶的妓院，形成了在全国清理妓院行动中特色突出的"北京模式"。在对妓院整顿治理的过程中，抱着对妓女的救助改造目的，提出了帮助她们适应新社会、新生活，改造旧思想接受新思想，找到生活的出路，使其回归社会重新做人的救助指导思想。对妓女的改造与救助，是彻底根除妓院制度的重要措施。

（一）"北京模式"

1949年3月，北京市人民政府批准了市公安局制定的《对妓院进行管制的若干暂行规定》，开始对妓院采取了一系列限制政策。例如，规定各妓院必须备有留宿住客登记簿，详细记载住客姓名、年龄、职业、住址。另外，每日晚上22时前，必须将登记簿送到当地派出所备核。凡有身着便衣而持枪的游娼者，不得使其逃脱，必须迅速秘密报告。如果遇到携带火药、军装、通信器材而留宿者，要报告当地公安派出所，并不准代其存放。同时，

---

[1] 武舟：《中国妓女文化史》，东方出版中心，2006，第9页。

还规定了妓院不得做非法生意，不得虐待妓女，不得诱迫良家妇女为娼，不得阻拦妇女从良。有传染病的妓女不得接客，幼女不得为娼妓，游娼者不得饮酒吵架，扰乱治安等。① 这些规定的颁布，有力地加强了对妓院的管制。为了进一步限制嫖客，各个派出所采取在嫖客的证件上打戳子的办法，只要查到嫖客，就在他们的证件上或货单上，甚至衬衫上印上"嫖娼查讫"字样的戳子。由此，很多嫖客不敢再在烟花巷出没了。为了掌握各个妓院的人员变化情况，政府规定各妓院妓女的增减或迁移都要到当地公安派出所办理手续。派出所还利用整顿户口的办法，对妓女进行登记，采取只准减少不准增加的方式，对妓女的人数进行限制。这些对妓院的限制政策有效地为清除妓院制度、救助妓女做了准备工作。妓女问题是个严重的社会问题，它体现了社会对弱势女性的一种畸形压迫，城市解放以后，要求取缔妓院的民众呼声也越来越高。

1949 年 5 月，北京市政府召开会议专门讨论对妓女的救助问题。北京市市长叶剑英指出，要"先派人了解情况，然后决定处理方针"。② 随后，由市民政局、公安局和妇联等单位举行联合会议，决定"由民政局、妇委、公安局、纠察总队等共同派出干部，组成工作组"，③ 着手了解北京市现存的妓院和妓女的情况，研究处理妓女问题的具体决策。1949 年 8 月 9 日北京市第一届各界人民代表会议召开，在会议上提出对妓女的救助改造，基本上按照要使其参加生产，以减少寄生人口的原则进行。并且，组织妇女习艺所，分批收容妓女，加以教育，并授以适当技术，使之能够谋生。经过这次会议的讨论，制定了《北京市处理妓女办法（草案）》，并提出了针对妓院进行清理的一系列措施。

1949 年 11 月 21 日，北京市第二届各界人民代表会议做出了封闭妓院的决定。鉴于妓院对社会的危害，"决定立即封闭一切妓

---

① 参见马维纲《禁娼禁毒：建国初期的历史回顾》，警官教育出版社，1993。
② 单光鼐：《中国娼妓——过去和现在》，法律出版社，1995，第 589 页。
③ 《人民日报》1949 年 5 月 19 日。

院，没收妓院财产。集中所有妓院老板、领家、鸨儿等加以审讯和处理，并集中妓女加以训练，改造其思想，医治其性病，有家者送其回家，有结婚对象者助其结婚，无家可归、无偶可配者组织学艺或从事生产"。可以说，封闭妓院是有关妇女解放、国民健康的重要措施。当封闭妓院、集中妓女、逮捕老板和领家之后，又组织了三个委员会：第一由公安局和人民法院组织审讯委员会，审讯处理妓院老板和领家的罪恶；第二由公安局和民政局组织财产处理委员会，对妓院老板和领家的财产进行没收处理；第三由市妇联、民政局和卫生局组织妇女生产教养院，负责对妓女教育、治疗、分送回家、助其择配以及组织生产等工作。①

北京的封闭妓院行动也在全国产生了巨大影响。毕竟，"妓院制度，是旧社会中蹂躏妇女最野蛮、最残酷的吃人的罪恶制度"，②北京市封闭妓院就是彻底粉碎封建的妓院制度，"由民政局、市妇联等有关部门予以协助，分别到外城五个区及东郊、西郊等地，将饱受摧残和剥削的妓女1286人，分别收容在临时设立的妇女生产教养院。同时将依靠剥削妓女为生，极端野蛮狠毒的196家妓院老板、领家等385人，分别集中审查，按照罪行大小依法处理。妓院财产全部没收，作为救济妓女之用"。③ 1949年11月21日，北京市224家妓院在"晚八时被全部封闭。几千年来摧残妇女的野蛮制度的残余，从此在人民首都永远绝迹"。④ 这既是救助妓女的根本性措施，也是社会救助实施中的重大成效。

（二）救助与改造

新政府对妓女的改造，基本上采取了教育改造、医治疾病、回家择配和组织生产等方式，救助与改造相辅相成，达到结合实际情况区分重点先后进行。

---

① 《北京市处理妓女工作总结》，北京市档案馆：2-20-263。
② 《人民日报》1949年11月24日。
③ 《人民日报》1949年11月22日。
④ 《人民日报》1949年11月22日。

截至 11 月 22 日晨，北京市 224 家妓院的妓女 1286 人，分别被安顿在韩家潭和百顺胡同妇女生产教养院等 8 个所中，开始了被救助、被改造的新生活。首先，稳定被收容妓女的情绪，建立改造秩序，为她们安心改造创造条件。工作人员逐一地介绍说明政府对妓院和妓女的改造政策，并尽量照顾她们的生活，帮助她们取回自己的全部财物，解决其困难，子女无人照顾的接来同住。对她们生活上热心照顾，问寒问暖，使她们逐渐打消疑虑，由怀疑变为信任。其次，对个别不守纪律的妓女，经过多次耐心说服教育，并对特别嚣张的进行了严肃批评，对个别企图逃跑或无理取闹的妓女给予处罚。总之，建立了有纪律有秩序的收容政策，多数妓女都慢慢表现出了积极接受政府的改造与救助的态度。

1. 思想教育

根据了解，一般妓女由于受凌辱、受压迫太深，终日在欺诈中讨生，多数人比较世故，善于随机应变，认为一切都是假的，不轻易相信别人。因为以往有许多妓女也对命运表示过反抗，但很少能够冲破枷锁，结果往往更是悲惨。所以一般妓女很相信命运，看不见自己的前途。她们顾虑多、觉悟低，并且普遍沾染了享受思想和游民习气，这是训练妓女比其他人更加困难的一点。针对这种情况，工作人员首先以同情关怀的态度打破她们怕羞、怕丢脸的顾虑，启发她们的觉悟，热情地支持她们，使她们有勇气敢于吐露自己的苦楚，先述说自己的身世，再找出受苦的典型，然后从个别漫谈到小组诉苦，由小到大，渐渐的大家都诉起苦来。

她们各人沦为妓女的经历并不相同，有的由于日本侵略者的烧杀劫掠而家破人亡，最终沦为妓女；有的由于给地主纳不了田租、还不起债而被卖入妓院；也有的因家贫无法生活而沦为妓女。工作人员从这些妓女切身经历的实际例子中，给她们讲解帝国主义、封建主义给她们的压迫，从而，打破她们心中宿命的想法，逐渐建立新的人生观和价值观。

在思想教育上，话剧的演出对妓女们启发很大。话剧《日出》、《一个下贱的女人》、《侯五嫂》，电影《中华儿女》等对妓女们的思想认识都有很大的触动，尤其她们自己自编自演的话剧《千年的冰河解了冻》在首都公演之后，观众多达几万人，使广大社会人士了解了妓院的黑暗和妓女的苦楚，博得了观众热切的同情，庆祝她们的解放，使她们充分感到新社会对她们的尊重，鼓舞了她们树立摆脱黑暗的奴隶生活、走向劳动生产的新社会的信心和勇气。

2. 疾病治疗

对妓女的救助行动中，很重要的一个内容就是对她们疾病的治疗。这些妓女多数患有严重的性病。过去在妓院里，老板、领家都残忍地把妓女们当做摇钱树，有病从来不给予治疗，任其自生自灭。为了帮助妓女们治愈疾病，北京市卫生局组织了医疗队，将各收容所分别消毒，组织了北大医学院、性病防治所、先农坛妇婴保健所、第一医院、结核病防治院、北京市卫生局巡回医疗队等6个单位，57位医务人员参加了对妓女们的治疗工作。经过检查，收容的妓女中有1303名性病患者，其中"仅梅毒患者就385人，占全体的29.55%；兼梅毒、淋病患者377人，占28.93%；兼梅毒、淋病、第四性病患者182人，占13.97%；兼梅毒、第四性病患者161人，占12.36%；仅淋病患者119人，占9.13%；兼第四性病、淋病及其他病者35人，占2.69%。有病者占全人数的96.6%，无病者44人，仅占3.4%"。[①]

根据对妓女们身体的检查结果，为她们量身定做了治疗计划。从省钱、省时、病人少受痛苦而又能收效大的原则出发，决定以油剂盘尼西林为主，一个病人普通打3百万单位，重者增加，并根据病情的需要，附以其他药剂，治病的目的以达到不传染为最高要求。当治疗开始时，一切以治病为重点，一切行政教育工作都配合这个任务。首先把学员按照病情重新编组编队，以便于治疗和防止感染。并且，结合性病的危险、不治的坏处和这次政府为给她们治病花费了多少钱等问题，对妓女们普遍进行了教育。经

---

① 《北京市处理妓女工作总结》，北京市档案馆：2-20-263。

过几个月的治疗,不仅基本达到了预期的治病效果,而且对妓女们的心理创伤也起到了抚慰与治疗的作用。

妓女本来是旧社会最受压迫、最受摧残的牺牲者。这次清理妓院、救助妓女的行动,直接拯救妓女们脱离苦海,得到解放,她们大部分对此是欢迎的。并且,完成封闭妓院任务后,北京妇联组织积极参加生产教养院对妓女的救助与改造工作,也取得了突出的成绩。教育和改造妓女是一件长期艰苦而复杂的工作,需要工作人员不断克服困难,努力工作,解除妓女们的顾虑,启发她们的觉悟,耐心亲切地教育和帮助她们,从工作中摸索经验,从而根本上在中国消灭这一非人的罪恶制度,使全国妇女早日获得解放。[①]

(三) 救助成效

这些对妓女的救助政策,不仅使妓女们摆脱受歧视、受欺凌的悲惨处境,而且注重帮助她们在新社会中开始新的生活,这不能不说是一个创举。北京市政府对妓院制度的清理及对妓女的救助改造措施,不但一举清除了几千年来摧残妇女的野蛮制度残余,而且,为全国各地清除妓院、救助妓女树立了榜样。这一政策,也得到了广大人民的全力支持与拥护。

多数被收容的妓女,经过几个月的学习和治疗疾病之后,于1950年2月1日开始安置,截至6月5日,"计1316名(小孩94名不算在内)当中,结婚的505人,占38.4%;回家的374人,占28.4%;参加剧团和医务等工作的34人,占2.58%。妓女兼领家已处理的62人,占4.71%,送安老所者13人,占0.99%。共处理了988人,占全人数的75%。还有等待择配者67人,正在处理中"。[②] 在安置当中,一般都采取非常慎重的态度,如有的妓女回家的一般都是家中来人,或当地政府来信证明即可;结婚的妓

[①] 《人民日报》1949年11月24日。
[②] 《北京市处理妓女工作总结》,北京市档案馆:2-20-263。

女多数找的是城市工人、店员、摊贩、自由职业者，也有一部分到农村去结婚的。出于对妓女的保护，这些结婚对象一般都经过仔细审查。

为了了解这些妓女离开教养院后的表现，工作人员"曾组织了检查小组，到出院的280多名学员家中拜访过，多数表现还好，有的参加夜校学习，有的参加工厂工作，一般都参加家庭劳动，有的还把外边一些领家的活动和领家在妓院隐藏的财物报告给工作人员……也有个别表现不好的，结婚后天天吃喝玩乐，把一个摆书摊的老板吃光了。有的结婚后不满，又回到教养院。个别的生活很讲究，又不事生产，可能仍操旧业"。① 另外，有261人是无家可归者。为了安置这些人今后的生活，北京市政府特为她们组织了新生染织工厂，组织她们学习劳动生产，争取能够自给生活。总体来看，北京市对妓女的处理与安置大体比较妥当，基本保障了妓女们顺利地开始新生活。

对于妓院老板和领家，政府确定其一般属于封建恶霸性质，由北京市军事管制委员会军法处审判，其审判原则分以下几点。

第一，凡充当老板和领家、其剥削妓女行为继续至解放以后者，根据罪恶轻重处以徒刑或死刑。

第二，其剥削妓女所得之财产应予没收，充做教育改造妓女之用。

第三，其财产涉及工商业和农业者不动，或酌情课以罚金。根据统计，经审判"共收案363起，结案356起，处死刑者2人，10年以上徒刑者19人，5年以上徒刑者74人，1年以上徒刑者260人，课以罚金与劳役者4人，缓刑、警戒教育释放者20人，没收房产89处，财物202件。余7案未结"。②

可以看出，政府对妓院老板和领家采取了严厉处理的方针。

---

① 《北京市处理妓女工作总结》，北京市档案馆：2-20-263。
② 《北京市处理妓女工作总结》，北京市档案馆：2-20-263。

北京市通过封闭妓院行动，共没收房产 65 处，共 798 间。由政府作价收买，作为工人宿舍使用。处理老板和领家时，所没收的房产 89 处，也基本上执行了没收和作价收买政策。对于妓女的财产，基本上做到了秋毫无犯，这对于稳定妓女情绪，帮助她们找到出路很有意义。

　　封闭妓院、救助妓女不但得到了广大市民的支持，而且也得到了很多妓女们的拥护。例如，外一区一个卖烧饼的说："自古以来就有妓女，现在一下取消了。人民政府办法真妙，不许找妓女'嫖窑子'，是叫人学好。"外一区有的妓女在集中时，就坐在汽车上唱《没有共产党就没有新中国》和《解放区的天》等歌曲，庆祝自己的解放。外四区妓女姚淑珍说："由今天起我们就是一个干净人了。"① 另一个说：过去死了都没人埋；现在解放了，劳动吃饭，有出路了。外五区妓女王芝桂表示："当妓女不能混一辈子啊！早晚要走。"春花院妓女王秀清说："叫我到哪里我就到哪里，政府集中我们是叫我们学好。"她在集中行动中还动员其他妓女打行李，准备立即接受改造。

　　继北京之后，上海、天津、武汉、南京等大中城市都采取措施取缔了罪恶的娼妓制度。全国各地城市共查封妓院 8400 余所，惩治了一批作恶多端的妓院老板，挽救了一大批被迫为娼的妇女脱离苦海。各地妇联在新政府的领导下，对这批饱受摧残、心灵扭曲的妇女进行了细致耐心的思想工作，启发她们控诉旧社会的罪恶，帮助她们治疗疾病，组织她们学习文化、学习生产技术、学习自立的本领，使她们绝大多数后来成为自食其力的劳动妇女。很多择偶成家，过上了正常人的生活。② 这里有一则案例可作参考：

　　　　两家即将成为亲家的 4 位老人要吃一顿"见面饭"。入席时两位老太太彼此望去都觉得对方"眼熟"，一愣之际两边都

---

①　《人民日报》1949 年 11 月 23 日。
②　庞松：《中华人民共和国史（1949—1956）》，第 136 页。

震动了，她们都认出了对方：一位是当初的改造对象，一位是她的管教人员。这顿饭当然吃得很不自在。"管教"老太太回家之后审问自己的女儿：你不是说他妈是厂长吗？她儿子真是你大学同学？最后这位老太太通过关系终于弄明白了自己当年的改造对象这些年的经历：改造"毕业"之后，18 岁的她进了一个服装小厂，因为勤奋，有了一手好技术，当然又由于出身好，人老实，从组长当起，10 年时间入了党，当了厂长；后来几个厂合并，她仍是厂长。嫁的是位部队转业干部，婚姻并没有因为她的过去而受到阻挠。有人说，她给人的感觉，就是一位严肃的技术干部，无法想象她有那样的过去。[①]

1951 年由洪深导演描写的妓女苦难生活的话剧《千年的冰河开了冻》在北京大众剧场上映，剧中的演员有很多是来自妇女生产教养院的被改造妓女，这在整个社会引起了震动。这个话剧后来被改编为评剧，拍成电影，社会影响极为广泛。可以看出，新中国政府对妓女的救助与改造可谓是伟大的创举。妓女问题历来是一个难以治理的社会痼疾，中国历史上多次的禁娼运动，最终都归于失败。究其根本原因，除了贫困是滋生妓女现象的首要问题之外，社会救助功能的缺失，也是很多女性沦为妓女的重要原因。新中国对妓女群体的治理工作，将救助与改造相结合，走出了一条颇具时代特色的社会救助道路。

五　农民工救助

农民工进城的情况，并非是改革开放时期的新现象，在新中国建立初期，很多城市中已经开始出现了大规模的农民入城务工现象（在正式的文件中称为"盲目入城农民"）。北京、上海、武汉等大城市中，各项大规模的基本建设的顺利开展，需要大量的

[①] 黄新原：《真情如歌——五十年代的中国往事》，中国青年出版社，2007，第 11 页。

劳动力,因此,各大城市中开始有计划地从周边地区招工。北京市为了首都各项大规模建设顺利开展,市委、市人民政府根据政务院的指示,要"有计划地把城乡大量的剩余劳动力,充分应用到生产事业及其他社会事业中来",① 开始从周边省市农村招收农民工,以便解决劳动力不足的问题。据市劳动局统计,1950年到1955年底,从外地招工13万人次,1956年上半年从河北农村招工达2.6万余人。② 正是如此大量的招工,又没有规范的招工程序、准确的用人信息,引发此时期农民盲目入城找工作的问题。这些入城农民在生活、工作等方面发生多项困难,因此,这些"盲目入城农民"只能作为特殊时期城市中需要救助的特殊群体,而不适合作为游民来关注。

新中国建立初期,农民工是城市中的一个特殊群体。在中共中央下发的各种相关文件中,都称他们为"外地盲目流入城市的农民"③、"来京农民"④ 或"京郊外来灾民"⑤ 等名目。应该说,新中国建立初期,城市农民工也是社会救助工作的一项重要内容。

(一) 农民工的成因

新中国建立初期,很多城市兴起大规模的各项基础设施建设,以北京为例来看,北京的很多大规模建筑,都有京郊农民的身影,他们在城市建筑、市政工程以及首都的各项大型建设事业中做出了巨大贡献。为了首都大规模的各项建设顺利开展,北京市委、市人民政府根据政务院的指示,要"全面解决各种失业人员的就业问题,逐渐消灭失业、半失业现象,有计划地把城乡大量的剩余劳动力充分应用到生产事业及其他社会事业中来",⑥ 有计划地

---

① 《遣送河北省来京农民还乡工作报告》,北京市档案馆:196-2-206。
② 《遣送河北省来京农民还乡工作报告》,北京市档案馆:196-2-206。
③ 《关于动员外地盲目流入城市灾民还乡工作的情况报告及有关来往文书》,北京市档案馆:196-2-206。
④ 《遣送河北省来京农民还乡工作情形报请鉴核》,北京市档案馆:196-2-206。
⑤ 《关于京郊外来灾民的报告和统计表》,北京市档案馆:9-2-95。
⑥ 《关于京郊外来灾民的报告和统计表》,北京市档案馆:9-2-95。

从周边省、市农村招收农民工，以便解决劳动力不足的问题。据市劳动局统计，1950年到1955年底，从外地招工13万人次，1956年上半年从河北农村招工就达2.6万余人。[①] 因此，这个时期北京大量的用工需求是促使这些农民来京的一个主要原因。根据1953年市劳动局调查农民流入城市的原因，绝大部分农民是听说首都建设任务大，用人多，工作好找。多数农村青年向往首都，愿来参加社会主义建设；有些是羡慕城市生活，认为挣钱容易，工作轻松，嫌农村苦没前途。[②] 来京农民中有村干部、民兵队长、转业复员军人等，甚至也有地主、富农、坏分子。他们绝大部分拿了村、区政府的介绍信。很多农民被招工后，马上传到家乡，"所有打短工者虽日给工资二千元也争抢前往，有的刚打上短工就捎信回家，以致引来许多农民流入城市。造成了社会秩序之混乱和本身的困难"。[③] 同时，也使邻近的农民更相信北京好找工作，以致更多的农民来京寻找工作。

但是，由于多数建筑工程或生产工程都带有季节性的特征，所以绝大多数招来的农民工都是临时工、预约工或季节工。这种用工性质带有极大的不稳定性。从北京的档案记录可以看出，"来京农民大体上可分为三种，一种是长年做工的，约占极小部分；一种是农闲季节来京做工；另一种就是历年都到大城市来做工的，其中极小一部分是灾民。其中，以农闲期间来京做小工的人最多。这些人的生活不是完全没有办法，按照拥有土地来看，都能维持生活"，[④] 他们只是从各种渠道听说北京找工作容易，所以蜂拥而来。但是，无组织、无秩序的涌入，不但不能顺利参加首都的建设，反而扰乱了城市的秩序，并给城市管理带来负面影响。例如，由于很多来京农民无法及时找到用工单位，在城市中逐渐沦为游丐，流落街头，并时有偷盗、抢劫等影响治安的现象发生。所以，

---

① 《遣送河北省来京农民还乡工作报告》，北京市档案馆：196-2-206。
② 《关于遣送京郊外来灾民回籍生产工作报告》，北京市档案馆：196-2-206。
③ 《关于南苑小红门发现外来灾民情况报告》，北京市档案馆：196-2-206。
④ 《关于遣送河北省来京农民还乡工作报告》，北京市档案馆：196-2-206。

随着北京市对城市游民治理工作的加强，如何合理有序的治理入城的农民工问题，就成了社会救助工作的一个重要部分。

客观分析，在初期大规模兴建首都的工作中，需要的临时工确实很多。但是，由于当时招用工制度还不完善，计划的准确性和及时性较差，所以各工程的进度、每个阶段需要的工人数目以及工人的增减情况并不相同。劳动部门本应根据需工单位的情况统一调配、互相调剂使用。但是，当不能满足建设需要时，一些需工单位常常私自到农村招工，由此造成了用工的混乱现象。正是这种用工需求和一些企业的私招，通过各种渠道传播到京郊农村，促使大量的农民从农村盲目来到北京找工作。尤其在1950年代，这种现象曾多次出现。农民无组织、无计划地盲目流入城市，不仅增加了北京的失业、半失业现象，给城市管理带来很大困难，也使社会治安的整治和社会安定受到影响。

从农民的角度来看，除了城市的用工需求外，广大农村的连年灾害也是导致他们渴望进城工作的又一原因。农民种田基本是靠天吃饭，农业生产多以简单的手工农具和牲畜为主，对于自然灾害是没有多少抵御能力的。例如，1952年4月北京外来灾民骤然增多，大部分为河北省、热河省、察哈尔省、山东省、平原省等40多个县、地区的灾民来京寻找工作，仅河北省各县来京的农民就有2300多人。1954年8月因闹水灾，河北省徐水、通县、大兴、武清等县农民200多人来到南苑区小红门乡，"8月中旬以后至8月23日在小红门村突增外来找工作农民800余人，其中以邻近京郊的为最多。有的携带家属，称家乡受灾无法生活而来京；有的带着行李举家迁来，有的聚居一处以拣烂纸为生……他们白天到各村找零活，夜晚大部分流落街头，有的几十人宿于粮食市场罩棚下，还有少数的住于破庙或小店内。这些人有的找不到工作，因生活困难而到地里偷玉米……所有露宿的农民遇雨，都到庙里挤住，男女混杂，秩序很坏"。①

---

① 《关于南苑小红门发现外来灾民情况报告》，北京市档案馆：196－2－206。

这些来京农民生活状况非常困苦。找到工作的还可以维持生活，找不到工作的，则多数流落街头。他们白天到处找工作，为暂时维持生活，有的做短工，有的做小贩，也有的沿街乞讨；夜晚除一部分寄居在亲友家中或住小店外，许多人只能住在城门洞、车站、旧庙和窑洞，也有的人露宿街头。有的农民因给不起店钱，卖掉了铺盖，或积欠店钱，赊欠伙食费；有的没钱买饭吃就到居民家里要饭吃。

这些数量多、秩序乱的来京农民，给北京社会治安带来了新问题。

1952年"入春以来，京市屡屡发现大批农民和部分灾民来京找工作……截至5月8日，据京市十个区不完全统计，只河北各县流落市区找不到工作的，就有2390多人。这些来京农民和灾民，系盲目来京，到处扑空，找不到工作就流浪各处，连续发生事故，造成不良影响"。找不到工作就聚众闹事的现象时有发生，严重影响了北京的社会治安和社会秩序。例如，5月13日在"清华大学有170多人要求登记做工，清管局、计工大队门前也集聚了3490多人，强行要求登记，不登记不走。5月15日有200多人聚集于第六区政府门口，辱骂政府不给找工作，而且要摘区政府的牌子，并说，干部是养胖了不办事。虽经教育仍不肯走"。①

可以看出，这些抱有希望而盲目来京找工作的农民，一部分确实有了用工单位，但很大一部分是盲目而来，对自己或家眷的生活没有合理的安置及考虑。"如武清县二区前侯尚村王永和家有二十四亩地，全家八口都来北京。另有八户带家眷的（其中六户是1950年来的）他们经常把劳动收入捎回家去常来常往。均称原籍虽分得土地，因无垫本不愿回去，将土地交给亲属代管，来京

---

① 《关于遣送河北省来京农民还乡工作报告》，北京市档案馆：196-2-206。

后因无工作又无亲友可以投，也都到处流浪，或到各村乞食。"①他们本来对找工作心存幻想，一旦发现城市工作难找，必然不满、抱怨，甚至聚众闹事，给政府施加压力，希望帮助他们解决问题。

为了稳定首都的建设秩序，并照顾京郊农业生产今后的发展，北京市针对盲目来京农民采取了多种救助措施，以动员这些农民返乡为主，辅以必要的生活补贴、免费乘车等措施。同时，规范北京城市的招工制度，逐渐杜绝城内单位私自招工的现象，从根本上阻塞农民盲目入京的源头。

（二）救助措施与成效

新中国建立初期，首都大规模建设的顺利开展是与农民工的劳动分不开的。他们在为首都的建设贡献力量的同时，也解决了农村的剩余劳动力问题，并暂时地减缓了灾荒的压力。但是，随着农民工的盲目入京，供大于求时，如何妥善救助并安置他们的生活，成为一个新的问题摆在政府的面前。

为此，中央人民政府政务院、北京市政府曾多次发布文件，劝阻外地农民盲目进城。1952 年针对来京农民，北京市民政局发给周边各地政府公函称："接北京市人民政府民政局民社字第 1256 号函：关于你省各县农民来京找工作问题，前因本市于'三反'、'五反'后各项工程减少或停止，不但本市劳动力无法解决，同时各地农民来京后，亦无工可做，到处流浪影响治安。""五月间曾来京农民 3000 多人请求找工作，其中部分人虽然经过当地政府帮助已经找到工作，但大部分人由于工少人多安置不下，造成不少灾民徒劳往返，又浪费国家资财，经动员后各县分别领回，惟最近发现仍有来京找工作农民，请即认真劝阻再来；查劝阻农民盲目找工作问题，省府曾迭有指示，惟部分县不够注意，故面临上述情况仍然发生，为此，特再函请各地认真组织灾民就地生产，

---

① 《关于南苑小红门发现外来灾民情况报告》，北京市档案馆：196-2-206。

需输送劳力应与有关部门事先联系。"① "饬希你府转告所属各县，劝止农民，勿再来京找工作，以后需要工人的时候，再行及时联系，有计划的来京。"②

1953年政务院发布《关于劝止农民盲目流入城市的指示》，要求对已进城的农民，"除施工单位需要者外，由劳动、民政部门会同工会和其他有关机关动员还乡，对无路费者予以补助，生活确有困难者予以救济"。③ 根据指示，北京市政府对部分找不到工作的外来农民，给予了多种救助措施。例如，帮助他们还乡、减免车费、给予生活补贴，等等，比较有效地解决了这些盲目来京的农民工问题。

1. 动员返乡

北京市政府按照中央指示方针，"城市遣送，农村安置，生活困难适当补助路费"，尽量做到动员遣送和当地安置相结合，对来京农民大范围的开展有效的救助工作。

动员返乡工作以思想教育为主，贯彻边收容、边教育动员、边遣送的办法。经过反复耐心地说服动员，解除思想顾虑。"全市各单位都传达贯彻了中央和市里有关动员农民返乡的各项规定措施，街道办事处、公安派出所对临时户口、旅店暂住人员进行清查动员；各单位也召开职工大会，要求职工做好已来京亲友家属的动员返乡工作。"④ 各区收容工作先摸底了解情况，然后有重点分步骤进行，一般先对生活确有困难和露宿街头、火车站的农民进行收容，解决他们的吃住问题，然后进行说服教育，动员他们返乡。工作人员说服动员，态度耐心，不强迫命令，不许愿。对私自出来、担心回乡后挨整的农民，通过解除思想顾虑，稳定他们的情绪，树立回乡生产的信心；对抱观望态度、强调返乡困难

---

① 《为劝阻灾民勿盲目到京张两市找工作由》，北京市档案馆：196-2-206。
② 《关于动员外地盲目流入城市灾民还乡工作的情况报告》，北京市档案馆：196-2-206。
③ 《关于动员外地盲目流入城市灾民还乡工作的情况报告》，北京市档案馆：196-2-206。
④ 《关于遣送河北省来京农民还乡工作情况报告》，北京市档案馆：196-2-206。

的农民，工作人员则细致反复地说服，并辅助以补助路费的方式，大多数农民工表示愿意配合政府，感谢政府的关怀照顾，愿意返乡生产。据统计截至1953年4月18日，共计遣送7100人离京，实际换车票走的5200余人。在各方面的大力协助下，北京市的遣送返乡工作进行得比较顺利。

同时，在市政府的领导下，成立了针对治理农民工问题的临时办公室。例如1953年北京市成立了动员农民返乡办公室，并在流动农民较多的各个区县成立了工作组，或设立相应的机构，抽调劳动局、民政局、公安局以及各区的干部数百人参加此项工作。另外，北京邻近各地区（县）如河北、山东等省的下属县，为了配合这项遣返工作，都专门派干部来京做本省农民的返乡动员工作。例如，"河北省各县来京农民因找不到工作，各处流浪，连续发生到招工单位坚请收留，不收不走到事故，造成不良影响。为了稳定首都秩序及照顾农业生产，经华北行政委员会同意，通知河北省转令各县共派干部33人来京，协助农民还乡。计共遣回农民2048人，其中自动回家者尚未统计在内，估计数字还是不少的"。[①]

此外，还针对流离失所的农民工设立了临时集中站，对生活有困难的农民免费提供食宿，补贴返乡车费。在外来农民较多的情况下，市民政局在朝外、永外两个农民服务所设立了临时集中站，流入农民较多的区也设立了农民服务所或临时收容点。各区积极动员各方面力量，腾出房子，要求做到住处不漏风，让农民能吃上热饭，喝上热开水。冬天把窗户用纸糊上，地上铺上稻草席或木板等。这些细致入微的工作，令农民工对政府的关怀救助非常感激。

政务院1952年2月15日第124次政务会议通过《关于1952年农业生产的决定》及政务院《关于劳动就业问题的决定》，应因地制宜地就地组织劳动互助组，有计划地引导互助组，将剩余劳

[①] 《关于遣送河北省来京农民还乡工作情况报告》，北京市档案馆：196－2－206。

动力投入精耕细作、土地改良、兴修水利、植树造林和发展副业、手工业以扩大生产，并加强农民的集体教育，大力说服农民，以克服无组织、无计划地向城市流动的情况。① 这些对农村的规划性措施，也间接地限制了来京农民的数量发展。

2. 规范招工制度

为了顺利治理农民工的问题，必须从两个源头堵塞农民盲目进城的渠道：其一，要消除城市无计划招工和用人现象，规范用工制度，彻底堵塞农民盲目入城的渠道；其二是禁止乡、镇、区、村等基层政权随意开发介绍信，阻止农民盲目外流，从根本上解决这个问题。

为了制止一些单位私自招工，北京市逐步规范招用工制度。1955年3月北京市劳动局颁发《北京市建筑单位招用外地工人暂行规定》。1956年3月北京市人民委员会发布《关于劳动力管理和供应工作的几项规定》，明确劳动力统一管理的方针，要求市属企、事业单位招用新工人必须提出计划，由主管部门批准；凡需要从外地招工时，必须经劳动局转报劳动部批准。② 明确指出："关于各省、县介绍灾民、失业工人、民兵及转业军人来京找工作问题，上述这些人，应由当地政府妥善安置，不应动员、介绍或资遣来京，以免徒劳往返，并招致他们对政府的不满。"③

为了阻止农民盲目进京，通令各个京郊地区的基层政府，不得随便给开介绍信或者证明信件，因为"来京找工作的农民，绝大部分都持有新开的村证明或持县迁移证全家迁来"。④ 针对这种情况，1953年北京市政府发给周边郊区政府的公函称："香河、大兴、武清、徐水、建国、雄县、高阳、曲阳、青县人民政府：为制止各地农民盲目去京，区、村政府不得随便开给路线或证明信

---

① 《关于南苑小红门发现外来灾民情况报告》，北京市档案馆：196-2-206。
② 陈荣光：《五十年代农民盲目流京及治理情况》，《北京党史》2004年第3期。
③ 《请速通令各省、县勿再介绍贫民、失业工人及病患者来京》，北京市档案馆：196-2-206。
④ 《关于南苑小红门发现外来灾民情况报告》，北京市档案馆：196-2-206。

件"。北京市民政局也函请各地,禁止随意开来介绍信件,"近日北京市人民政府民政局民社字第 865 号函略称:近来各地持有村政府所开证明来京农民续有发现,除随时遣返外,将我市扣留之证件一部函送你省,希速查处。内有你县所属村工所开具之证明信件,随函寄去,希速查明情况,追究责任,对有关干部予以批评或处分,并采取有效办法,继续贯彻省府以往指示精神,严禁此类事件再有发生,望将办理情形迅速报厅"。①"请河北省人民政府再通令各县严禁各村再开证明,免使农民盲目外出,必要控制外出,同时对孤老者给予安置,贫困者给予救济扶助。"②

随着北京农业生产合作化的逐渐推广,农民被牢牢地固定在土地范围内,北京市农民工问题,才最终得到比较彻底地解决。新中国建立初期北京市对农民工的治理问题,与城市救助功能紧密结合在一起,通过多种救助措施的推行,北京外来的农民工基本上能得到生存的最低保证。对农民工的有效救助,不但对稳定北京社会的治安影响重大,而且,也直接推动了中国的城市社会救助事业的不断发展。

六　小结

正如前文所述,社会救助是个多维度概念,选择不同的角度观察,则看到的是不同的救助类型与内容。正所谓"横看成岭侧成峰,远近高低各不同"。本章选取社会救助对象为视角,通过对新中国建立初期国家对儿童、老人、游民、妓女及农民工几个群体所实施的社会救助工作的考察,揭示在新国家、新社会的建设热潮中,社会救助的实际能效,讨论在救助工作背后掩映的中国社会的种种变化。

社会救助的最根本理念,即社会是国家和社会对公民应尽的

---

① 《为制止各地农民盲目进京不得开给证明信件的指示》,北京市档案馆:196-2-206。
② 《关于南苑小红门发现外来灾民情况报告》,北京市档案馆:196-2-206。

义务，并且每一个公民都享有国家提供救助的权利。从这个角度来看，分析新中国建立初期的社会救助事业特点，其成绩与不足共存，优点与缺陷都值得我们进一步思考。

第一，社会救助实施对象具有全民性、普遍性。社会救助对象是面向全民、面向普通民众的，任何社会成员陷入生存困境时，都可以要求国家和社会给予救助。因此，救助对象具有全民性和普遍性。当然，社会救助的给予是要经过严格筛选的，只有通过救助机关按照一定条件调查审核后的部分贫困人员，才能够享有社会救助。不分性别、种族、年龄、背景等客观因素而最大范围的实施救助，是现代救助理念的奋斗目标。所以，这一时期社会救助的实施体现出平等、公平的救助理念，使救助范围与救助效率基本达到了历史最高点。最大范围地救助城市贫民，也是社会救助工作的奋斗目标。不论是救助工作中"不能饿死一个人"的口号的提出，还是"每人节约一两米"的号召，都展现了政府对民众救助的责任心与义务感，体现的是此时期社会救助中的人文关怀。这是社会救助中的一大特点，也是非凡成绩之所在。

但是，这一时期社会救助工作由于受到阶级意识的制约，限制了社会救助理念的贯彻实施。社会救助在实施的过程中，过分强调了阶级意识。例如，对于出身贫苦市民的救助，有的不分情况、不问缘由，看着可怜，就给予救济和帮助，这在后来的救助工作的回顾与总结中认识到了不足，"由于我们干部中存在可怜的思想，所以救济了好多乞丐，这是偏有怜悯观点是不对的"。[①] 而对于阶级不同或者政见不同的民众，例如，对很多民国政府的旧职员们，政策截然相反。他们因失业而陷入贫困无法生活的很多，甚至不断有人因生活无着而自杀，但是，救济工作对他们来说，却总是可望而不可即，通常都是考虑到他们是"旧官吏"或者"旧军官"而将他们彻底排除在救助之外。这些都是救助工作中不应该出现的偏差。

---

① 《救济灾民难民的工作报告》，北京市档案馆：9-2-96。

第二，这一时期社会救助中开发出了各种有积极意义的救助方法。可以说，社会救助工作准确地把握了救助的主体方向，通过积极的救助方式，为被救助者重新融入社会做出了突出的贡献。政府对不同类型的贫民实施了不同的救助措施，但是，每种救助措施都体现了对救助者长期的、持续的帮助。例如，对城市贫民的生活救助，除了发放救济粮、救济款帮助解决一时之困外，还注重帮助他们发展生产自救，给予介绍或帮助就业。对城市贫民失业救助中采取以工代赈、转业培训、介绍就业、发放救济金、移民生产等丰富多样的救助方法。这些救助方法，基本是救助实践工作中总结出来的。显而易见，救助的最终目标是使被救助者能够自食其力，从根本上摆脱困境，重新生活。救助措施与救助方法的丰富与更新，充分展现了新中国社会救助事业的发展与进步。

但是，由于受特定时期经济条件的限制，这一时期社会救助总体上范围有限，水平较低。社会救助本是当社会成员由于各种原因陷入社会生活困境时，由国家和社会按照法定的程序和标准向其提供现金、物资或其他方面的援助与支持的一种制度安排和社会活动。其保障的是社会成员的最低生存条件，其目的是使社会成员在国家和集体力量的帮助下重新取得谋生本领，有尊严地摆脱贫困。但是，综观这一时期国家对贫困人员的救助成效，其救助水平其实是很低的，很多贫困人员只是获得了衣物或被褥等生活用品的少量补助。从救助人数与户数统计中也可以看出，享受定期生活救助的人数远远少于贫困总数。而且，此时的社会救助原则，也是为了"维持最低生活"，[1]希望贫民能够达到生产自救的能力，避免依赖政府；同时，采取还乡、移民等方式，使在城市无法生活的人回到农村从事农业，减轻政府财政的负担。这是这一时期社会救助的一个主要特征，也是当时整个国家的社会经济条件所决定的。

---

[1] 《北京市贫民调查登记办法》，北京市东城区档案馆：11-7-54。

第三，政府领导下的社会救助，不但注重对被救助人眼前困难的帮助，还注重对被救助人生存能力的扶助，将"救"与"助"、"救"与"防"妥善地结合在一起，从而使被救助人从根本上摆脱困境。这一时期，政府在救助工作上不但注重开发新的救助方法，还积极加强防治工作，通过多种措施加强民众对灾害的预防，改善就业环境，增强贫困人群的生存能力，等等，努力从源头上减少弱势人群。

从社会救助一词的释义上来说，"救"与"助"本具有不同层次的含义，"救"更多地强调"救济"的内容，而"助"则包含了互助、扶助、帮助等含义。对弱势人群是否有"救济"即可呢？不是，在社会救助的理念中，单纯的"救"等同于中国封建社会的"社会救济"，而"助"则强调了现代国家救助工作中对被救助人的根本性扶助，即以更加积极的方式帮助被救助人彻底摆脱困境，甚至从客观条件上、社会环境角度帮助被救助人改善生存状况，谋求独立与发展。例如，在对儿童的救助中不但提倡适当的养育，还要根据儿童的年龄、身体和兴趣给予适当的学校教育或技能教育，在保证儿童健康成长的同时，帮助儿童养成独立的生存能力。对儿童的抚育，除了"在生活上保证吃饱穿暖"之外，还"经常以讨论会、座谈会的形式启发诱导，充分地让儿童自觉地考虑自己的问题"，[1] 这对培养儿童健全的人格、独立的品行、坚强的精神均有帮助，为儿童未来走入社会打下了良好的基础。再如，在对游民和妓女的救助中，多数采取的救助方法是"劳动生产与政治思想教育相结合，改造与安置相结合"，并且，在收容救助期间，尽量培养他们养成"自食其力"的认知，"多劳多得，少劳少得，以鼓励他们积极生产"。这样"经过一段劳动生产的教育，改变了他们的游惰习气或学到一定生产技术之后"，再对他们进行"分别安置"。如对有就业条件者就积极介绍他们就业，"这几年中，介绍到工厂、机关工作的共有4182人"；或帮助他们通

---

[1] 北京市地方志编纂委员会：《北京志·政务卷·民政志》，第301页。

过劳动来谋生,"有的人加入了手工业生产合作社,例如制鞋生产组已经转为生产合作社,其中组员共 20 人,基本都是介绍而参加劳动的"。① 可以看出,政府在救助工作中最大限度地开发一切资源,为妥善安置被救助人的生活、解决他们未来的生存问题绞尽脑汁,付出了巨大的努力。这种形式的救助,在当时的社会环境下,只有掌控社会所有资源的政府才有能力做到,也只有强有力的政府,动用行政手段进行干预,才能够顺利地完成这一时期的救助工作。

客观来看,社会救助工作得以顺利实施的根本保障就是有严格的制度和程序机制。这一时期社会救助管理严格统一,是维持救助实施成效的重要保证。在社会救助的体制方面,全国各地在政府的指导思想下,确立了中央集权、统一掌控的新的救助模式。并且,有计划、有步骤地逐渐取缔了私营的慈善救济机构,将社会救助事业纳入统一的规划掌握之中。这种模式有利于社会救助事业的统筹规划,使有限的救助资源能够统筹分配,最大限度地发挥救助的实效。但是,这种取缔民间救助力量的政策,将本来应该由社会承担的一部分救助责任,全部转移在政府肩上,给政府增加了巨大的压力,也限制了社会救助事业的发展和壮大。其主要局限就表现在救助资金来源单一,救助经费短缺方面。

社会救助本身就是一种消耗性措施,需要国家或主办机构持续不断地投入资金来保证救助机构的正常运作和发展。没有资金的投入,救助事业可谓无源之水、无本之木。因此,新中国建立之后救助设施及资源,基本上是对原有的救助单位、设施、资产等进行了改造与重组,从而彻底推翻原有的救济制度而重新规划设计新的救助机制的。在实施社会救助的同时,取缔相辅的民间救助机构,使社会救助完全成为政府包办。这虽然统一掌握了救助事业,但也直接导致了救助资金来源减少,资金短缺。由此,救助机构、救助规模整体呈现收缩趋势,且一度通过收缩救助事业的办法来暂时缓解困难。例如,1949 年统计北京市孤儿院共计

---

① 《训练游民乞丐工作总结》,北京市档案馆: 196-2-20。

20 所，其中外国教会主办的有 10 所，中国宗教组织主办的有 5 所，私人主办的有 4 所，市立的有 1 所。这些孤儿院共计收容孤儿 2599 人。随着北京市儿童救助机构的清理与整合，孤儿院有的停办，有的解散，还有的被北京市救济分会合并。据 1952 年统计，北京市儿童救助机构只有新成立的北京市儿童教养院及其分部、北京市儿童工艺院。而且收养的儿童人数也减少了很多。这不能不说是新中国救助工作中的一个遗憾。

综合来看，这一时期社会救助事业虽然起到了很大的缓解贫困、稳定社会发展的作用，但是就其自身的建设发展情况来看，还是存在很多需要解决的问题。社会救助具有全民性特征，这就是说，一方面国家全体人民都有权力在困难时期享有国家提供的救助内容，另一方面，全体人民也都有义务参与国家的社会救助活动。社会救助本应最大范围地调动社会各方力量来参与并支持。从这一角度看，新中国建立初期的社会救助工作还有很多不尽如人意之处。

另外，针对不同群体的社会救助在推行过程中，强制性成分多于救助性成分。无论是对游民、妓女的救助与改造工作，还是对儿童、老人的收容教养工作，都包含了过多的行政命令。这一时期，救助不同群体的最关键步骤是政府部门的强制性改造与救助措施，这背后隐含的是歧视性的救助态度与恩赐性的救助心理，这恰恰是现代社会救助中最该根除的毒瘤。社会救助本该是国家或社会对由于各种原因而无法维持最低生活的社会成员给予的物质及精神帮助，它具有义务性、权利性、平等性，但是，强行救助与被迫改造相结合下的社会救助，则显得冷酷而生硬，缺少对被救助人的尊重，更缺乏救助中本不该缺少的爱心。

最后，这一时期虽然新政权对不同社会群体给予了适当的救助方式，并取得了显著的救助成效，但是我们也应该看到，作为这些群体产生的温床——贫穷，在相当时期并没有根本得到改观。若要解决儿童与老人的救助，根绝乞丐、妓女及游民等城市痼疾，不能仅仅依赖于行政手段，而要从根本上消灭贫穷及社会分配不公，在大力发展社会经济的同时，建立起有效的社会救助制度。

结　语

　　前文通过四个章节大体回顾了新中国建立初期中国社会救助事业的基本情况。新中国的社会救助事业，借用当年毛泽东曾经用于新中国外交政策的一句话来形容，就是"另起炉灶"，也就是说，社会救助事业的建设，其实是在完全摒弃了民国政府的一切社会救助事业基础，在全新的局面上开创的。从宏观上来看，社会救助事业的发展可以分为两个时期：其一，1949~1952年间，即我们通常所说的三年经济恢复时期。这一时期是新政府医治战争创伤、建立统治秩序、恢复国民经济、发展生产的时期，在社会救助方面则是处于全面救助的特殊时期。这一时期基本没有形成完整的制度模式。其二，1953~1956年间，这一时期随着城市、农村的社会主义改造的蓬勃开展，以公有制为标志的社会主义计划经济体制初步建立，与此相应的，社会救助方面也开始向与计划经济相配套的救助体制过渡。在城市中通过"高就业低工资"的模式建立了单位保障体系，在农村中依靠集体经济通过"五保"（保吃、保穿、保住、保医、保葬或保教）制度来保障弱势群体的救助。1956年中国的社会救助开始向这种国家—单位保障体制迈进。因此，笔者以为，1949~1956年间恰恰是新中国社会救助事业的开创、探索、过渡与转型的时期，厘清这一时期的社会救助事业的发展轨迹，总结历史经验与教训，对今天关注民生、建设社会主义和谐社会仍有建设与指导作用。

一 基本评价

　　回顾历史是为了更好地总结经验,为现实服务,所谓"以史为鉴"就是此意。对新中国建立初期的社会救助的研究,目的也是为了对这一时期的救助事业给予客观准确的评析,并"知古察今",对今天的社会救助发展方向提出建议。现代社会救助理念的本质,是指社会救助的义务性、平等性、公平性。义务性是指社会救助属于国家和社会对公民应尽的义务;平等性是指社会救助具有对国民收入再分配的性质,对于缩小贫富差距、给予每个公民平等权利方面具有特殊效用;公平性则是指每一个公民都享有国家提供社会救助的平等权利。因此,从社会救助的作用这个角度来看,新中国建立初期的社会救助事业发挥了重要的作用,并为今天的社会救助的建设与发展打下了基础。

　　首先,社会救助的重要功效之一是具有稳定社会环境、安定人民生活的作用。社会稳定是国家发展的重要前提,中国历史上的"文景之治"、"贞观之治",乃至"康乾盛世"都得益于长期的社会稳定。封建统治者也一直注重赈灾、济贫等社会救助的推行,以维护社会稳定。民国时期,可谓中国现代社会救助制度的开创时期。民国政府面对内忧外患的强大压力,注重社会救助领域的建设,在制度建设、法律法规与救助事业的管理方面都做了很多工作,可圈可点。但是,由于经历了多年的对内、对外战争,民国政府在社会救助的推行与实践方面的成效却差强人意。

　　根据邓云特统计,1928年至1930年全国由于遭受灾荒而死亡的人数即达到1000万人,1931年死亡人数达370万人,1932年死亡人数7.79万多人,1933年死亡2.82万多人,1934年死亡人数达4.18万多人,1935年死亡人数300万人,1936年死亡14万人。[①]"陕西岐山县……自十七年夏歉收三稔,调查饿死七万二千

---

① 邓云特:《中国救荒史》,商务印书馆,1937。

五百余众,流亡三万零八百六十余口,全县原有户口锐减三分之二。……有全家人饿死,房中骨干无人掩埋者;有一村死亡将尽,只有一、二家出走在外者;更有垂毙道上,尸骸狼藉,行人视之,目如无睹者;种种惨状,罄竹难书!"① "绥省四年以来,叠受兵灾、匪灾、旱灾、雹灾、风灾、地震、鼠疫等灾。该处人民生计,至此已到山穷水尽之境……灾民甚至大人食小孩,活人食死尸,至食树皮草根,在绥省不以为奇。"② 可以看出,缺乏社会救助的老百姓一旦遭遇天灾人祸的打击,则跌入穷困潦倒的深渊,正如20世纪三四十年代淮河一带流行的民歌所唱:"大水浪滔天,十年倒有九年淹,卖掉儿郎换把米,卖掉妮子好上捐,饿死黄牛打死狗,背着包袱走天边。"面对灾难侵袭,缺少救助的人民,痛苦难以想象。这也是民国时期社会动荡、政权不稳、民不聊生的重要原因之一。

对比之下,新中国建立初期的社会救助工作则成效显著,不仅及时地救助了遭受战争、灾害侵袭的难民、灾民,还成功地治理了城市中严重的失业问题,以及游民、乞丐、妓女等社会痼疾。在这一时期的社会救助工作中,新中国政府采取了多种紧急救助措施,对灾民、难民给予紧急赈济,发放粮款,防疫治病,并帮助返乡;对失业人员采取了以工代赈、介绍就业、发放救济金、还乡生产等方式给予了有效救助;对城市贫民则根据是否有劳动力而加以区别救助,对少年、孤儿帮助上学或学习技艺,对中青年帮助就业或给予临时救助,对老弱病残人士则给予长期救助;对城市中的游民、乞丐、妓女等人员则采取救助与改造相结合的方针,帮助他们学会生产劳动,重新成为社会的一分子。

总结起来,新中国建立初期,由于西方国家对新中国实行了长期的经济封锁,所以中国的社会救助思想并未能够沐浴西方现代社会保障思想的高速发展之风,而是在封闭的环境下,在政治

---

① 《申报》1928年2月10日。
② 《新闻报》1929年9月22日。

权威营造的特定社会氛围中形成了具有时代特色的、平均主义性质的救助思想，如"穷人翻身当家做主"、"一人饭，三人吃"是这一时期的代表思想。因此，社会救助思想并未能及时地向前发展或者更新。另外，从社会救助的制度化建设上看，新中国建立初期面临着各方面严峻的压力，虽然依靠政府的指令和临时的政策指示，初步建构了社会救助的基本秩序，但是关于法律制度方面的建设则刚刚起步。直至今日，社会救助的法制化建设仍然是我们奋斗的中心议题之一。但是，在社会救助的实际工作中，这一时期的救助成效却最好。笔者以为，新中国建立初期的社会救助一方面得益于正确、务实的国家救助政策，在"不要饿死一个人"的号召下，各级政府均将社会救助的实施提高到了"政治性"的高度，社会救助成为全党、全民的首要任务；另一方面社会救助还得益于中共在革命时代保留下来的强大的社会动员能力，在救助资金、救助物资极度短缺，救助设施、救助水平极为落后的条件下，仍然能够取得良好的社会救助成效，并通过社会救助工作使新政府在思想上、情感上、精神上赢得了民众的赞誉和支持。

其次，社会救助的重要功效之二是有利于缩小贫富差距，促进社会的全面发展。邓小平同志说过："中国要解决十亿人的贫困问题，十亿人的发展问题。"[①] 社会主义制度的本质要求是解放生产力、发展生产力，消除两极分化，实现共同富裕。社会救助作为一种对国民收入进行重新分配的有效手段，有利于缩小贫富差距，为劳动力的生存和再生产创造了必要的、良好的环境和条件。新中国建立初期，面对旧社会遗留下来的、破败的社会经济，遍地的贫困人口，饱受灾荒和战乱侵袭的弱势人群，新政府能够在万般困难的情况下，坚持社会救助的财政支出，坚持对社会救助的人力、物力、财力的投入，实现对社会财富的再次分配，从而有效地救助了贫弱人群，并通过贫困救助、失业救助、改造不同群体的救助手段，发展了大量的有效劳动力，为社会再生产的迅

---

① 《邓小平文选》第3选，人民出版社，1993，第229页。

速开展创造了良好的环境和条件。从这一角度来看，新中国初期的社会救助工作对国民经济的快速恢复做出了重要的贡献。

再次，社会救助的重要功用之三是有利于促进社会公平与效率，这一点在新中国建立初期的社会救助工作中有着较为突出的表现。民国时期社会救助事业的窗口之一——粥厂，往往因为甄别不力，常有"小康之家到粥厂领粥回家饲养鸡犬"的例子，[①] 这种情况极大地影响了社会救助的公平与效率。对比之下，新中国建立初期的社会救助工作中，极具特色的一个环节即为救助工作中的民主评议，即无论对于何种救助方式，对救助人的评选，总是由基层群众来进行民主评议，由此对救助过程中可能产生的不公现象进行有效地过滤。如失业救助中一位失业的老教员说："过去历届反动政府统治时期，失了业都没有人理会我，到了冬天，拼命去挤粥厂，只能喝到一碗粥。现在政府不但把救济金送上门来，而且干部还常来拜访我，只有人民的政府才这样关心我。"[②] 另外，在实际救助过程中，少量的错误救济现象一般得到了及时纠正，如1952年北京对城市贫民的临时救济之后进行抽样调查，在"十二区丰台、长辛店、卢沟桥、看丹、大井等五个村镇，共救济了贫苦市民和石场工人425户，经检查366户是应该救济的，占总数的86.1%"；调查"第八区共救济了3406户，检查了2508户，其中2269户是应该救济的，占检查户的90.5%；七区共救济了1548户，其中1504户是应该救济的，占97.2%；四区共救济了2990户，检查了2883户，其中2352户是应该救济的，占检查户81.6%；平均应救济户占90.2%"。"从抽样调查的结果显示出，对城市贫民的救济绝大部分是没有偏差的，仅有少数家庭所得到的救济不够合乎条件，有的应该救济的没有得到足够的标准救济。经过调查发现情况后，都及时做了补偿。"[③] 少数不该救济

---

① 管欧编《北平市社会局救济事业小史》，第18页。
② 北京市档案馆、中共北京市委党史研究室编《北京市重要文献选编（1950）》，第570~571页。
③ 《临时救济总结报告》，北京市档案馆：1-9-244。

而救济了的市民，占8%~9%，经过调查也退回了救济粮款。可以看出，这种民主评议、抽样调查有效地维护了社会救助实践中的公正与公平，保证了救助实施的成效。

二 社会救助与国家、社会的关系

20世纪80年代以来，国家与社会关系理论为国内学界提供了全新的视角，并成为中国史学界探讨国家与社会问题的重要分析框架。根据国家与社会关系理论来说，"任何国家都会试图按照自己的利益和意图，经由各种手段和机构对整个社会进行特定指向的政治社会化，目的是通过这一政治社会化过程而使特定的政治意识内化为其公民的自觉的行为规范，从而营建出一种适合于维系和巩固其自身统治的政治文化。这种政治社会化的结果不仅有可能使国家自身的合法性权威得到普遍的承认和接受，而且还有可能降低社会统治成本而达到有利于自己的社会稳定"。① 这样的政治社会化的过程，在一定意义上形成"国家直接面对民众，中间缓冲层面缺失，社会自治和自发组织能力受到剥夺和抑制"的"强国家—弱社会"模式。② 因此，从这一视角审视和分析新中国建立初期的社会救助工作，颇有些不同的感受。

1949年以后中国的国家政权所建构的社会救助模式，是基于一种完全不同的政治秩序与经济基础，因而社会救助也表现出完全不同的形态。"首先是政治上的完全统一，因此此时的政府政令所到之处无阻无碍；其次是在思想领域展开了多次重大的政治运动，使得任何反对派，即便是思想意识上自认的反对派也难以存

---

① 参见 A. Almold, "Comparative Political Systems," in *Journal of Politics*, 18（August 1956）, pp. 391–409; Almold & G. B. Powell, Jr., *Coparative Politics: A Developmental Approach*, Boston: 1996, Little Brown&Co.。转引自邓正来、〔美〕杰弗里·亚历山大主编《国家与市民社会——一种社会理论的研究路径》，第340页。

② 彭秀良：《守望与开新：近代中国的社会工作》，河北教育出版社，2010，第272页。

身；而最后且最重要的则是在经济上通过建立'社会主义计划经济'的过程而彻底消解了'私有财产权'"，① 由此，国家完全排斥了独立自主的民间力量，迅速建立了严格而高效的救助管理制度。

具体而言，其"严格"主要体现在两个方面：一是通过多种方法，将原社会救助领域中国家与社会、政府与民间双向并重的格局彻底打碎，进行力量整合，包括对团体的整顿、对机构的调整、对制度的厘定等，最终，国家力量完全占据主导地位，彻底取缔了民间慈善力量；二是通过在全国范围内建立自上而下的统一管理模式，将城市与农村、单位与个人均固定在特定位置，逐渐建立起了"计划经济"式的社会救助系统。

其"高效"主要体现在社会救助工作的推行成效方面：借助革命时期保留下来的行政运作模式能够迅速地将救助目标、救助政策落实到被救助人身上，并从思想上、行动上、情感上赢得民众的赞誉与支持；借助国家的行政力量将社会不同群体进行不同程度、不同方式的救助与改造，甚至是强制性的改造；借助社会动员的模式，按照国家的利益和意图，通过社会救助种种方式和手段的推行，将"穷人翻身做主人"、老百姓"当家做主"、"打倒旧社会，建立新国家"等政治化意识内化为民众自觉的行为规范，从而在这一过程中形成对新政府的合法性权威的绝对认同。综合来看，新中国建立初期，中国共产党能够在短时间内建立救助模式，并取得民众的赞同与支持，将这种支持有效地转化为政治合法性基础，不仅稳定了新政权，还整合了社会力量。

换个角度来说，社会力量对国家政策的推行也有所回应，不同的社会阶层对此提出不同类型、不同层面的诉求，即社会力量也有"自下而上"的要求国家对社会救助领域给予救助方法、救助方式的政策调整。

---

① 邓正来、[美]杰弗里·亚历山大主编《国家与市民社会——一种社会理论的研究路径》，第340页。

纵观历史，1949年以前的旧中国，国家机构对社会救助的推行与管理，是难以"实现一体化的建构"的。这当然主要由于在旧中国的资本主义自由市场经济模式下，救助团体、救助资金的多样化使国家无法包办和掌控社会救助的全面管理体系。而比较而言，在这种周密而严格的计划经济下的社会救助，社会对国家的互动与影响虽然存在，但效果并不那么明显。

近年来，部分学者开始关注新中国建立以后在特定社会政治环境下，社会"自下而上"地对国家政策的影响，并取得了较为丰硕的成果，如李里峰通过对山东、河北等省的土改运动的材料发掘，从国家与社会互动的角度指出，土改期间基层政治精英并未完全成为国家的忠实代理人，而是在社会人、理性人的角色指引下与国家权力进行博弈，以维护村社利益或追逐个人私利。另外，他通过对土改中广泛发动农民展开"诉苦"这一运动过程中特定形式的剖析，分析了国家在运动中对民众进行动员的实施效果。① 张一平的《新区土改中的村庄动员与社会分层——以建国初期的苏南为中心》，对新中国建立初期以苏南为中心的新区土改进行详细的分析，他指出在新区土改中体现的是村庄动员与社会分层。李巧宁则以陕南土改为例，对新中国建立初期山区土改中国家政策、地方实施与群众互动结合起来，分析其中所蕴涵的深层社会原因。②

其实，在社会救助的相关领域中，一些救助团体曾经也进行过类似的行动与努力。以新中国建立初期的民间救助团体红卍字会为例来看，虽然该会本身也认识到"解放以后在毛主席共产党及人民政府的领导之下，社会情况不同于前，所有救济福利事业统由政府直接领导，旧有之小范围系统不容再行存在"，但是，他

---

① 李里峰：《不对等的博弈：土改中的基层政治精英》，《江苏社会科学》2007年第6期；李里峰：《土改中的诉苦：一种民众动员技术的微观分析》，《南京大学学报（哲学人文科学社会科学版）》2007年第5期。

② 李巧宁：《建国初期山区土改中的群众动员——以陕南土改为例》，《当代中国史研究》2007年第4期。

们仍然积极开展救助活动，或者积极配合政府开展救助活动，因为"新国家成立未久，经济尚未好转，我会尚有应尽之职责"，或者"不愿失去慈善意义"，甚至"一切经费暂由会员乐捐或发展生产中维持业务"，[①] 因此，新中国建立初期，这些民间慈善团体在并没有得到合法性地位的情况下，仍然积极参与国家与社会的慈善救助活动。如德本善堂则将自身储备的大米、棉衣等物资交给上海市救济分会，1950年"交冬令救济会大米七十石，棉衣三百五十套，大小旧衣服四百六十件；并担任政府办理难民收容所妇产分娩费用"，[②] 积极参与上海市的各种救济活动。世界红卍字会上海市分会"配合民政局及防空处服务救护空袭被炸死伤民众工作，及办理临时救济工作，配合卫生局服务防疫性注射工作，响应政府折实公债，参加生产救灾会，协助工作并代收救济物资，捐助同仁辅元堂施材费，参加1949年冬令救济会"，该会持续办理的业务包括"上海医院、卍慈中学、卍慈第一、二、三、四小学、救护队、图书馆"等。[③]

可以看出，社会层面的民间救助力量也在竭尽所能地发挥自身在慈善领域中的作用与影响，并与新政府此时对慈善团体的"团结改造"政策，形成了积极互动。分析形成这种形势的原因不外乎两个方面。

其一，民间慈善团体的生存本能，决定了他们对新政权以及"团结改造"这一新政策的默认与配合，这一时期他们积极参与新政府领导的各种救助活动，甚至不惜拿出自身储备的种种物资来配合政府的行动，主要是为了争取自己的生存空间，希望通过行动来取得新政权对他们合法性身份的认同。典型的一个例子是中国东北哈尔滨市的慈善团体案例：1948年9月哈尔滨市人民政府接受哈尔滨市慈善总会、白卍字会、红卍字会等团体的要求，把它们的人力、物力、财力合并，成立哈尔滨市社会事业协会，除

---

① 《红卍字会今后工作计划意见》，北京市档案馆：196-2-239。
② 《救济福利团体调查表》，上海市档案馆：B168-1-796-1。
③ 《救济福利团体调查表》，上海市档案馆：B168-1-796-1。

原有团体负责人中的积极人士参加外,还吸收各界热心公益人士参加主持。政府只在方针政策方面予以指导,经费基本上依靠该会自筹。1949~1951年间,该协会办了很多慈善领域的公益事业,计有托儿所、职业介绍所、残老院、孤儿院、助产育婴所、妇孺救济所、殡仪馆、电影院、麻织厂、石膏厂等。① 这种做法,一方面坚持原有民间慈善团体办理社会公益事业的传统,发挥了民间慈善团体在慈善救助领域的突出作用;另一方面也兼顾了新政权对慈善事业的统一领导与统一经营,为稳定社会秩序提供了帮助,也为自身争取合法性身份做出了积极的应对。

其二,民间慈善团体仍然保持着坚持慈善、服务社会的理念,因此,虽然新中国建立之后社会情况不同于从前,但是,出于坚持慈善、服务社会的理念,他们仍然从多方面配合新政权,并认为这是自身"尚有应尽之职责",② 持这种观点的慈善团体并不在少数。如上海的沪东理教普元堂施材会,积极参与上海市政府、救济分会领导的各种慈善救济事业。1950年1月13日接"上海市冬令救济委员会委托本堂代煮难民施粥",于4月7日结束。随后,4月20日又由"上海市生产救灾委员会继续委托办理"难民施粥工作,并于5月30日结束。这段时间沪东理教普元堂施材会共给难民施粥202439人份,消耗食米65503斤,用煤17707斤,木柴28125斤。③ 对于这些做法,沪东理教普元堂施材会也仅仅认为,这是"慈善组织的本分",认为这是其自身应该做的事情,这是该组织从事慈善事业、服务社会的理念所驱使而已。

回顾新中国建立初期在社会救助层面上国家、社会的互动历史与关系,可以看出,这段历史虽然短暂,但是却给我们今天的社会救助建设方向留下了极大的想象空间。新政权建立初期,国家政权与民间慈善组织一度建立了较为和谐的良性互动,民间慈

---

① 伍云甫:《关于旧有社会救济福利团体的团结改造问题》,北京市档案馆:196-2-13。
② 《红卍字会今后工作计划意见》,北京市档案馆:196-2-239。
③ 《救济福利团体调查表》,上海市档案馆:B168-1-796-1。

善组织积极参与政府领导的社会救助工作,不但解决了新政权在社会救助领域工作人员专业知识不足的困难,还使对慈善工作并不熟悉的政府人员能够尽快吸取经验,更好地开展迫在眉睫的社会救助活动。遗憾的是,随着国际、国内形势的变化,这种良性互动局面被迅速打破,而新中国政府则通过没收官僚资本、土地改革、合作化运动、统购统销等方式,掌握了国家绝大部分资源的控制权与决策权,任何组织都必须在国家体制中定位才能获得合法性和社会资源,由此,民间的活力被压制,慈善团体的生存空间也被挤压到了空前的程度。今天,随着中国市场经济的发展和社会改革的发展,在如何发展民生并更好地构建和谐社会这一问题中,社会救助再一次成为社会关注的焦点之一。而新中国建立初期社会救助领域国家与社会的良性互动关系,为这一问题提供了可资借鉴的视角。

三 社会救助面临的问题

邓正来教授在《建构中国的市民社会》一文中谈到了中国现代化建设过程中面临的结构性挑战问题,这也是学术界曾经极为关注但却存在重大分歧的一个理论问题。

> 自鸦片战争始,中国现代化便始终面临着一个严峻的结构性挑战:作为现代化的迟—外发型国家,中国必须在政治和社会结构方面做出相当幅度的调整,以容纳和推进现代化的发展。在这一结构调整过程中,需要解决的一个核心问题被认为是如何改造传统的政治结构和权威形态,使其在新的基础上重新获得合法性和社会支持力量,并转换成具有现代化导向的政治核心。
>
> 这一挑战在一定意义上构成了中国现代化的两难困境。于学理层面上讲,上述转型过程的顺利进行,必须满足这样两个基本条件:一方面要避免立基于原有机构的政府权威在

变革中过度流失，从而保证一定的社会秩序和政府运用及动员社会资源的能力，或者说，要避免因政治危机而引起的社会失序或动乱，为推进现代化提供必要的政治社会条件；另一方面，为了保证这种权威真正具有"现代化导向"，必须防止转型中的政府权威因其不具有外部社会制约或因社会失序而出现的向传统的"回归"。

回顾历史，我们不无遗憾地发现，这两个必须满足的基本条件在实践层面中构成了中国现代化过程中相倚的两级：政治变革导致权威的合法性危机，进而引起社会结构的解体、普遍的失范，甚或国家的分裂；作为对这种失序状态的回应和补救，政治结构往往向传统回归，借助军事力量并利用原有的或改造过的象征性符号系统来解决合法性危机的问题，这又使业已启动的政治结构转型胎死腹中。当然，从1949年以后的情形来看，历史上出现的这种两极徘徊在高度政治集权和计划经济的框架中演变成了众所周知的"一放就乱，一乱就统，一统就死"（中央与地方关系方面）以及"精简—膨胀—再精简—再膨胀"（政府机构改革方面）的恶性循环。

……要摆脱中国现代化过程中的两难境地，首先必须从认识上实现一种思维的转向……因为中国现代化两难症结的真正的和根本的要害，在于国家与社会二者之间没有形成适宜于现代化发展的良性结构，确切地说，在于社会一直没有形成独立的、自治的结构性领域。[1]

从这一视角来思考，新中国的社会救助确实没有在国家与社会二者之间形成一种适宜于现代化发展的良性结构，相反，国家政权在塑造自身合法性权威的过程中排斥了一切社会力量的参与，完全垄断了社会救助领域，这必然直接带来正反两方面的直接影响。

---

[1] 邓正来：《国家与社会——中国市民社会研究》，北京大学出版社，2008，第1~3页。

从短期影响来看，正面的居多。

第一，社会救助解决了民众生存问题，缓解了城市就业压力，为社会主义建设提供了更广阔的劳动力基础。新中国建立初期，政府对城市贫民根据实际情况给予了适当的临时生活救助、定期生活救助以及冬令救济、节假日补贴，辅以住房救助、医疗救助等丰富内容。可以说，贫民的生活救助有效地缓解了贫民的生活压力，使他们无论在心理上还是在生活中都逐渐建立起对未来的信心，而且通过持续有效的生活救助，基本成功地解决了贫困家庭的基本生存问题。对城市失业人员，政府推行以工代赈、转业训练、介绍就业、生产自救、还乡生产、发放救济金以及单纯救济和移民等多种救助方法，比较有效地缓解了失业人员的就业压力。而且，从失业救助所取得的社会影响来说，政府对城市失业人员实施卓有成效的救助，不仅对城市居民起到了安定人心的作用，而且使有利于政府的正面社会舆论增加，民众逐渐建立起对政府的信心，同时有利于更好地稳定首都社会秩序与建设工作。

第二，社会救助的有效实施加强了社会控制，赢得了民众对新政权的衷心支持与认同。这一时期新政权对城市贫民的社会救助政策的有效实施，使政府意志逐渐取得了民众的支持与认同，并强化了意识形态的社会控制。通过落实救助各项政策，全国范围内的失业人员以及生活困难人员，都得到了较好的救济和帮助。新中国政府通过举办相应的思想教育、转业培训以及政治学习等方式，使贫困与失业人员总体上增加了对政府的信任度和满意度。最明显的是知识界的教授、教员和大学生思想日益与政府靠拢，"他们态度好转的原因首先是全国的胜利"，以及"他们对金融、物价之稳定甚为钦佩"。"二是土地改革采用了稳健的方法和步骤。三是除过早把旧人员'包下来'之外，又对全国失业工人和失业知识分子采取完全负责的政策。"[①] 可见，这是有效实施生活救助

---

① 北京市档案馆、中共北京市委党史研究室编《北京市重要文献选编（1950）》，第437页。

与职业救助的综合性成果。成功的社会救助政策直接关系到民众对新政府统治能力的考察，政府也通过社会救助政策的有效实施，加强了对社会各方面的掌控。

事实上，这一时期新政权推行的贫困救助、失业救助政策得到了广大人民群众的衷心拥护。一位失业的老教员说："过去历届反动政府统治时期，失了业都没有人理会我，到了冬天，拼命去挤粥厂，只能喝到一碗粥。现在政府不但把救济金送上门来，而且干部还常来拜访我，只有人民的政府才这样关心我。"① 有些老人领了救济金后感到不安，还自动参加以工代赈工程。这种情况，直接反映了新中国政府在人民心中的地位。当时的北京市市长彭真指出："救济工作不仅是行政工作，也是细致的群众工作。"② 在实施救济政策的过程中，失业人员一开始对党和政府的政策是不信任的，不去登记的较多，经过一段时间的观察，发现问题真的解决了，就主动去登记。党和政府的细致工作，使人民感到政府是关心他们的，是切切实实替他们办事的，是值得信赖的。人民的信任是一种无形力量，成为党和政府完成各种艰巨任务的巨大推动力。

从长期影响来看，负面的居多，即这一时期的社会救助虽然暂时地有救助策略统一，能够集中全国财力、物力来办救助的优点，但是，从长远角度来看却形成了多种抑制救助事业发展的局限。

第一，社会救助完全成了单纯的政府行为，成了单一的政府责任，形成了今天仍然为社会学者所诟病的"大政府，小社会"救助模式。在这种模式下，社会救助主要以政府行为甚至主要以中央政府救助的形式出现，没有民间社会救助事业的配合，不但加重了政府的压力，而且养成了社会成员对政府的过分依赖。

第二，社会救助的"非社会化"，严重制约了救助事业的发展

---

① 北京市档案馆、中共北京市委党史研究室编《北京市重要文献选编（1950）》，第 570～571 页。
② 北京市档案馆编《国民经济恢复时期的北京》，第 677～678 页。

与推广,更影响了救助的范围与水平。所谓社会救助的"非社会化"包括筹资渠道的非社会化、实施机构的非社会化,以及受益对象的非普遍化,从而使社会救助事业完全成为一种官办的封闭性事业,既违背了社会救助事业的内在发展规律,又从客观上限制了社会救助事业的发展。[①]

第三,救助程度与救助水平极端低下,并且囿于资金来源的渠道单一,救助资源和经费有限,因此很多本该救助的社会成员被排斥在救助范围之外,直接影响了社会救助的效能发挥。这一时期,无论是救灾还是济贫,中国的社会救助水平均是极其低下的,并且在计划经济体制的影响下缺乏发展及更新的弹性。

第四,社会救助的制度建设和运作过程均极不规范,从理论上讲,社会救助本应有严格的制度和程序规范,具有法律效力。设置体系健全的专门管理机构,依据法律来操作社会救助体系的正常运作。显然这一时期中国的社会救助还无法达到这种标准。新中国建立以后,各个地区也有制定社会救助的相关规定,如北京市就先后颁布了《北京市贫民救济方案》、《北京市贫民救济办法》、《以工代赈暂行办法》等救助政策,但是,各地的规定并不一致,救助的范围、标准和程度也差距甚大。整体来看,社会救助缺乏统一、规范的救助依据,无论是灾害救助,还是贫困救助、失业救助,整个社会救助制度基本上依靠政府临时的政策文件或者有关部门的临时通知、决定来召集、实施,在很多救助工作中,依赖的不是依靠法律规范,而是救助工作人员的认识与理解。这种情况导致救助实施的过程中违规现象很多。这种救助工作的特点逐渐成为制约中国社会救助发展的瓶颈,直至今天仍然是束缚社会救助发展前进的主要局限。

总之,新中国建立初期是中国社会制度和经济模式转型的重要时期,社会救助作为社会保障系统的基础内容,在稳定社会秩序、安定人民生活等领域发挥了关键作用。反思这一时期的社会

[①] 参见郑功成《论中国特色的社会保障道路》,第 224~225 页。

救助制度建设、管理方法、救助手段以及救助实践等方面内容，对于今天我们更好地建设和谐社会也提供了宝贵的经验和深刻启示。一方面，社会救助的建设与发展，是与社会经济的发展相适应、相配合的。新中国建立初期的社会救助工作，无论是救助制度的选择还是救助方法的发展，均是由当时特定的社会经济因素所制约的。正如马克思所说的，人民创造自己的历史，但是他们并不是随心所欲地创造……而是在直接碰到的、既定的、从过去继承下来的条件下创造。社会救助制度的创设也是如此。新中国建立初期的社会救助制度，以旧中国贫穷困破败的国民经济为基础，在资源紧张、人力匮乏、管理缺位、制度空白的困窘条件下，稳定了社会秩序，救助民众于水火之中，紧急推行了灾害救助、失业救助、贫困救助等多种救助方式。在这样的时代背景下，社会救助的发展走上这样的道路，具有历史必然性。若将目光放到改革开放时期，可以看出，随着改革开放与市场经济的发展，我国的财政体制由传统的中央政府统收、统支变成了多级财政和分税制，传统的社会救助体制事实上已经丧失了存在与发展的客观基础。因此，社会经济的发展变化决定了今日的社会救助必然走上重新建构的发展之路。

另一方面，社会救助的健康运转是需要制度保证的。纵观新中国建立初期的社会救助事业，虽然起到了缓解贫困、稳定社会的历史作用，而且，社会救助中对贫民的生活救助、对失业人群的救济与安置、对流动人口的收容救助等，充分体现了新政权的控制力已扩展到社会的各个层面，这些均是新政权给社会带来的深刻变化。但是，社会救助并没有从根本上建立起对抗贫穷的真正制度与运行机制，在相当长的时间内，甚至直至今日，社会上的贫穷与分配不公也没有被有效地控制或消除。所以我们应该看到，只有真正实现社会救助的制度化建设，完善社会救助的法律法规，才能从根本上建立起有效的社会保障和救助机制，才能真正发挥社会救助的最大能效。

主要参考文献

一 档案

北京市委全宗档案,北京市档案馆藏。

北京市人民政府全宗档案,北京市档案馆藏。

北京市民政局全宗档案,北京市档案馆藏。

中华人民共和国内务部全宗档案,北京市档案馆藏。

北京市总工会全宗档案,北京市档案馆藏。

北京市郊区工作委员会全宗档案,北京市档案馆藏。

上海市民政局全宗档案,救济福利相关档案资料,上海市档案馆藏。

北京市档案馆编《国民经济恢复时期的北京》,北京出版社,1995。

中共中央办公厅、中央档案馆:《中共中央文件汇编》(1950年),第1辑。

中央档案馆编《中共中央文件选集》(1~18),中共中央党校出版社,1989~1998。

北京市档案馆、中共北京市委党史研究室编《北京市重要文献选编(1948.12~1956)》,中国档案出版社,2001~2003。

中国社会科学院、中央档案馆:《中华人民共和国经济档案资料选编·劳动工资和职工保险福利卷(1949~1957)》,中国社会科学出版社,1993。

二　文献、地方志、文集等

《毛泽东选集》（1～4），人民出版社，1991。

《毛泽东文集》，人民出版社，1993～1999。

《建国以来毛泽东文稿》，中央文献出版社，1988。

《建国以来刘少奇文稿》，中央文献出版社，2005。

《建国以来周恩来文稿》，中央文献出版社，2008。

《邓小平文选》，人民出版社，1994。

《江泽民文选》，人民出版社，2006。

中共中央文献研究室编《建国以来重要文献选编》，中央文献出版社，1992。

当代中国研究所编《中华人民共和国史编年》（1949～1955年卷），当代中国出版社，2004。

《新中国卫生事业60年》编辑委员会：《新中国卫生事业60年》，人民卫生出版社，2009。

北京市政协文史资料委员会：《日伪统治下的北京郊区》，北京出版社，1995。

《北京水旱灾害》，中国水利水电出版社，1999。

北京市公安局党史公安史办公室：《北京市公安局大事记（1948年～1985年）》，内部，1988。

北京市地方志编纂委员会：《北京志·政务卷·民政志》，北京出版社，2003。

北京地方志编纂委员会：《北京志·市政卷·环境保护志》，北京出版社，2003。

北京地方志编纂委员会：《北京志·西城区志》、《北京志·东城区志》、《北京志·海淀区志》、《北京志·崇文区志》、《北京志·宣武区志》、《北京志·丰台区志》、《北京志·石景山志》、《北京志·大兴县志》，北京出版社，2002。

《中华民国统计年鉴》（社会卷），中华民国统计年鉴社，1948。

北京市人民政府法制办公室编《北京市法规规章汇编（1949—1997）》，中国民主法制出版社，1998。

戴鸿映：《旧中国治安法规选编》，群众出版社，1985。

千家驹：《旧中国公债史资料（1894—1949）》，中华书局，1984。

国家统计局社会统计司：《中国劳动工资统计资料（1949—1985）》，中国统计出版社，1987。

《国民经济恢复时期农业生产合作资料汇编（1949—1952）》，科学出版社，1957。

《陈云文选（1926—1949）》，人民出版社，1995。

《陈云文选（1949—1956）》，人民出版社，1995。

蔡鸿源：《民国法规集成》，黄山书社，1999。

《建国初期社会救济文献选载（1950.2～11月）》，《党的文献》2000年第4期。

史敬棠等：《中国农业合作化运动史料》（上、下），上海三联书店，1957。

苏星、杨秋宝：《新中国经济史资料选编》，中共中央党校出版社，2000。

武力主编《中华人民共和国经济史》，中国经济出版社，1999。

徐百齐编《中华民国法规大全》（1），商务印书馆，1936。

《土地改革重要文献资料汇集》，人民出版社，1951。

中华人民共和国民政部：《中华人民共和国民政工作文件汇编（1949～1999）》，中国法制出版社，2001。

中华人民共和国民政部：《中华人民共和国民政法规汇编》，华夏出版社，1993。

中华人民共和国农业委员会办公厅编《农业集体化重要文件汇编》，中共中央党校出版社，1983。

中华人民共和国内务部农村福利司编《建国以来灾情和救灾工作史料》，法律出版社，1958。

《中华人民共和国法规汇编（1954年9月~1955年6月）》，法律出版社，1956。

中央人民政府法制委员会：《中央人民政府法令汇编（1949~1954）》，法律出版社，1982。

中华人民共和国民政部大事记编委会：《中华人民共和国民政部大事记（1949~1986）》，中国社会出版社，2004。

中国红十字会总会：《中国红十字会历史资料选编（1950~2004）》，民族出版社，2005。

中共代表团驻沪办事处纪念馆：《中国解放区救济总会在上海》，学林出版社，1996。

《中国灾情报告（1949—1995）》，中国统计出版社，1995。

政务院财政经济委员会：《中央财经政策法令汇编》第3辑，1951。

三 报刊

《北京日报》（1954~1957）。

《北京市政报》（1949~1954）。

《解放日报》（1949~1956）。

《新华日报》（1949~1956）。

《人民日报》（1948~1956）。

《河北日报》（1949~1956）。

《工人日报》（1949~1956）。

《新华月刊》（1949~1956）。

四 著作

敖文蔚：《中国近现代社会与民政》，武汉大学出版社，1992。

北京大学历史系《北京史》编写组：《北京史（增订版）》，北京出版社，1999。

北京市社会科学院：《今日北京》（历史卷、名胜卷），燕山出版社，1991。

北京市档案馆：《档案与北京史——国际学术讨论会论文集》（上、下），中国档案出版社，2003。

韩光辉著《北京历史人口地理》，北京大学出版社，1996。

曹子西：《北京通史》，中国书店，1994。

蔡勤禹：《民间组织与灾荒救治——民国华洋义赈会研究》，商务印书馆，2005。

蔡勤禹：《国家、社会与弱势群体——民国时期的社会救济（1927~1949）》，天津人民出版社，2003。

陈桦、刘宗志：《救灾与济贫——中国封建时代的社会救助活动（1750~1911）》，中国人民大学出版社，2005。

陈信勇等：《社会保障法原理》，浙江大学出版社，2003。

池子华：《中国流民史》（近代卷），安徽人民出版社，2001。

陈微：《当代中国流浪乞讨救助制度研究》，社会科学文献出版社，2007。

陈午晴：《当代中国的单位变革与家庭变迁》，河北大学出版社，2004。

邓启耀：《新中国生活图史（1949—2009）》，南方日报出版社，2009。

丁世华：《当代北京居住史话》，当代中国出版社，2009。

多吉才让：《中国最低生活保障制度研究与实践》，人民出版社，2001。

邓云特：《中国救荒史》，商务印书馆，1993。

樊新民：《当代中国社会问题》，中国社会出版社，2009。

郭大钧、耿向东：《中国当代史（1949—2007）》，北京师范大学出版社，2009。

胡晓义：《走向和谐：中国社会保障发展60年》，中国劳动社会保障出版社，2009。

华梅：《新中国60年服饰路》，中国时代经济出版社，2009。

侯强：《社会转型与近代中国法制现代化：1840—1928》，中国社会科学出版社，2005。

洪大用：《转型时期中国社会救助》，辽宁教育出版社，2004。

韩刚主编《中国当代史研究》（1）、（2），九州出版社，2011。

何平主编《社会保障概论》，中国劳动社会保障出版社，2004。

荆学民：《当代中国社会信仰》，人民出版社，2008。

康沛竹：《中国共产党执政以来防灾救灾的思想与实践》，北京大学出版社，2005。

李培林等：《社会冲突与阶级意识：当代中国社会矛盾问题研究》，社会科学文献出版社，2005。

李少兵：《中国社会史》，华东师大出版社，2007。

李强：《当代中国社会变迁30年》，社会科学文献出版社，2008。

李彦昌：《城市贫困与社会救助研究》，北京大学出版社，2004。

李淑兰：《北京史稿》，学苑出版社，1994。

李景汉：《北平郊外之乡村家庭》，商务印书馆，1929。

刘宝驹：《社会变迁中的家庭：当代中国城市家庭研究》，巴蜀书社，2006。

刘恒：《行政救济制度研究》，法律出版社，1998。

刘锡廉：《北京慈善汇编》，1923。

刘宋斌：《中国共产党对大城市的接管（1945—1952）》，北京图书馆出版社，1997。

柳礼泉：《新中国民生60年》，湖南大学出版社，2009。

柳拯：《当代中国社会救助政策与实务研究》，中国社会出版社，2005。

陆学艺：《当代中国社会结构》，社会科学文献出版社，2010。

罗平汉：《当代历史问题札记》，广西师范大学出版社，2003。

罗平汉：《当代历史问题札记二集》，广西师范大学出版社，2006。

卢海元：《走进城市：农民工的社会保障》，经济管理出版社，2004。

梁其姿：《施善与教化——明清的慈善组织》，河北教育出版社，2001。

陶孟和：《北平生活费之分析》，商务印书馆，1930。

孟天培、甘博：《二十五年来北京之物价工资及生活程度》，国立北京大学出版部，1926。

孟昭华：《中国灾荒史（1949—1989）》，水利电力出版社，1989。

孟昭华等：《中国民政史稿》，黑龙江人民出版社，1986。

马维纲：《禁娼禁毒——建国初期的历史回顾》，警官教育出版社，1993。

聂荣臻：《缅怀刘仁同志（修订版）》，北京出版社，1986。

聂荣臻：《聂荣臻回忆录》，战士出版社，1983~1984。

彭秀良：《守望与开新——近代中国的社会工作》，河北教育出版社，2010。

石英：《中国社会变迁：60年回顾与思考》，社会科学文献出版社，2010。

孙绍骋：《中国救灾制度研究》，商务印书馆，2004。

单光鼎：《中国娼妓——过去和现在》，法律出版社，1995。

宋晓梧：《中国社会保障制度改革》，清华大学出版社，2001。

宋斌文：《当代中国农民的社会保障问题研究》，中国财政经济出版社，2006。

宋士云：《中国农村社会保障制度结构与变迁（1949—2002）》，人民出版社，2006。

汤水清：《上海粮食计划供应与市民生活（1953—1956）》，上海辞书出版社，2008。

童世俊：《当代中国人精神生活研究》，经济科学出版社，2009。

武舟：《中国妓女文化史》，东方出版中心，2006。

王玲:《北京与周围城市关系史》,燕山出版社,1988。

王瑞芳:《土地制度变动与中国乡村社会变革——以新中国成立初期土改运动为中心的考察》,社会科学文献出版社,2010。

王义祥:《当代中国的社会变迁》,华东师范大学出版社,2006。

夏明方:《民国时期自然灾害与乡村社会》,中华书局,2000。

《谢觉哉传》编写组:《谢觉哉传》,人民出版社,1984。

辛逸:《农村人民公社分配制度研究》,中共党史出版社,2005。

姚建平:《中美社会救助制度比较》,中国社会出版社,2007。

尹钧科等:《北京历史自然灾害研究》,中国环境科学出版社,1997。

袁志刚等:《中国就业制度的变迁》,山西出版社,1998。

杨俊一等:《制度哲学导论——制度变迁与社会发展》,上海大学出版社,2005。

杨树标、梁敬明、杨菁:《当代中国史事略述》,浙江人民出版社,2003。

阎青春:《社会福利与弱势群体》,中国社会科学出版社,2002。

余新忠等:《瘟疫下的社会拯救:中国近世重大疫情与社会反应研究》,中国书店,2004。

于长泉:《救灾与社会救济工作》,中国社会出版社,1996。

严洪昌:《20世纪中国社会生活变迁史》,人民出版社,2007。

朱汉国、耿向东:《20世纪的中国·社会生活卷(1949—2000)》,人民出版社,2010。

朱力:《当代中国社会问题》,社会科学文献出版社,2008。

钟仁耀:《社会救助与社会福利》,上海财经大学出版社,2005。

郑杭生:《中国社会结构变化趋势研究》,中国人民大学出版社，2004。

郑杭生等：《当代中国城市社会结构现状与趋势》，中国人民大学出版社，2004。

郑功成主编《社会保障概论》，复旦大学出版社，2005。

邹仲之编《抚摸北京：当代作家笔下的北京》，生活·读书·新知三联书店，2005。

张晓山、李周：《新中国农村60年的发展与变迁》，人民出版社，2009。

〔美〕张信：《二十世纪初期中国社会之演变——国家与河南地方精英（1900－1937）》，岳谦厚、张玮译，中华书局，2004。

〔日〕夫马进：《中国善会善堂史研究》，商务印书馆，2005。

〔美〕彭慕兰：《腹地的构建：华北内地的国家、社会和经济（1853－1937）》，马俊亚译，社会科学文献出版社，2005。

〔英〕杰弗里·巴勒克拉夫：《当代史学主要趋势》，杨豫译，北京大学出版社，2006。

〔美〕R. 麦克法夸尔、费正清：《剑桥中华人民共和国史（1966—1982）》，金光耀译，上海人民出版社，1992。

〔英〕罗伯特·伊斯特：《社会保障法》，周长征等译，中国劳动社会保障出版社，2003。

〔美〕R. 麦克法夸尔、费正清：《剑桥中华人民共和国史：革命的中国的兴起（1949—1965）》，中国社会科学出版社，1990。

〔法〕马克·布洛赫：《历史学家的技艺》，上海科学院出版社，1992。

〔法〕费尔南·布罗代尔：《长时段：历史与社会科学》，中央编译出版社，1997。

〔德〕罗梅君：《北京的生育婚姻和丧葬》，王燕生、杨立、胡春春译，中华书局，2001。

〔加〕伊莎白·柯鲁克、〔英〕大卫·柯鲁克著《十里店：中国一个村庄的革命》，龚厚军译，上海人民出版社，2007。

〔美〕德克·博迪（Bodde, D.）著《北京日记——革命的一年》，洪箐耘、陆天华译，东方出版中心，2001。

〔美〕弗里曼等著《中国乡村，社会主义国家》，陶鹤山译，社会科学文献出版社，2002。

〔美〕韩丁著《翻身——中国一个村庄的革命纪实》，北京出版社，1980。

〔美〕费正清主编《剑桥中华人民共和国史》，上海人民出版社，1990。

〔美〕黄树民：《林村的故事：1949年后的中国农村生活》，三联书店，2002。

〔美〕吉尔伯特·罗兹曼：《中国的现代化》，上海人民出版社，1989。

〔美〕迈斯纳著《毛泽东的中国及后毛泽东的中国：人民共和国史》，杜蒲译，四川人民出版社，1990。

Joel Andreas, *Rise of the Red Engineers*: *The Cultural Revolution and the Origins of China's New Class*, Stanford University Press, 2008.

Kay Ann Johnson, *Women, the Family and Peasant Revolution in China*, University of Chicago Press, 1983.

Richard Kraus, *Pianos and Politics in China*: *Middle - Class Ambitions and the Struggle over Western Music*, Oxford University Press, 1989.

Thomas P. Bernstein, *Up to the Mountains and Down to the Villages*: *The Transfer of Youth from Urban to Rural China*, Yale University Press, 1978.

Vivienne Shue, *Peasant China in Transition*: *The Dynamics of Development Toward Socialism, 1949 - 1956*, University of California Press, 1980。

Edward Friedman, Paul G. Pickowicz, and Mark Selden, with Kay Ann Johnson, *Chinese Village, Socialist State*, New Haven: Yale University Press, 1991。

Edward Friedman, Paul Pickowicz and Mark Selden, *Revolution*,

Resistance, and Reform in Village China, New Haven: Yale University Press, 2007。

Neil J. Diamant, *Revolutionizing the Family: Politics, Love, and Divorce in Urban and Rural China, 1949–1968*, Berkeley: University of California Press, 2000。

Philip C. C. Huang, *The Peasant Family and Rural Development in the Yangzi Delta, 1350–1988*, Stanford: Stanford University Press, 1990。

五　论文

艾智科:《1950—1951年上海的天花流行与应对策略》,《社会科学研究》2010年第4期。

白云涛:《北京解放初期对社会游民的收容改造》,《北京党史》2000年第2期。

陈辉:《新中国成立60年来城市基层治理的结构与变迁》,《当代中国史研究》2010年第3期。

崔跃峰:《1949—1958年北京市同业公会组织的演变》,《北京社会科学》2005年第1期。

陈荣光:《五十年代农民盲目流京情况及整治工作》,《北京党史》2004年第3期。

承载:《建国初期上海赈灾研究》,《史林》1999第3期。

蔡勤禹:《民国社会救济行政体制的演变》,《青岛大学师范学院学报》2002年第3期。

董根明:《从"重养轻教"到"救人救彻"——清末民国时期社会福利观念的演化》,《中国社会科学院研究生院学报》2005年第5期。

范小方:《新中国建立前后对旧政权公务人员的安置——以南京、上海为例》,《当代中国史研究》2009年第6期。

方金友:《当代安徽社会阶级阶层的演进》,《安徽史学》2010年第3期。

韩勤英、苏峰：《国民经济恢复时期北京的失业知识分子救济政策及其成效》，《当代中国史研究》2006年第3期。

郝玉梅：《北京市"三反"、"五反"运动简介》，《北京党史》2000年第1期。

高冬梅：《建国初期自然性弱势群体社会救助研究——以河北省为例》，《中国经济史研究》2010年第2期。

高冬梅：《新中国建立初期弱势群体及其社会救助研究》，《中共党史研究》2005年第4期。

郭贵儒、陈东生：《建国初期河北省救灾度荒工作述评》，《河北师范大学学报》2002年第3期。

高中华：《从收容遣送到救助管理——中国城市流浪乞讨人员管理制度的变迁》，《当代中国史研究》2009年第6期。

葛玲：《统购统销体制的地方实践——以安徽省为中心的考察》，《中共党史研究》2010年第4期。

耿向东：《1953—1978年我国城镇职工劳动生活的特征分析》，《河北大学学报（哲学社会科学版）》2005年第6期。

郝先中：《建国初期上海对失业知识分子的调查登记和就业安置》，《上海党史与党建》2003年第11期。

胡其柱：《建国初期的政府与私营工商业（1949—1952）》，《晋阳学刊》2005年第2期。

蒋积伟：《建国初期灾荒史研究述评》，《当代中国史研究》2008年第4期。

金大陆：《关于"票证时代"的集体记忆》，《社会科学》2009年第8期。

靳道亮：《抗美援朝运动与乡村社会国家意识的塑造》，《史学月刊》2009年第10期。

李景汉：《北平最低限度的生活程度讨论》，《社会学界》1929年第3期。

李景汉：《北京人力车夫现状的调查》，《社会学杂志》1925年第2期。

刘五书：《论民国时期的以工代赈》，《史学月刊》1997年第4期。

刘五书：《论民国时期的以工代赈救荒》，《史学月刊》1997年第2期。

李良玉：《中国当代史研究的几个问题》，《当代中国史研究》2007年第4期。

李小尉：《新中国成立初期北京乞丐的救济与治理》，《北京社会科学》2007年第5期。

李小尉：《新中国成立初期城市贫民的生活救助研究——以1949—1956年北京市为例的考察》，《教学与研究》2009年第8期。

彭正德：《新中国成立初期合作化中的政治动员与农民认同——以湖南省醴陵县为例》，《中共党史研究》2010年第5期。

阮清华：《建国初期上海废娼运动再认识》，《华东师范大学学报（哲学社会科学版）》2009年第4期。

任云兰：《民国时期华北灾荒与天津粮食市场（1912—1936）》，《中国农史》2006年第2期。

苏少之：《20世纪50年代初湖北省新贫农问题考察》，《中国经济史研究》2010年第1期。

谭朝霞：《北京改造妓女纪实》，《档案时空》2004年第11期。

唐钧：《中国的城市贫困问题与社会救助制度》，《江海学刊》2001年第2期。

田居俭：《把当代社会史提上研究日程》，《当代中国史研究》2007年第3期。

王瑞芳：《"李四喜思想"讨论：建国初期中共教育农民的尝试》，《史学月刊》2006年第9期。

王瑞芳：《告别贫困：新中国成立以来的扶贫工作》，《党的文献》2009年第5期。

王瑞芳：《农村土改后恶风陋俗的革除与新民俗的形成》，《当代中国史研究》2009年第1期。

王瑞芳：《统购统销政策的取消与中国农村改革的深化》，《安徽史学》2009年第4期。

王瑞芳：《新中农的崛起：土改后农村社会结构的新变动》，《史学月刊》2003年第7期。

王寿林：《新政权的思想塑造：新中国成立前后的学习社会发展史运动》，《中共党史研究》2009年第10期。

王炳林、马荣久：《从社会心理看私人资本主义在新中国头七年的历史命运》，《中共党史研究》2006年第2期。

王先俊：《建国初期的社会变迁与党对思想文化的整合》，《当代中国史研究》2003年第3期。

〔俄〕乌索夫：《俄罗斯学术界最近十年对新中国历史的研究》，《当代中国史研究》2010年第2期。

吴文涛、王均：《略论民国时期北京地区的自然灾害》，《北京社会科学》2000年第3期。

王娟：《清末民国时期北京大"救娼"与"废娼"》，《妇女研究论丛》2006年第5期。

王娟：《清末民初北京地区的社会变迁与慈善组织的转型》，《史学月刊》2006年第2期。

汪雁、慈勤英：《中国传统社会救济与城市居民社会救助理念建设》，《理论与现代化》2001年第6期。

徐国普：《新中国成立后中国红十字会发展的历史轨迹——以〈中国红十字会章程〉为路径的考察》，《江西社会科学》2009年第9期。

许虹：《建国初期党和政府救济灾荒、失业问题简述》，《党的文献》2000第4期。

杨丽萍：《论新中国成立之初政府对社会异质性的消解——透过上海游民改造的分析》，《江苏社会科学》2009年第4期。

姚力：《中国当代社会史研究的基本问题》，《当代中国史研究》2010年第1期。

姚力：《新时期农村合作医疗改革述论》，《当代中国史研究》

2009年第2期。

于海洋：《新中国成立初期娼妓业改造述评——以京津沪为例》，《中国人民公安大学学报（社会科学版）》2010年第4期。

张富文：《新中国初期社会主义爱国公约运动初探》，《北京社会科学》2009年第6期。

张连辉：《新中国成立以来环境观与人地关系的历史互动》，《当代中国史研究》2010年第3期。

张太原：《从人民生活的变化看中国共产党执政的历史经验》，《理论前沿》2006年第20期。

张太原：《从新中国衣着消费的变化看社会变迁》，《中共党史研究》2007年第1期。

张晓丽：《20世纪50年代安徽水灾中医疗救助活动述论——以1954年淮河水灾为例》，《安徽史学》2010年第2期。

郑秉文、于环、高庆波：《中国60年社会保障制度回顾》，《当代中国史研究》2010年第2期。

周一平：《与哈佛学者对话当代中国史的现实启示》，《中共党史研究》2010年第3期。

朱佳木：《对中国当代史定义、分期、主线问题的再思考》，《当代中国史研究》2010年第1期。

朱汉国：《新中国社会建设的瞩目成就》，《北京党史》2009年第5期。

周秋光：《民国北京政府时期中国红十字会的慈善救护与赈济活动》，《近代史研究》2000年第6期。

周秋光：《晚清时期中国红十字会述论》，《近代史研究》2000年第3期。

周飞舟：《"三年自然灾害"时期我国省级政府对灾荒的反应和救助研究》，《社会学研究》2003年第2期。

赵宝爱、张根银：《近代社会救济事业与地方政府角色分析——以济南和青岛为例（1929—1937）》，《济南职业学院学报》2005年第12期。

张玉法:《民国初年的社会救济(1912—1937)》,《中华民国史专题论文集》,台湾"国史馆"印行。

郑杭生、李迎生:《全面建设小康社会与弱势群体的社会救助》,《中国人民大学学报》2003年第1期。

图书在版编目(CIP)数据

新中国建立初期的社会救助研究 / 李小尉著. —北京：社会科学文献出版社，2012.4
（北京师范大学中国近现代史研究丛书）
ISBN 978-7-5097-3167-3

Ⅰ.①新… Ⅱ.①李… Ⅲ.①社会救济-研究-中国 Ⅳ.①D632.1

中国版本图书馆 CIP 数据核字（2012）第 030332 号

北京师范大学中国近现代史研究丛书
新中国建立初期的社会救助研究

著　　者 / 李小尉	
出 版 人 / 谢寿光	
出 版 者 / 社会科学文献出版社	
地　　址 / 北京市西城区北三环中路甲29号院3号楼华龙大厦	
邮政编码 / 100029	

责任部门 / 近代史编辑室（010）59367256	责任编辑 / 吴　超
电子信箱 / jxd@ssap.cn	责任校对 / 师旭光
项目统筹 / 徐思彦	责任印制 / 岳　阳
总 经 销 / 社会科学文献出版社发行部（010）59367081　59367089	
读者服务 / 读者服务中心（010）59367028	

印　　装 / 北京季蜂印刷有限公司			
开　　本 / 787mm×1092mm　1/20		印　张 / 17.6	
版　　次 / 2012年4月第1版		字　数 / 303千字	
印　　次 / 2012年4月第1次印刷			
书　　号 / ISBN 978-7-5097-3167-3			
定　　价 / 49.00元			

本书如有破损、缺页、装订错误，请与本社读者服务中心联系更换
▲ 版权所有　翻印必究